अक्करमाशी

शरणकुमार लिंबाले

अनुवाद

सूर्यनारायण रणसुभे

वाणी प्रकाशन

वाणी प्रकाशन

4695, 21-ए, दरियागंज, नयी दिल्ली 110 002

फ़ोन : +91 11 23273167 फ़ैक्स : +91 11 23275710

शाखाएँ

अशोक राजपथ, पटना 800 004, बिहार

कॉफ़ी हाउस कैम्पस, महात्मा गांधी मार्ग, इलाहाबाद 211 001, उत्तर प्रदेश

महात्मा गांधी अन्तरराष्ट्रीय हिन्दी विश्वविद्यालय, वर्धा 442 001, महाराष्ट्र

www.vaniprakashan.in
marketing@vaniprakashan.in
sales@vaniprakashan.in

AKKARMASHI
by Sharankumar Limbale
Translated by Suryanarayan Ransubhey

ISBN : 978-93-5072-733-1
Autobiography

प्रथम संस्करण 2014
आवृत्ति 2019

मूल्य : ₹ 199

एम.एस. प्रिंटर्स, दिल्ली-110 095 में मुद्रित

वाणी प्रकाशन का लोगो मक़बूल फ़िदा हुसेन की कूची से

लेखक की ओर से

॥ 1 ॥

'अक्करमाशी' शीर्षक से मैंने अपनी आत्मकथा लिख दी। आत्मकथा प्रकाशित हो जाने के बाद अनेक लोगों ने इस पर लिखा। मैंने भी लिखा। इसके सम्बन्ध में बोलता भी रहा परन्तु 'अक्करमाशी' लिखने के पूर्व की मानसिकता पर मौन ही था। उसी मानसिकता ने मुझे यह आत्मकथा लिखने के लिए मजबूर किया था।

मेरा बचपन मुझे अभी भी याद है। मेरे गाँव में प्रतिवर्ष सावन के महीने में पोथी-पुराण बाँचे जाते। हर साल मेले के बहाने धार्मिक नाटक मंचित किये जाते। मेरे काका यशवंतराव पाटील सवर्ण और फिर गाँव के मुखिया। वे मुझे रामायण-महाभारत की कहानियाँ सुनाते। पढ़ने के लिए धार्मिक ग्रंथ लाकर देते। मेरे नाना महमूद दस्तगीर जमादार और वह मुसलमान। वे मुझे जादू की, भूत-प्रेत की, राजकुमारों की कहानियाँ सुनाते। मेरी दादी भी मुझे ऐसी ही कहानियाँ सुनातीं। मेरे जो मित्र थे—मारत्या और इल्या—उनकी दुनिया ही अलग थी। वे 'बड़ा इंद्रजाल' पढ़ते। मोहिनी मंत्र की साधना कर लड़कियों को पटाना उनका लक्ष्य था। तो यह हुआ मेरे आसपास का परिवेश।

मेरा गाँव—एक छोटा-सा देहात। वहाँ विकास की कोई हलचल नहीं थी। जाति-व्यवस्था का कठोरता से पालन हुआ करता था। पक्षपात आम बात थी। हम अछूत हैं, इसे स्वीकार कर हम जी रहे थे। सवर्णों में से जो दो-चार व्यक्ति हमारी अछूत बस्ती में आते, वे या तो शराब पीने के लिए आते या बस्ती में जो दो-एक परित्यक्ताएँ थीं, उनके संग मजे करने अथवा मजदूर इकट्ठे करने के लिए आते। गाँव का और हमारी बस्ती का बस इतना ही सम्बन्ध था।

'बहिष्कृत भारत', 'जनता', 'प्रबुद्ध भारत'* आदि पत्रिकाएँ हमारे गाँव में कभी आई ही नहीं। बाबासाहब का नाम केवल 'जय भीम' और 'जयंति' की सीमा में ही

---

* डॉ. आंबेडकरजी द्वारा सम्पादित पत्रिकाएँ।

हम जानते थे। गाँव में आम्बेडकर जयंती मनाई जाती। यह 'जयंती' हमें एक उत्सव ही लगता। स्वाभिमान, जागृति, जाति-विरोधी भावना, मानवतावाद आदि बातों का प्रचार या उल्लेख इसमें कभी नहीं होता था। अलबत्ता यह सच है कि जब बाबासाहेब की प्रतिमा की शोभायात्रा निकलती, तब हम सब उसमें खूब नाचते—नारे लगाते। वह सारा प्रसंग हमें रोमांचित करता।

कल तक जिस रास्ते पर से हम अछूत के रूप में चलते, सामने से गुजरने वाले व्यक्ति पर हमारी छाया न पड़े इसलिए सकपका कर दूर निकल जाते, उसी रास्ते पर हम सब खूब नाचते, गाते, नारे लगाते। पर ठीक दूसरे दिन खुद को अछूत समझ कर, उसी रास्ते से गरदन नीचे झुका कर चुपचाप निकल जाते। ऐसी थी हमारे बस्ती की मानसिकता।

जैसे-जैसे हमारी आयु बढ़ रही थी, वैसे-वैसे अछूत बस्ती में नई चेतना भी विकसित हो रही थी। जब मैं स्कूल गया तो मुझसे मेरे पिता का नाम पूछा गया। मेरा जन्म अनैतिक सम्बन्धों से हुआ, इस कारण मेरे पिता नहीं थे। स्कूल में मैं जाने तो लगा, परन्तु मेरे पिता नहीं हैं, मेरा जन्म अनैतिक सम्बन्धों से हुआ है—इसका तीव्र एहसास मुझे होता। भीतर कहीं एक कचोट महसूस होती। मैं भीतर से खोखला हो रहा था। अलावा इसके, मेरे एतराफ मुझ जैसे बच्चे थे, वे भी मुझे 'अक्करमाशी' कहकर चिढ़ाते। अक्करमाशी का अर्थ ही था, अनैतिक सम्बन्धों से जन्मा हुआ। सवर्ण हो या अछूत, सभी के मजाक का मैं विषय बन चुका था। वे मुझे अपमानित करते। अछूत भी मुझे अछूत सिद्ध करते। स्कूल के दिनों में मैं बहुत धार्मिक और ईश्वर पर प्रगाढ़ श्रद्धा रखने वाला था।

पाँचवीं-छठी कक्षा में मैंने एक छोटा-सा नाटक लिखा था और उसे मंचित भी किया था।

हाई स्कूल की उम्र आई और गई। उन दिनों एक घटना जरूर हुई। मैं छात्रावास में रह रहा था। इस कारण एक ही कमरे में अनेक जाति के लड़कों के साथ रहने लगा। जिस जाति के लड़कों के साथ गाँव में बातचीत तक करने में डर लगता था, उन्हीं के साथ घर के सदस्यों की तरह मैं जी रहा था। हम लोग आपस में झगड़ते, गालियाँ भी बकते।

कॉलेज में आया।

इस आयु की बहुत-सी बातें हैं।

शेवंता नाम की लड़की। मैंने उसे बेहद चाहा था, प्रेम किया था। अर्थात् यह प्रेम सोलह वर्ष की आयु के भी पूर्व का; मन-ही-मन किया गया। उसका विवाह हुआ। इस

विचित्र प्रेम की वेदना बहुत दिनों तक मन में कसमसाती रही। इन्हीं दिनों एक होशियार छात्र के रूप में मेरी पहचान बनती गई। इस होशियारी का उपयोग कुछ बुरे लड़कों ने किया। किसी अन्य के नाम पर मुझसे मैट्रिक की परीक्षा के पेपर्स दिलावाए। मैंने छह पेपर्स दिए। अन्तिम पेपर के दिन मैं पकड़ा गया। पुलिस-केस हुआ। इस केस का मुझ पर बड़ा गहरा असर हुआ। उन्हीं दिनों हमें भयावह अकाल का सामना करना पड़ा। मेरी बाईं बाँह पर इन्हीं दिनों एक सफेद चकत्ता उभर आया। यह चकत्ता कोढ़ का है। अब मैं कितना भी पढ़ूँ, कितनी भी उपाधियाँ प्राप्त करूँ, तो भी उसका कोई उपयोग नहीं। अंततः, कोढ़ी बनकर सड़क पर भीख माँगते घूमना ही मेरी नियति है, ऐसे विचार मन में आने लगे। मेरा पूरा बचपन इस चकत्ते के बोझ के नीचे दब-सा गया। डॉक्टर के यहाँ जाने में डर लगता। कोढ़ियों की पंक्ति में खड़े होने की हिम्मत नहीं हो रही थी। अंततः एक दिन मन मजबूत कर डॉक्टर के यहाँ गया। डॉक्टर चकत्ते को जाँचता रहा। उसने कहा, यह तो जन्म की निशानी है। मुझे बेहद खुशी हुई।

इन्हीं दिनों मैं एक प्राइवेट स्कूल में अध्यापक बन गया था। यह स्कूल एक नीली टोपी वाले (दलित नेता) का था। उसने भी मुझ पर अन्याय किया। मैं अगर महाविद्यालय में ईमानदारी से परिश्रम करता, केवल अध्ययन तक खुद को सीमित रखता तो मेरा 'कैरियर' कुछ और हो जाता। परन्तु यह सब हुआ नहीं। एक ओर भीतर का खालीपन तो दूसरी ओर भयावह दरिद्रता। इस कारण महाविद्यालय के संसार में मैं रम नहीं सका।

परन्तु मैं रमता गया आन्दोलनों में। मेरे बेचैन मन को सामाजिक आन्दोलनों से बड़ा सहारा मिला। छात्रावास के बिंधास्त जीने वालों युवकों के स्नेह के कारण।

आज भी मैंने बाबासाहब आम्बेडकर को पूर्णतः पढ़ा नहीं है परन्तु उन्हें पूर्ण रूप से पढ़े, समझे और पचाये युवकों के साथ मैं घूमता रहा। मेरा व्यक्तित्व कार्यकर्ता का नहीं हैं, आन्दोलन के योग्य नहीं है—इसका एहसास मुझे धीरे-धीरे होने लगा।

महाविद्यालय के दिनों में दलित छात्र आम्बेडकर पढ़ने में व्यस्त रहते तो मैं शेक्सपियर पढ़ा करता, मैं शेक्सपियर होना चाह रहा था। पागलों की तरह नाटकों की पुस्तकें पढ़ रहा था, नाटक लिख रहा था। इन दिनों मैं महीने में एक नाटक लिख लेता था।

मैं स्नातक हुआ। नौकरी लग गई। यहाँ तक आते-आते मैं अपने भीतर किसी विशेष परिवर्तन को महसूस नहीं कर रहा था परन्तु जवान देह के भीतर होने वाले परिवर्तनों को तीव्रता से अनुभव कर रहा था।

मराठवाड़ा में मेरी नौकरी लग गई। मराठवाड़ा विश्वविद्यालय को डॉ. बाबासाहब

आम्बेडकरजी का नाम दिया जाए--इस उद्देश्य से शुरू हुआ आंदोलन तीव्र होता जा रहा था। आन्दोलन की खबरें पढ़कर मैं बेचैन होने लगा। दलितों पर रोज अत्याचार हो रहे थे। उन खबरों को पढ़ कर मैं भड़क उठा। एक और मैं जाति छिपा कर रह रहा था, सवर्णों में घूम रहा था तो दूसरी ओर इस आन्दोलन में मेरी जाति के युवक पहली पंक्ति में खड़े थे।

और इन्हीं दिनों मैं अपने दड़बे से बाहर आया। नामांतर का यह आन्दोलन न हुआ होता तो मेरे भीतर के विद्रोही व्यक्तित्व का जन्म ही नहीं हो पाता।

अन्याय, अत्याचार करने वालों की गरदन मरोड़ कर फेंकूँ, उनके घर-द्वारों को आग लगा दूँ, उन पर भी अन्याय-अत्याचार करूँ, दलितों पर होने वाले अमानवीय क्रूर अत्याचारों के विरुद्ध विद्रोह करूँ, 'हम भी मनुष्य हैं', यह चिल्ला-चिल्लाकर कहूँ--ऐसे विचार मन में उठने लगे। इन्हीं विचारों और अनुभूतियों से मेरा व्यक्तित्व विकसित होने लगा।

एक दिन मैंने अपना पुराना लेखन रद्दी में बेच दिया और दलित-साहित्य की ओर मुड़ गया। कविताएँ लिखीं। भीतरी असन्तोष को राह मिलती गई। 'उत्पात' नामक काव्य-संग्रह प्रकाशित हुआ। यह सारी यात्रा अकेले तय की। यों, एक-दो दलित-लेखकों से थोड़ा-सा परिचय था। 'उत्पात' नामक मेरे काव्य-संग्रह की सफलता से मुझमें हिम्मत आ गई। नयी जवानी उमड़ आई। मैं पागल की तरह दलित-साहित्य पढ़ने लगा। बाबा साहब आम्बेडकर के लेखन का अध्ययन करने लगा। संघर्ष की इच्छा से पागल होने लगा। भरी जवानी में मृत्यु से प्रेम करने लगा। मन में आतंकवादी भावनाएँ बढ़ने लगीं। 'अब हमें बंदूकें मिल जानी चाहिये' की भावना बेचैन करने लगी।

'अक्करमाशी' लिखने के पूर्व मैंने करीब-करीब सभी दलित आत्मकथाएँ पढ़ीं। मराठी में प्रकाशित अन्य आत्मकथाएँ भी पढ़ गया। इन सबमें व्यक्त जीवन से मेरा जीवन भिन्न है--इसका विश्वास हुआ। यह भिन्नता ही आत्मकथा लिखने के लिए मुझे प्रवृत्त करती गई। मैं लिखता गया। जैसे साँप केंचुल फेंककर बाहर आता है, वैसे ही मैं अक्करमाशी से बाहर आ गया। अब मुझे किसी से भय नहीं रहा। कोई हीन ग्रंथि नहीं।

(आकंण्ठ : दीवाली विशेषांक, 1981)

॥ 2 ॥

'दलित-आत्मकथा' एक बहुचर्चित साहित्य-विधा है। दलित-कविता तथा समीक्षा के

कारण दलित-साहित्य का विकास हुआ, तो दलित-आत्मकथा के कारण यह साहित्य समृद्ध हुआ। पिछले कुछ दशकों से दलित-आत्मकथा ने कुछ साहित्यिक और कुछ असाहित्यिक प्रश्न उपस्थित किए हैं। दलित-आत्मकथा के कारण साहित्यिक अभिरुचि की सम्पूर्ण परम्परा अंतर्मुख हो गई है, इसे कोई भी नकार नहीं सकता।

'बलुतं'[1], 'उपरा'[2], 'आठवणीचे पक्षी'[3], 'उचल्या'[4], 'तराल-अन्तराल'[5], 'अक्करमाशी'[6], 'मुक्काम पोस्ट देवाचे गोठणे', 'मला उध्वस्त व्हायचचं आहे', 'माझ्या जन्माची चित्तरकथा'—ये प्रमुख चर्चित आत्मकथाएँ मराठी आत्मकथा के इतिहास में मील का पत्थर साबित हुई हैं। इस नयी विधा ने जो प्रश्न उपस्थित किये हैं, वे भी महत्वपूर्ण हैं।

दलित-आत्मकथा ने पाठकों के मन में भी अनेक प्रश्न उठाये हैं। सभाओं, सम्मेलनों, गोष्ठियों, परिसंवादों में इन प्रश्नों के उत्तर दिये जाते हैं। इन अवसरों पर उठाये गये प्रश्न तथा दिये गये उत्तर कभी इस विधा का समर्थन करने वाले, कभी सत्य के निकट जाने वाले तो कभी मूल प्रश्न को हाशिए में छोड़ने वाले, तो कभी बड़ी चालाकी से मूल प्रश्नों से बचने की दृष्टि से दिये जाते हैं।

दलित-आत्मकथा पर सबसे बड़ा आरोप यह लगाया जाता है कि इसके लेखकों ने अपने भोगे हुए दुखों का बाजार सजाया है। इस प्रकार के आरोप के मूल में दलित-आत्मकथाओं की लोकप्रियता और उनके पुरस्कृत हो जाने की घटनाएँ कारणभूत रही हैं। दलित-आत्मकथाएँ लोकप्रिय हुईं तो अपनी अनुभूति की विशिष्टता के कारण। इसी कारण उन्हें प्रकाशक मिले और इसी कारण उनकी बिक्री भी हुई। 'चौखट के बाहर की ज़िन्दगी' को ये लेखक मराठी साहित्य में ले आये। लक्ष्मण गायकवाड़ तथा लक्ष्मण माने—इन दो लेखकों की पहली ही पुस्तक को साहित्य अकादमी का पुरस्कार मिला। उन्हें लोकप्रियता मिलने लगी। दूसरी ओर,

---

1. लेखक : दया पवार, हिन्दी अनुवाद : 'अछूत', अनुवादक : दामोदर खड़से।
2. लेखक : लक्ष्मण माने, उपरा, अनुवादक : दामोदर खड़से।
3. लेखक : प्र. ई. सोनकांबले, हिन्दी अनुवाद : 'यादों के पंछी', अनुवादक : डॉ. सूर्यनारायण रणसुभे।
4. लेखक : लक्ष्मण गायकवाड़, हिन्दी अनुवाद : 'उठाईगीर', अनुवादक : सूर्यनारायण रणसुभे।
5. लेखक : शंकरराव खरात, अनुवादक : डॉ. प्रथमवीर (हिन्दी)।
6. लेखक : शरणकुमार लिंबाले, हिन्दी अनुवाद : 'अक्करमाशी', अनुवादक : डॉ सूर्यनारायण रणसुभे।

जिन्दगी-भर जो लिखते रहे उन्हें न लोकप्रियता मिली और न पुरस्कार। इस कारण ऐसे लोग दलित-साहित्य के विरोध में मत-प्रदर्शन करते रहे।

'मुझे भी दलित-आत्मकथा लिखनी चाहिए' इस प्रकार सोचने वाला वास्तव में आरक्षण के फायदे उठाने हेतु जाति बदलने वालों में से ही एक होता है। 'दलित-आत्मकथाएँ विस्फोटक होती हैं,' ऐसा भी एक आरोप लगाया जाता है। वास्तव में यह विस्फोटकता पाठकों की समझ तथा अनुभव के विश्व पर आधारित होती है। मराठी साहित्य मुझे विशुद्ध मनोरंजन प्रधान लगता है। ठीक इसी प्रकार औरों को दलित-साहित्य अश्लील, ग्राम्य और सनसनीखेज लग सकता है। हम दलित-लेखक जब कभी किसी सभा-सम्मेलन हेतु किसी मध्यवर्गीय सवर्ण संयोजक के घर जाते हैं तो वहाँ का वातावरण देख आश्चर्यचकित हो जाते हैं। ठीक उसी प्रकार मध्यवर्गीय चौखट के लोग जब झुग्गियों के जीवन को तथा उस जीवन के प्रतिबिम्ब को साहित्य में देखते हैं तो वे आश्चर्यचकित हो जाते हैं; उसे वे न समझ पाते हैं और न ग्रहण कर पाते हैं।

'क्या भोगा है'—इस उद्‌गारवाचक प्रतिक्रिया के मूल में कहीं यह आत्मसंतोष की भावना भी होती है कि 'हम इनसे कितने सुखी हैं'। यह वास्तविकता है कि अब पुस्तकालयों की अलमारियों में दलित-साहित्य की स्वतन्त्र व्यवस्था करनी पड़ रही है। 'मैंने इसे पढ़ा है' कहने के लिए अथवा 'यह लीक से कुछ अलग है', इसलिए दलित-साहित्य पढ़ा जा रहा है। कौन क्या पढ़ें, कैसे पढ़ें, क्यों पढ़े—इसके सम्बन्ध में मैं कुछ कहना नहीं चाहता। 'ये आत्मकथाएँ मध्यवर्गीय पाठकों को सम्मुख रख कर लिखी गई हैं,' ऐसा भी एक आरोप लगाया जाता है। वास्तव में लिखते समय आत्मकथा-लेखक के सम्मुख कुछ भी नहीं होता। होती हैं केवल स्मृतियाँ। इन स्मृतियों को शब्दबद्ध करने का कार्य वह करता रहता है।

'दलित-आत्मकथा' मध्यवर्गीय पाठक पढ़ते रहते हैं, यह सही है। जिनके लिए लिखा जाता है, वे पढ़ते नहीं, यह अर्धसत्य है। कारण, जिनके लिए लिखा जाता है वह समाज आज भी अशिक्षित है। उन्हें शिक्षा से वंचित रखा गया है। वे पढ़ कैसे सकेंगे? मध्यवर्गीय पाठकों को ही इसे पढ़ना चाहिए। तभी उन्हें दलितों के प्रश्न समझ में आएँगे। हमारी यातना, वेदना और व्यथा से समाज जुड़ जाये, इसीलिए तो हम लिख रहे हैं। हम इस साहित्य की ओर नवजागरण के माध्यम के रूप में ही देखते हैं।

इसका एक दूसरा पहलू भी है। दलित-पाठकों को दलित-आत्मकथाएँ कभी आकर्षित नहीं कर सकतीं। 'ये लेखक हमारे समाज को खुलेआम नंगा करते जा रहे

हैं'–ऐसा दलित-समाज का आरोप है और मध्यवर्गीय पाठकों को ये आत्मकथाएँ विस्फोटक लगती हैं।

इन आत्मकथाओं के कारण हमारे समाज की बेइज्जती हो रही है, ऐसा दलित-पाठकों को क्यों लगता है? इस मानसिकता के कौन से कारण हो सकते हैं? किसी स्त्री पर अगर बलात्कार हो तो उसे वह कहना नहीं चाहिए, क्योंकि इससे उसकी इज्जत जाती है; उस बलात्कार को, अन्याय और अत्याचार को उसे चुपचाप सह लेना चाहिए–ऐसी ही यह मानसिकता है। आरक्षण के कारण जिन्हें नौकरी प्राप्त हुई है वे दलित अपना भूतकाल निर्भयता से कहना नहीं चाहते। यह गलत है। अपने भूतकाल को निर्भयता से कहने की जरूरत है। गुलाम-परम्परा की चर्चा होनी ही चाहिए।

'बलुतं' (अछूत), 'उपरा' (उपरा) और 'उचल्या' (उठाईगीर)–इन पुस्तकों को लोकप्रियता मिली और पैसा भी मिला है। अन्य चार-पाँच कृतियाँ चर्चित रही हैं। इसके अलावा और भी कई आत्मकथाएँ हैं; उनके नाम तक पाठकों को मालूम नहीं हैं। 'बलुतं' और 'उपरा' को फोर्ड फाउंडेशन के पुरस्कार मिले तो 'उपरा' और 'उचल्या' को साहित्य अकादमी ने पुरस्कृत किया। इसी कारण अनेक पाठक विचलित हो गये। किसी अच्छी कलाकृति का सम्मान होना क्या गलत है? आर्थिक फायदों से परे जाकर हम पुरस्कारों की ओर क्यों नहीं देखते? ऐसा ही सम्मान सवर्ण-मराठी लेखकों को मिल जाये तो कोई चर्चा नहीं होता। दलित-लेखक पुरस्कृत हुआ नहीं अथवा उसे काफी पैसा मिला कि टीका-टिप्पणी शुरू हो जाती है।

'फोर्ड फाउंडेशन की शिष्यवृत्ति अमेरिका से दी जाती है, मतलब दलित-लेखक अमेरिका के हाथों बिक गया।' 'पुरस्कार देकर दलित-लेखक को खत्म करने की मुहिम शुरू हो गई है।' 'ब्राह्मणी सौंदर्यशास्त्र के निकर्ष पर दिया गया पुरस्कार क्यों स्वीकार किया जाये?'

'पढ़ने वालों की अपेक्षा लिखने वालों को अधिक सजग होना चाहिए। जिन्होंने आन्दोलन चलाए, आन्दोलनों के लिए लिखा, आम्बेडकर तथा फुले जिनके आदर्श रहे हैं, ऐसे प्रतिबद्ध व्यक्ति भी बिक जाते हैं।'– मध्यवर्गीय पाठक की ये शंकाएँ हैं। पुरस्कार की राशि सरकार की अर्थात् जनता की होती है। पुरस्कार देकर कोई किसी पर उपकार नहीं करता। दलित-लेखक कभी पुरस्कार माँगने नहीं जाता। उसे वह मिल जाता है। साहित्य अकादमी के पुरस्कार की सूचना 'उठाईगीर' के लेखक लक्ष्मण गायकवाड़ को दूसरे दिन मिली। साहित्य अकादमी आखिर है क्या, यह तक उन्हें मालूम नहीं था।

दलित-साहित्य को कभी 'गटर-साहित्य' कहा जाता था। अलबत्ता आज इसका सम्मान हो रहा है। पाठकों की रुचि बदलती जा रही है।

'दलित-साहित्य पर ब्राह्मणी साहित्य का प्रभाव है,'—ऐसी टिप्पणी होती है। कुछ आत्मकथाओं में मध्यवर्गीय भाषा, बिंब, प्रतीक आए हैं। 'आठवणीचे पक्षी' (यादों के पंछी) की सहजता 'बलुतं' (अछूत) में नहीं है। 'उचल्या' (उठाईगीर) की उज्जड़ भाषा 'उपरा' (उपरा) में नहीं है। 'अक्करमाशी' में ठोस यथार्थ की अपेक्षा काव्यात्मकता अधिक है। समकालीन साहित्य का प्रभाव प्रत्येक कलाकृति पर कम-अधिक मात्रा में होगा ही। उसके परिणाम पर विचार होना चाहिए, प्रभाव पर नहीं। दलित-साहित्य समकालीन मराठी साहित्य का अगर अनुकरण होता, तो इसकी इतनी चर्चा सम्भव ही नहीं थी। भाषा विधाधर्मिता अथवा बिंब और प्रतीक समकालीन या पारम्परिक मराठी साहित्य से लिये गये हैं, इसलिए दलित-साहित्य पर मध्यवर्गीय संवेदनाओं का प्रभाव है—ऐसा कहना अनुचित होगा।

यह भी अपने आप में एक सच है कि दलित-लेखक केवल अपनी बोली में ही लिखता है। उसकी यह बोली पाठक समझ नहीं पाता। पाठकों की समझ को लेकर लेखक को सोचना तो पड़ता ही है। इस कारण मानक भाषा स्वीकारनी पड़ती है। कुछ आत्मकथाकारों ने कुछ प्रसंगों में अधिक रंग भरा है। तड़क-भड़क भरी है। उनकी आत्मकथा अधिक चर्चित हो, इस हेतु उत्तेजित करने वाले कुछ प्रसंगों की योजना उन्होंने जान-बूझकर की है। कुछ वर्णनों का अनावश्यक विस्तार भी किया है। इस कारण दलित-आत्मकथाओं की विशेष 'मुद्रा' का एहसास भी होता है।

कुछ आत्मकथाओं के कुछ अतिरंजित प्रसंगों के कारण सभी आत्मकथाएँ झूठी हैं—ऐसा निष्कर्ष निकालना गलत ही नहीं, असंगत भी है। आत्मकथा में सत्य का ही उद्‌घाटन होता है; परन्तु इस सत्य की अभिव्यक्ति के लिए असत्य का आधार ग्रहण करना पड़ता है। आत्मकथाओं में आए विविध व्यक्तियों, स्थानों, गाँवों के नाम काल्पनिक ही होते हैं। होने भी चाहिए। मराठी की अन्य आत्मकथाओं की तुलना में दलित-आत्मकथाओं में अभिव्यक्त यथार्थ जीवन अधिक भयावह और अमानवीय रहा है। अच्छे प्रसंगों से सम्बन्धित व्यक्तियों के सही नाम दिए जा सकते हैं परन्तु अमानवीयता और यातना देने वालों के नाम दिये नहीं जा सकते। 'बलुतं' (अछूत) की सलमा तथा 'अक्करमाशी' की शेवंता—दोनों यथार्थ होते हुए भी इनके नाम काल्पनिक हैं।

आत्मकथा का अर्थ जो जीवन जीया है, भोगा है और देखा है, इतने तक ही सीमित नहीं है; अपितु जो जीवन यादों में समाया हुआ है, वही आत्मकथा है। ये

यादें सच्ची घटनाओं से जुड़ी रहती हैं। कागज पर शब्दों का रूप लेकर ये यादें प्रतिभा के पैरों से चली आती हैं। इसी कारण 'बलुतं' प्रकाशित होने के बाद दया पवार को, 'उपरा' के कारण लक्ष्मण माने को तथा 'उचल्या' के कारण लक्ष्मण गायकवाड़ को कई प्रकार की परेशानियाँ उठानी पड़ीं। लक्ष्मण गायकवाड़ एक दिन मुझसे कह रहे थे, 'शरण, एक लाख रुपए बहुत महँगे पड़े। एक-एक रुपये में एक-एक गाली पड़ी।'

'लाख रुपये मिले, इसलिए समाज चिल्ला रहा है; परन्तु इस एक लाख में हमारी भी साझेदारी है।' ऐसा कह कर लक्ष्मण गायकवाड़ के भाई ने न्यायालय में अर्जी दी थी। 'इस आत्मकथा में हमारा उल्लेख है, इसलिए हमें भी पैसे मिलने चाहिए।' दया पवार को भी ऐसी ही तकलीफ हुई है। 'दलित-लेखक बंगले में रहता है, उसकी प्रतिबद्धता समाप्त हो गई है,'—ऐसी चिल्लाहट भी होती है। सभी दलित-लेखक बंगले में नहीं रहते। मेरे संदर्भ में बात हो तो मैं आज भी किराये के मकान में रहता हूँ। मेरा अपना खुद का मकान नहीं है। जिन लेखकों को बढ़िया मकान मिले हैं, उन मकानों में वे रहेंगे, बढ़िया कपड़े पहनेंगे; परन्तु इसकी भी चर्चा हो, यह आश्चर्य है। दलित-लेखक जिन्दगी-भर झोंपड़ी में ही रहें, यह कैसा दुराग्रह? 'आत्मकथा-लेखन के बाद दलित-लेखक रुक जाता है'—यह बिलकुल गलत आरोप है। एक-दो अपवाद छोड़ दें तो प्रत्येक दलित-लेखक के नाम पर कम-से-कम तीन पुस्तकें मिलती हैं। कुछ की पुस्तकों की संख्या पंद्रह के ऊपर गई है। असलियत यह है कि उसकी आत्मकथा ही अधिक चर्चित हो जाती है, इस कारण पाठक केवल उसी कृति से परिचित होता है। उस लेखक की अन्य पुस्तकें पढ़ने के चक्कर में वह पड़ता नहीं। सभी लेखकों की सभी पुस्तकें उत्कृष्ट नहीं होतीं, एक-दो पुस्तकें ही उत्कृष्ट होती हैं।

'दलित-लेखक सतत लिखते रहें' का आग्रह वास्तव में दलित-लेखक को रोबोट (यंत्र-मानव) समझने का हास्यास्पद प्रकार है। प्रत्येक लेखक को अपनी दो अभिव्यक्तियों के बीच अंतराल रखना ही पड़ता है।

'दलित-लेखक आन्दोलन से हट गया है,'—ऐसा भी एक आरोप लगाया जाता है। दलित-साहित्य वास्तव में सामाजिक आन्दोलन का एक हिस्सा है। दलित-लेखक एक कार्यकर्ता भी है। वह साहित्य के माध्यम से समस्याओं को प्रस्तुत करते जाता है। अलावा इसके वह कहीं-न-कहीं सरकारी सेवा में भी होता है। इस कारण भी उसकी अपनी मर्यादाएँ होती हैं। सभी स्तरों पर एक ही व्यक्ति को लड़ना चाहिए—ऐसा आग्रह क्यों?

पुरस्कार के कारण लेखक को कुछ रुपये मिल जाते हैं, सामाजिक प्रतिष्ठा प्राप्त हो जाती है। इसके अलावा समाचार-पत्रों तथा पत्रिकाओं में उसके उठाये गये प्रश्नों की जो चर्चा होती है, वह बहुत महत्त्व की होती है। 'उचल्या' को अगर अकादमी पुरस्कार नहीं मिलता तो उसमें उठाये गये उचक्कों के जीवन से सम्बम्धित प्रश्नों की चर्चा कदापि न हुई होती।

(दै. केसरी, पुणे, 25.03.1990)

॥ 3 ॥

'अक्करमाशी' शीर्षक पर ही ढेरों प्रश्न उठाये गये। पुस्तक का शीर्षक आकर्षक होना चाहिए, यह मान्य पर 'अक्करमाशी'—यह गाली है। किसी पुस्तक का शीर्षक गाली में क्यों नहीं दिया जा सकता?

'अक्करमाशी' का अभिप्राय है—ग्यारह माशे। बारह माशे का एक तोला होता है। ग्यारह माशे का एक तोला हो नहीं सकता, क्योंकि एक माशे की कमी जो है। अक्करमाशी व्यक्ति की भी ऐसी ही स्थिति होती है। उसका जन्म पारम्परिक सम्बन्धों (पति-पत्नी) से नहीं होता।

'अक्करमाशी' में प्रयुक्त मेरी भाषा को लेकर अनेक प्रश्न उठाये गये। एक प्रश्न यह था कि 'अक्करमाशी' की भाषा अगर मानक भाषा होती तो? अपेक्षा ठीक है। 'अक्करमाशी' की भाषा अगर मानक भाषा होती तो पुस्तक 'बारामाशी' हो जाती। 'अक्करमाशी' में तथाकथित गंदी बस्ती की भाषा का जिस प्रकार प्रयोग हुआ है, ठीक उसी प्रकार अत्यन्त सरल और सूक्ष्म काव्य-भाषा का भी प्रयोग हुआ है। शब्द मुझे हमेशा गौण लगे हैं। उन शब्दों में निहित वेदना मुझे महत्वपूर्ण लगी है। मैं 'अक्करमाशी' की ओर एक कलाकृति के रूप में नहीं देखता। यह एक दस्तावेज है, कैफियत है। इस आत्मकथा की ओर सामाजिक अत्याचार की एक घटना के एक रूप में पाठक देखें, ऐसा मेरा आग्रह रहा है। 'अक्करमाशी' को मराठी में प्रकाशित किया पुणे के विद्या प्रकाशन ने। उन दिनों मैं जहाँ सेवारत था, उस सोलापुर में इस आत्मकथा को लेकर किस प्रकार की चर्चा चल रही थी, पता है?

'अपनी आत्मकथा को प्रकाशित करने हेतु लिंबाले ने प्रकाशक को दस हजार रुपये दिए हैं,'—ऐसा कुछ लोग कह रहे थे। ऐसी प्रतिक्रिया देने वाले शायद मुझे बहुत अमीर समझते हैं। दस हजार रुपये—कितना बड़ा स्वप्न है! मैं हमेशा लॉटरी की टिकटें लेता रहा हूँ। अनेक स्वप्न देखता रहता हूँ। परन्तु आज तक कभी-भी

पाँच-दस रुपयों से अधिक की लॉटरी नहीं निकली है। मेरे बदन पर ठीक ढंग के कपड़े नहीं होते। जब होटल में चाय के लिए जाता हूँ तो मुझे वेटर समझ लोगों ने मुझे ही ऑर्डर दिया है।

'मेरे पिता लिंगायत हैं। मेरी माँ महार अर्थात् दलित हैं। और मैं दलित-लेखक के रूप में घूमता हूँ।'—मेरे एक लिंगायत मित्र को यह ठीक नहीं लगा...

...वह मुझे समझा रहा था कि 'तू लिंगायत है, वीरशैव धर्म श्रेष्ठ है। तू दलित-साहित्य लिखना बन्द कर। वीरशैव धर्म का अध्ययन कर और लिख।'

कुछ लोगों को 'अक्करमाशी' काल्पनिक लगती है। ऐसा कहीं सम्भव है क्या? जाति-व्यवस्था की कट्टरता अब कहाँ रही? मेरी छोटी आकृति को देख वे पचासों प्रश्न मेरी ओर उछालते हैं। एक प्राध्यापिका कह रही थी, 'आप अभी बहुत जवान हैं। ऐसी कुछ जिन्दगी आपने जी होगी, ऐसा मुझे नहीं लगता।' आत्मकथा लिखने के लिए कम-से-कम पचास-साठ साल की आयु तो बीतनी चाहिए। और मैं, अभी दाढ़ी-मूँछें भी फूटी नहीं थीं कि आत्मकथा लिखने बैठा। इस कारण जो मुझसे पहली बार मिलते हैं, वे आश्चर्यचकित हो जाते हैं। 'अरे, ताज्जुब है! हमें तो लगा था कि आप काफी प्रौढ़ होंगे, मोटे-ताजे।' लेखक की आयु, उसका शरीर, वेशभूषा आदि को लेकर हमारे यहाँ विचित्र और चौखट में बंदिस्त कल्पनाएँ हैं, मिथ हैं।

'अक्करमाशी' में कुछ स्त्रियाँ पूरी तफसील के साथ आई हैं। ये स्त्रियाँ कौन हैं?—मेरी मित्र-मण्डली तथा गाँव वालों में यह बड़ी जिज्ञासा का विषय रहा है—मैंने किस शेवन्ता प्रेम किया है? वह आज किसकी पत्नी है? यह शोभा कौन है? इस प्रकार के प्रश्न मुझसे और मेरे मित्रों से आज भी पूछे जाते हैं। मेरे एक रसिक मित्र का विचित्र ही आग्रह था। वह शेवंता से प्रत्यक्ष मिलना चाह रहा था। मैंने उसे समझाने की कोशिश की। पर बात को समझ लेने की उसकी तैयारी नहीं थी। उसका कहना इतना ही था कि या तो मुझे शेवंता से मिलवाओ अथवा यह पूरी आत्मकथा झूठी है, इसे कुबूल करो।

मुझे लगता रहा कि मैंने बेकार में ही आत्मकथा लिख डाली। अपने किसी निकटस्थ मित्र को 'अक्करमाशी' पढ़ने हेतु देने की मेरी इच्छा ही नहीं होती। छटपटाहट होती है। किसी रण्डी का मैं बेटा हूँ, इसे वह जान गया तो? भोगी हुई दरिद्रता, मेरी जाति, सुअर का मांस खाना—यह सब अगर वह पढ़ गया तो?—आदि प्रश्न मुझे सताने लगते हैं। मेरा एक मित्र बैंक में नौकरी करता है। उसकी शिक्षित पत्नी के हाथों 'अक्करमाशी' लग गई। मेरा मित्र सकपका गया। वह ईमानदारी से चाह रहा था कि उसकी पत्नी 'अक्करमाशी' न पढ़े; क्योंकि मेरे इस मित्र का भी उल्लेख

'अक्करमाशी' में हुआ है। मेरा यह मित्र अपनी पिछली जिन्दगी भूलना चाहता है।

मैं जो जीकर आया हूँ, वह जीवन निस्संदेह भयावह है। पर मैं वह सब कैसे क्या जी पाया, समझ नहीं पाता। इस पुस्तक में चित्रित दरिद्रता, अपमान, अत्याचार सब सही हैं। परन्तु मेरी बहन इस सबको नकारती है। 'यह सब सच है, ऐसा अगर स्वीकार कर लें तो ससुराल में मेरी क्या इज्जत रहेगी?'—ऐसा उसका प्रश्न है। पुस्तक प्रकाशन के बाद मेरे गाँव के कई लोगों ने उसे पढ़ा। जिनका-जिनका इसमें उल्लेख हुआ है, वे मुझ पर गुस्सा करने लगे। 'लिखना था तो अपने बारे में लिखते, गाँव के सम्बन्ध में लिखने का तुम्हें कैसे क्या अधिकार है?' ऐसी उनकी प्रतिक्रिया थी। पर अब धीरे-धीरे इस मानसिकता में परिवर्तन हो रहा है। अब गाँव वाले मिलते हैं तो शिकायत नहीं करते, कौतूहल से बोलते हैं।

'मैं आत्मकथा लिख रहा हूँ',—ऐसा जब मैंने घोषित किया तब मेरे घर के सभी सदस्यों को बेहद खुशी हुई। अपना नाम पुस्तक में छपेगा, यही उनकी इस खुशी का कारण था। पर मैंने जो भी लिखा है, उसका वास्तव जब उन्हें मालूम हुआ तब से वे सबके सब मुझ पर नाराज हो गये। मेरे काका यशवंतराव पाटील गाँव के पुलिस पटेल हैं। जाति से वे लिंगायत हैं। उन्होंने ही मुझमें पढ़ने की रुचि जगायी। बचपन में मुझे अनेक पुस्तकें वे लाकर देते थे। एक बार काका और माँ में खूब झगड़ा हुआ। उस वक्त काका ने मुझे पास बुलाया और कहा, 'यह सब तू लिख।' उनके वे शब्द मुझे आज भी याद हैं। मेरी नानी संताबाई की प्रतिक्रिया कि 'इतनी तकलीफें झेल कर हमने इसे पढ़ाया, बड़ा किया और इसने हमारी इज्जत खराब की।'

'अक्करमाशी' में विविध संदर्भ आए हैं। मेरी बहन की सास का उल्लेख इसमें आया है। जब उसे इस बात का पता चल गया तो वह आगबबूला हो गई। वह बहुत झगड़ालू है। अब मुझसे वह झगड़ेगी, इसलिए मैं बहुत डर गया। उसे कैसे समझाऊँ, इसी बेचैनी में मैं था। परन्तु वह झगड़ने के लिए आयी ही नहीं।

मुझे नाजायज बच्चों का प्रश्न बहुत गंभीर और महत्व का लगता है। भारतीय संविधान की चौदहवीं धारा के अनुसार, 'कानून के सम्मुख सभी समान हैं,'—ऐसा कहा गया है। परन्तु पर्सनल लॉ—इस मूलभूत अधिकार के विरोध में है। पर्सनल लॉ जायज-नाजायज में भेद करता है। जायज संतति को पिता की सम्पत्ति के सभी उत्तराधिकार प्राप्त हो जाते हैं, परन्तु नाजायज संतति का क्या? वह भी उसी पिता से जन्म लेता है न! इसमें उसका क्या दोष? किसी व्यक्ति को नाजायज घोषित कर, उसके अधिकारों को नकारना वास्तव में मानवता का गला घोंटना है। इसी कारण संविधान में उल्लिखित तत्व 'एक मनुष्य : एक मूल्य' मुझे बेमानी लगता है।

'अक्करमाशी लिखकर लिंबाले ने दलित-समाज की बदनामी की है,'—ऐसी एक प्रतिक्रिया सुनने में आती है। दलितों का वही जीवन, मृत जानवरों को खींचना, उन्हें काटना, दरिद्रता और संस्कारहीन बस्तियाँ आदि के चित्रण का इस समाज को क्या उपयोग? यह न भी लिखते तो क्या बिगड़ता? लिखना ही नहीं चाहिए था, ऐसी अनेकों की प्रतिक्रिया। 'आन्दोलन आगे जाएँ, इसलिए क्रांतिकारी साहित्य लिखा जाना चाहिए,'—ऐसा कुछ लोग कहते हैं। 'दलित-समाज की गंदी प्रथाओं और गन्दे जीवन को लिख कर आप लोग प्रतिष्ठा, प्रसिद्धि और रुपये पाते हो,'—ऐसा भी एक ने सुनाया।

'एक ओर लेखक के रूप में तुम्हारी पहचान बनती है तो दूसरी ओर समाज की बदनामी होती है। दलित-स्त्रियों पर बलात्कार होते हैं, ऐसा तुम्हें लिखना नहीं चाहिए,'—ऐसा कुछ लोगों का कहना है।

ग्राम सभा या ग्राम पंचायत के पदों पर आसीन सवर्ण व्यक्ति अथवा गाँव के दौलतमंद लोग दलित-स्त्रियों से सम्बन्ध रखते हैं। ऐसे प्रतिष्ठितों से हुई संतति आज समाज में हैं। उनकी अपनी समस्याएँ हैं। उन समस्याओं को मैंने 'अक्करमाशी' में प्रस्तुत किया है। इस कारण 'अक्करमाशी' में व्यक्त दुख दलितों का दुख नहीं है। शरणकुमार लिंबाले 'अक्करमाशी' लिख कर दलित-समाज पर नाजायज संतति का दुख लाद रहा है। 'अक्करमाशी' का दुख दलितों का दुख नहीं है,'—ऐसा भी सुनने में आया।

'अक्करमाशी' दलित-साहित्य की पुस्तक नहीं है। यह जैसा सुनने में आया वैसे यह भी सुनने में आया कि अब हम बौद्ध हो गए हैं, बौद्ध-साहित्य की निर्मिति हमें करनी चाहिए। अपने जीवन के भूतकाल की कब्रें खोदने के बजाय कुछ नया लिखना चाहिए। दलित-पाठकों की ओर से प्रतिकूल प्रतिक्रियाएँ सुनने को मिलती हैं तो सवर्ण पाठकों की ओर से बहुत अच्छी प्रतिक्रियाएँ सुनने को मिलती हैं। 'हम किस सड़ी हुई व्यवस्था में जी रहे हैं, इसका प्रमाण है 'अक्करमाशी'। इस प्रकार की पुस्तकें बहुत पहले आनी चाहिए थीं। 'अक्करमाशी' पढ़ कर अपराध-बोध हुआ।'—ऐसी कुछ सवर्णों की प्रतिक्रियाएँ थीं। तो दूसरी ओर कुछ ऐसे भी सवर्ण निकले, जिन्होंने कहा, 'अजी कुछ नहीं। दलित-साहित्य से पाठकों की मानसिकता में परिवर्तन, क्रांति आदि सब बेकार की बातें हैं। मध्यवर्गीय समाज जायका बदलने के लिए दलित-साहित्य पढ़ता है। उलटे दलित-साहित्य में व्यक्त विद्रोही संवेदनशीलता के कारण दलित और दलितेतर के बीच खाई बढ़ने वाली है।'

'प्रत्येक गाँव में एक-दो वाहियात औरतें होती ही हैं,'—ऐसा जब मैं सुनता हूँ

तो मेरे मन में प्रश्न उभरता है कि क्या स्त्री ही वाहियात होती है? और उसमें भी क्या दलित-स्त्री ही वाहियात होती है? क्या पुरुष वाहियात नहीं होते? स्त्रियों को वाहियात कहने के मूल में वाहियात पुरुषों के गन्दे आचरण पर परदा डालना है।

'अक्करमाशी का संपादन ठीक से नहीं हुआ। आत्मकथा में कालदोष है। पाठकों के मन की पकड़ पुस्तक तुरन्त नहीं ले पाती। पुस्तक में अनुगत कथन की अपेक्षा काव्य-भाषा और चिंतन की अधिकता है। पुस्तक में उल्लिखित नाते-रिश्तों की पहचान तुरन्त नहीं हो पाती। स्त्रियों की ओर देखने का लेखक का दृष्टिकोण बहुत पारम्परिक है।'—ऐसी अनेक प्रतिक्रियाएँ भी मिलीं।

मैं अन्तर्मुख हो, इन सभी प्रतिक्रियाओं पर विचार कर रहा हूँ।

(कैफ़ियत, दै. केसरी, पुणे 16 जून, 1985)

॥ 4 ॥

दलित-आत्मकथा का प्रवाह मराठी साहित्य में समृद्धि के साथ विस्तारित हो रहा है। प्र. ई. सोनकांबले पैंतालीस वर्ष पार कर चुके हैं तो दादासाहेब मोरे पचीसवें वर्ष में प्रवेश कर रहे हैं। आत्मकथा लेखकों की ये दो पीढ़ियाँ हैं। शुरुआत में प्रकाशित दलित-आत्मकथाओं का स्वर काफी नरम, धीमा था। 'आठवणीचे पक्षी', 'मुक्काम पोस्ट देवाचे गोठणे', 'तराल-अंतराल' आदि आत्मकथाओं के नायक की रीढ़ की हड्डी गायब है। 'काटयावरची पोटं', 'आभरान', 'अक्करमाशी' आदि में व्यक्त अनुभव पूरे विद्रोह और आक्रामकता के साथ व्यक्त होते हैं। दो पीढ़ियों की संवेदनशीलता का यह अन्तर है।

'यह जीवन मेरा नहीं है। मुझ पर लादी हुई यह गुलामी है।' यह नकारात्मक स्वर इन आत्मकथाओं के मूल में है। ये आत्मकथाएँ एक ओर अन्याय-अत्याचार की यातनामय यादें रेखांकित करती हैं तो दूसरी ओर प्रस्थापित संस्कृति से प्रश्न पूछती हैं। 'इस समाज-व्यवस्था के हम शिकार हुए हैं,'—ऐसा इनका कोरस होता है। ये आत्मकथाएँ एक ओर यह इशारा करती हैं कि यह समाज-व्यवस्था सड़ी-गली है तो दूसरी ओर यह व्यवस्था अब बदलनी चाहिए, ऐसा संकेत भी वे करती हैं। जैसे कोई बीमार व्यक्ति वैद्य को अपनी परेशानियाँ, अपनी व्यथा बतलाता रहता है, ठीक उसी प्रकार दलित-आत्मकथाओं ने कई सांस्कृतिक प्रश्न उठाए हैं। इन प्रश्नों को हाशिए पर रख कर अगर हम इन आत्मकथाओं की कलात्मकता, साहित्यिक मूल्यवत्ता आदि पर चर्चा करने बैठें तो यह सांस्कृतिक गबन ही होगा।

दलित-आत्मकथाएँ युवावस्था में लिखी गई हैं। इसका एकमात्र कारण यही है कि आरम्भिक जीवन के दाहक अनुभव विस्मृति की खाई में खो जाने की संभावना अधिक होती है। उन्हें उसी समय शब्दबद्ध करना जरूरी हो जाता है। बाद में इन अनुभवों की तीव्रता घटने की संभावना अधिक होती है।

दलित-लेखक को जन्म से ही हजारों वर्षों के दुख और दरिद्रता उत्तराधिकार के रूप में प्राप्त हो जाती है। इन अनुभवों को इकट्ठा करने के लिए साठ वर्ष रुकने की जरूरत नहीं होती। यहाँ आयु की अपेक्षा यातनाओं का अधिक महत्व होता है। जिस यातना की आयु हजारों वर्षों की होती है, उस यातना की विद्रोही आवाज सनातन प्राचीन प्रस्थापित व्यवस्था के विरुद्ध ही होती है। यह विद्रोह केवल 'वर्तमान' के सम्बन्ध में ही नहीं बोलता रहता, वह 'भूत' और 'भविष्य' के सम्बन्ध में भी बोलता रहता है।

आत्मकथा में अनुभव 'रॉ मैटेरियल' होता है। लेखक अपने अनुभवों को आत्मकथा में शब्दबद्ध करता जाता है। जीवन टेपरिकॉर्डर नहीं है। 'जो चाहिए वह' सुनने हेतु बटन ऑन करने से, यहाँ वह सब कुछ सुनाई देगा, ऐसी गारण्टी नहीं। आत्मकथा लिखते समय लेखक को अपने अनुभव बार-बार याद करने पड़ते हैं। स्मरण-शक्ति पर जोर देना पड़ता है। वास्तव में आत्मकथा-लेखन अपने बीते जीवन का उत्खनन है। अपनी बीती जिन्दगी की खोज में वह भटकता रहता है। अनुभव के नोट्स लेता रहता है। बाद में इन्हें एक क्रम से लगाकर, संपादन कर वह लिखता जाता है।

आत्मकथा में बीते जीवन के अनुभव व्यक्त होते हैं। ये अनुभव विशुद्ध और अकृत्रिम नहीं होते। ये बीते जीवन-प्रसंगों की यादें होती हैं। ये यादों के पंछी होते हैं। ये पंछी जब कागज पर उतरने लगते हैं, तब उस लेखक की उस समय की मानसिकता, वृत्ति-प्रवृत्ति, प्रतिभा, लेखन-शैली, जीवन-दृष्टिकोण उस बीते अनुभव में घुल-मिल जाते हैं। घुल-मिलकर ही वे बीते अनुभव व्यक्त होते हैं। लेखक गंभीर वृत्ति का है कि विनोदी, वृद्ध है कि युवक, जीवनवादी है कि कलावादी—इस पर उसकी अभिव्यक्ति का स्वरूप आधारित होता है। आत्मकथा में व्यक्त अनुभव विशुद्ध और अकृत्रिम अनुभव न होकर अनुभव की यादें होती हैं। इसी कारण इसे हम 'साहित्य में व्यक्त यथार्थ' कहें। जीवन की वास्तविकता से अपना नाता बतलाते हुए भी वे उससे कुछ दूरी रखते हैं।

आत्मकथा में आये सभी अनुभव लेखक के विशेष अनुभव होते हैं। सामान्य अनुभव साहित्य के विषय कभी नहीं बनते। सामान्य अनुभवों को काल-प्रवाह में

मनुष्य भूल भी जाता है। विशेष अनुभव सतत् उसका पीछा करते रहते हैं, अंतःपटल पर स्पष्ट बिम्बित होते हैं। इन्हीं अनुभवों को शब्दरूप होने का सम्मान प्राप्त होता है। जो अनुभव दूसरों को आनन्द दे सकते हैं अथवा उन्हें बेचैन कर सकते हैं, उन्हीं अनुभवों को लेखक लिखना चाहता है।

सोशल सेंसार की अपेक्षा सर्जनशील लेखक का सेंसार महत्व का होता है। जिस प्रकार समाज किसी कलाकृति को अच्छी या बुरी साबित करता रहता है, ठीक उसी प्रकार कलाकार भी कलाकृति पूर्ण करते समय किसी प्रसंग को अच्छा या बुरा निश्चित करता जाता है। नीति, परम्परा, कानून, समाज, नाते-रिश्ते, व्यक्तिगत जीवन, अनेकानेक हित सम्बन्ध तथा प्रतिष्ठा के दबाव के नीचे लेखक जीता रहता है। आत्मकथा लिखते समय उसे पूर्णतः निर्भय तथा निर्लज्ज हो जाना जरूरी है।

आत्मकथा में असत्य घटनाओं को कोई स्थान नहीं होता। सत्य घटनाओं की अभिव्यक्ति ही आत्मकथा है। इसी कारण अन्य विधाओं से आत्मकथा भिन्न है। आत्मकथा की सफलता उसमें चित्रित घटनाओं की सत्यता पर निर्भर होती है। 'बलुंत' (अछूत) आत्मकथा के रूप में चर्चित रही। अगर वह उपन्यास होता तो उसकी इतनी चर्चा सम्भव नहीं थी। जो जी चुका होता है, उसे वैसे-के-वैसे लिखना अन्य विधाओं की तुलना में निश्चित ही आसान है। कहानी, उपन्यास, नाटक आदि विधाओं में लेखक पात्रों को नायक-खलनायक, सज्जन-दुर्जन के रूप में चित्रित कर सकता है; परन्तु आत्मकथा में इस प्रकार की स्वतन्त्रता उसे नहीं होती। आत्मकथा तथा लेखक—इनमें रक्त-सम्बन्ध होता है। आत्मकथा के सभी पात्रों में तथा लेखक में गहरा नाता होता है। शत्रुत्व भी होता है, प्रेम भी होता है। इसी कारण अन्य विधाओं की तुलना में आत्मकथा अधिक जीवंत विधा है।

(दै. *महाराष्ट्र टाइम्स, मुंबई 12.12.1987*)

॥ 5 ॥

कोढ़ी जैसे अपने कोढ़ को छिपाकर रखता है वैसे ही मैं भी अपने जीवन को छिपाकर रखूँ—ऐसी इच्छा होती है। मैं अपने इतिहास को अपनी माँ तक ही बता सकता हूँ। अधिक-से-अधिक माँ की माँ तक। उसके और पीछे की बात में नहीं जानता।

हमारा गाँव महाराष्ट्र-कर्नाटक के सीमा-विवाद में फँसा हुआ है। हमारी तहसील में हमेशा सीमा-विवाद का झगड़ा चलता रहता है—हम महाराष्ट्र के हैं या कर्नाटक

के? हमारी भाषा की भी यही स्थिति है। आसपास के परिवेश में कन्नड़ बोली जाती है और स्कूलों में मराठी पढ़ी-पढ़ाई जाती है। इसी कारण प्रश्न है कि हमारी सही भाषा कौन-सी है? मेरी माँ अछूत तो पिता सवर्ण! माँ झोंपड़ी में, पिता कोठी में! पिता जमींदार, माँ भूमिहीन। और मैं? 'अक्करमाशी'!

गाँव, भाषा, माँ, पिता, जाति, धर्म—इन सभी दृष्टियों से मैं खंडित हूँ। गुमशुदा व्यक्तित्व लिये जीने वाला...मेरे अस्तित्व को 'जारज' कहकर सतत अपमानित किया गया है। ब्राह्मणों से लेकर शूद्रों तक सभी अपने खानदानी अभिमान और खानदानी अस्मिता लिये जीते हैं; परन्तु यहाँ मेरी अस्मिता पर ही बलात्कार हुआ है। बलात्कृत स्त्री की तरह मेरा यह जीवन। यहाँ की नीति ने मेरे साथ एक अपराधी की तरह ही आचरण किया है। मेरे जन्म को ही यहाँ अनैतिक घोषित किया गया है।

दुर्बलों पर आक्रमण करते समय, उनका शोषण करते समय सबलों ने हमेशा उनकी अबलाओं पर अत्याचार किये हैं; जिन्हें यहाँ की सत्ता, सम्पत्ति, समाज, संस्कृति और धर्म ने समर्थन दिया है; परन्तु उस स्त्री का क्या होगा? उसे तो वह 'बलात्कार' अपने पेट में बढ़ाना पड़ता है। उस 'बलात्कार' को जन्म देना पड़ता है। उस 'बलात्कार' का पालन-पोषण करना पड़ता है और यह बलात्कार एक जीवन जीने लगता है। उसी जीवन की वेदना इस आत्मकथा में है। मेरे शब्द मेरे अनुभव हैं। मेरे जीवन से अनुभवों को घटा दिया जाए तो क्या बचेगा? केवल एक सजीव प्रेत...

अपनी माँ और पिता की अनैतिकता को मैं बलात्कार समझता हूँ। पिता के पास वर्ग-वर्ण द्वारा प्राप्त जन्मसिद्ध अधिकार थे। उनके सम्भोग को संस्कृति ने प्रतिष्ठा प्राप्त करवा दी। इसके ठीक उलटे मेरी माँ अछूत और दरिद्र। वह अगर श्रेष्ठ वर्ण में जन्म ले चुकी होती, अमीर अथवा समृद्ध घर की होती तो क्या वह इस बलात्कार के लिये तैयार होती? यह माँ का व्यभिचार नहीं है, अपितु वह प्रस्थापित समाज-व्यवस्था की शिकार है—इस बात का एहसास मुझे दलित-साहित्य तथा दलित-आन्दोलन से होता गया। दलित-आन्दोलन एक महायुद्ध है तो दलित-साहित्य एक महाकाव्य है, ऐसी मेरी मान्यता है। देश के किसी भी हिस्से में स्त्री पर हुए अत्याचार मुझे मेरी माँ पर हुए अत्याचार लगते हैं। समाचार-पत्रों में छपे ऐसे समाचारों से मैं बेचैन हो उठता हूँ। ठीक यही अवस्था सभी दलित-युवकों की है। प्रत्येक में धधकता असन्तोष ही हमें इकट्ठा करता है और हम प्रतिकार हेतु चर्चा करते बैठते। दलित-आन्दोलन की जड़ें इस तरह मन में जगह बनाने लगीं।

अमेरिका में नीग्रो स्त्रियों पर गोरों ने बलात्कार किये। इन बलात्कारों से जनमी

संतति वहाँ है। काली माँ और गोरे पिता से जनमी यह संतति न पूरी काली है, न पूरी गोरी। उनके सामने प्रश्न था कि हम काले हैं कि गोरे? मेरा जीवन भी मुझे ऐसा ही लगता है। इसी कारण नीग्रो मुझे माँ-पिता की तरह, भाई-बहन की तरह लगते हैं। हमें एकत्र बाँधने वाला विचार हम पर लादी गई यह अमानवीय गुलामी ही है। इसी कारण जो-जो गुलाम हैं, गुलामी के विरोध में बढ़ रहे हैं, वे सब मुझे अपने लगते हैं।

अपने अस्तित्व की पहचान के लिए नीग्रो के सम्मुख प्रश्न था 'मैं कौन हूँ?' अस्तित्व की पहचान का यह प्रश्न मुझे भी परेशान करता रहा है। मैं कौन—सवर्ण या अछूत? इसी जिज्ञासा में प्रस्तुत आत्मकथा पूर्ण हो गई है। 'अक्करमाशी' के रूप में, अछूत के रूप में, दरिद्र के रूप में मैं जो जीवन जीता रहा, उसी को मैंने शब्द दिये हैं। यह आत्मकथा जैसी मेरी है, वैसी ही यह उनकी भी है जिनके बीच मैं बढ़ा, जिस समाज में मैं जिया, जिस गाँव में मैं रहा। मैंने जो किया, जो भोगा, जो अनुभव करता रहा तथा बचपन से जो भी देखता और सुनता रहा, वह सब इस आत्मकथा में है।

बचपन में मैंने जो सुना, मेरे मन पर वह आज भी ताजा जख्म की तरह अंकित है। इसी कारण वह आज शब्दों के रूप में फूट रहा है। भूतकाल की ओर मैंने बहुत बारीकी से देखा है, स्मृति-क्षितिज की अन्तिम रेखा को निहारा है। जिन यादों को कहने की इच्छा हुई, जो यादें अधिक हरी हो जाती थीं, उन्हें ही मैंने कहा है।

सुनीता नामक मेरी बहन कहती रही कि अपने माता-पिता के जीवन का तमाशा दुनिया को क्यों बतलाया जाये? सुनीता का पति सुभाष मेरे घर आकर कहता, 'इसमें हमारा कुछ न लिखो।' सच कहूँ, यह जीवन बड़ा दमघोंटू और घुटन भरा है। घुटन आवेग, कसक अथवा यन्त्रणा को जन्म देती है। आवेग और कसक भरे ये शब्द बाहर आये हैं, अंकुर की तरह। यहाँ शब्द गौण हैं, उनमें छिपी वेदना महत्वपूर्ण है। मेरे साले सुभाष की आत्मकथा भी इसी प्रकार की है। उसकी माँ अछूत, पिता बेरड़ समाज का। पिता अमीर, महानगरपालिका का सदस्य और माँ? महानगरपालिका की चतुर्थ श्रेणी की मजदूर औरत।

मेरी पत्नी कुसुम कहती है, 'यह सब क्यों लिखते हो? इसका उपयोग क्या? इसे पढ़कर अपने बच्चों को कौन स्वीकारेगा?'

कुसुम की बातें मुझे ठीक लगती हैं। बावजूद इसके मुझे यह कहना ही चाहिए। प्रत्येक गाँव में जमींदार होते ही हैं। उनकी रखैलें होती हैं। इन रखैल स्त्रियों की संततियों की व्यथा का लोगों तक पहुँचना जरूरी लगता है। यह कहने के लिए ही यह आत्मकथा मुझे नजदीक की लगती है। प्रत्येक के पास उसकी अपनी बीती जिन्दगी होती है। उस बीती जिन्दगी की कटु-मृदु स्मृतियाँ वह अपने बच्चों को,

नाती-नातिनियों को, मित्रों को बतलाता रहता है। उन दुःखों का कोई क्षेत्र नहीं होता। बहुत कम लोगों की वेदना शब्दमय होती है। अगले दशकों में बहिष्कृत समाज की अनेक आत्मकथाएँ समाज में आएँगी और इस कारण तमाम भारतीय साहित्य का चेहरा-मोहरा ही बदल जायेगा।

यहाँ अपने एक अनुभव को बतलाने की इच्छा हो रही है। मैं और मेरा एक मित्र अशोक जेठीथोर एक बैंक में गये थे। मुझे बैंक में अपना अकाउंट खोलना था। मैंने आवश्यक प्रार्थना-पत्र भर दिये। प्रार्थना-पत्र में 'पूरा नाम' के स्थान पर मैंने केवल 'शरणकुमार लिंबाले' ही लखा। इससे बैंक में विवाद शुरू हुआ। बैंक मैनेजर का कहना था कि शरणकुमार लिंबाले—यह पूर्ण नाम हो ही नहीं सकता। आप अपने पिता का नाम लिखिये। पिता के बगैर कोई कैसे जन्म ले सकता है? मैं जिद पकड़ गया। मैंने कहा, 'मेरे पिता नहीं है!'

मैनेजर का कहना था, 'मेरे भी पिता नहीं है। फिर भी मैं पिता का नाम लगाता हूँ। उन्हें गुजरे पाँच वर्ष हो गये।'

मैं काफी बेचैन उध्वस्त-सा था। अशोक बीच-बचाव करते कहने लगा, 'साहब, ये किस पिता से जनमे हैं, इन्हें ही नहीं मालूम। इन्हें इनके पिता का ही पता नहीं तो ये किसका नाम पिता के रूप में लगायेंगे?' बैंक मैनेजर भी परेशान। इस प्रकार की स्थितियों को मैं कब तक मौन होकर सहता रहूँ?'

—शरणकुमार लिंबाले

अनुवादक की ओर से

'अक्करमाशी' का अर्थ है—जारज पुत्र, अवैध संतान, समाज द्वारा अमान्य सम्बन्धों से जन्मी संतति, स्त्री की मजबूरी को देखकर, उसे रखैल बनाने वाले सम्पन्न और अमानवीय पुरुष सम्बन्धों से जनमी संतति! ऐसी संतति को मराठी में 'अक्करमाशी' कहते हैं। इस शब्द का या इसके समतुल्य कोई शब्द मुझे हिन्दी में नहीं मिल पाया। हिन्दी के प्रसिद्ध कवि श्री अजित कुमार तथा उनकी विदुषी पत्नी स्नेहमयी चौधरी से भी इस शब्द को लेकर चर्चा करता रहा। पर 'अक्करमाशी' में निहित अर्थ के निकट का शब्द नहीं मिल पाया। एक शब्द 'दुसाध' हिन्दी में प्रचलित है; परन्तु वह 'अक्करमाशी' के वजन का नहीं लगा। परिणामतः इस शब्द को रूढ़ करने की इच्छा हुई। यह जरूरी भी है। भारतीय भाषाओं के ऐसे ढेरों शब्दों का हिन्दी में प्रचलित होना हिन्दी के विकास की दृष्टि से आवश्यक ही नहीं, अनिवार्य भी है।

संवैधानिक सुरक्षा के कारण समाज के पीड़ित, शोषित और अछूत तबकों के लोग शिक्षा के निकट आ रहे हैं। बाबा साहब आम्बेडकरजी की ही यह दूरदृष्टि थी कि जब तक हम इस वर्ग को ऐसी सुविधाएँ और सुरक्षा नहीं देंगे तब तक जनतान्त्रिक व्यवस्था फले-फूलेगी नहीं। इस तबके का केवल दो-तीन प्रतिशत वर्ग ही अभी शिक्षित हो पाया है। यह नवशिक्षित तबका तो 'आइसबर्ग' की तरह है। अनन्त वेदनाओं और यातनाओं को लेकर जीने वाले कई तबके अभी भी इस समाज में हैं। इस कारण आरक्षण के विरोध में बोलने वाले अंतर्मुख होकर 'अक्करमाशी' में व्यक्त यातनाओं को समझने की कोशिश करें—यह आग्रह है।

मैं व्यावसायिक अनुवादक नहीं हूँ। समाज के पीड़ित, शोषित और अछूत वर्ग की यातना से प्रतिबद्ध व्यक्ति हूँ। इसी कारण दलित-साहित्य को मात्र साहित्य ही नहीं, परिवर्तन की प्रक्रिया के साधन के रूप में मैं देखता हूँ। इस साहित्य को राष्ट्रीय स्तर पर ले जाकर भारत के दूर-दराज इलाकों में पशुवत् जीवन जीने वालों को उनकी यातना का और यातना के उन कारणों का अहसास करा देना आवश्यक समझता

हूँ। ठीक उसी समय सम्पन्न, सवर्ण और संवेदनशील वर्ग को उपेक्षितों की यातना से जोड़ना भी जरूरी समझता हूँ।

इस आत्मकथा के लेखक शरण की आयु इस समय मुश्किल से चालीस वर्ष की है। इस छोटी उम्र में उन्होंने जो कुछ भोगा है, झेला है, वह मात्र उनका नहीं, अपितु अस्तित्व की तलाश में भटकने वाले उनके जैसे लाखों-करोड़ों लोगों का है। प्रत्येक के जीवन-संदर्भ भिन्न-भिन्न हो सकते हैं, पर व्यथा-यातना और पीड़ा की छटपटाहट तो समान है। शरण के प्रश्न एक व्यक्ति के नहीं हैं; अपितु हमारी सम्पूर्ण परम्परा, धर्म, जाति, नैतिक मानदंड अर्थात् व्यवस्था की क्रूरता से जुड़े हुए हैं और इसीलिए शरण पूरी व्यवस्था की पुनर्रचना की बात करते हैं। वह किसी की सहानुभूति, दया अथवा करुणा की अपेक्षा नहीं करते; अपितु इस व्यवस्था के प्रति चिढ़ उत्पन्न करते हैं और यही इस आत्मकथा की उपलब्धि है।

पिछले कुछ वर्षों से महाराष्ट्र के विभिन्न तबकों से आये हुए युवक अपने विष-भरे अनुभवों को पूरी ईमानदारी और स्पष्टता के साथ शब्दों में बाँध रहे हैं। इन उपेक्षितों, शोषितों, पीड़ितों और अछूतों के अनुभव हिन्दी में ले जाने का प्रयास कुछ वर्षों से मैं कर रहा हूँ; क्योंकि मेरा यह विश्वास है कि हिन्दी जब तक पीड़ितों, शोषितों और अछूतों की भाषा नहीं बनेगी तब तक वह अपने सही अस्तित्व को प्राप्त नहीं कर सकेगी। अपने अस्तित्व की खोज में भटकते हुए शरण तथा अपने सही स्थान को पाने के लिए छटपटाती हिन्दी—दोनों मुझे एक लगने लगते हैं।

–सूर्यनारायण रणसुभे

'निकष'
19, अजिंका सिटी
लातूर-413531

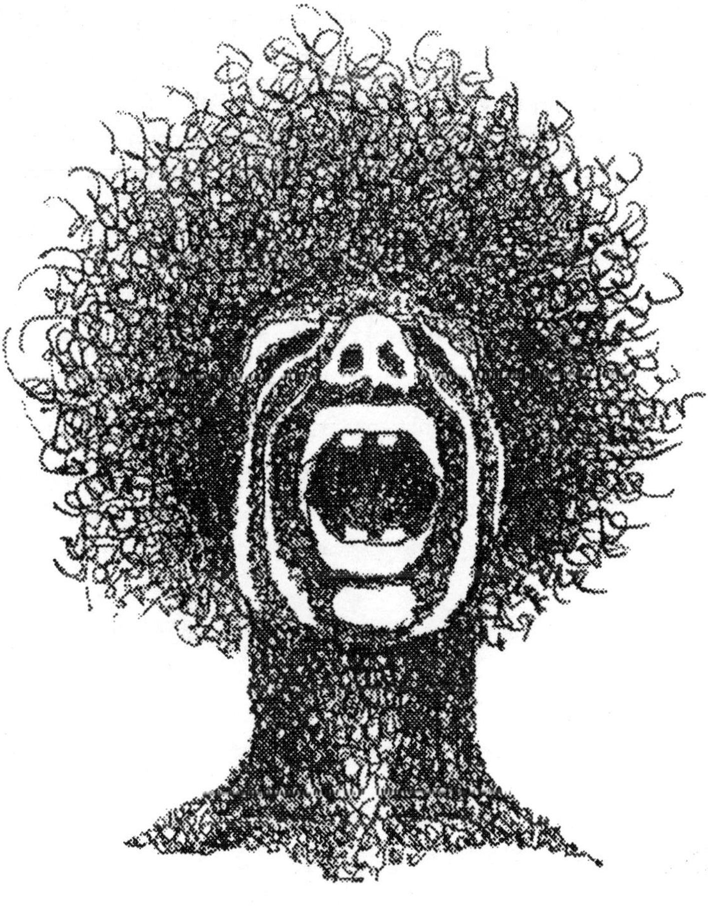

अक्करमाशी

उस दिन स्कूल के अधिकांश बच्चे वन-भोजन की तैयारी से स्कूल आये थे। पर दलित बस्ती के हम कुछ बच्चे कंधे पर स्कूली थैला लटकाये स्कूल गए थे। वहाँ जाने पर गुरुजी ने कहा, "जाओ, रोटियाँ बाँधकर ले आओ, वन-भोजन जाना है।" छुट्टी की खुशी में हम बैलों की तरह दौड़ते-भागते हुए घर की ओर लपके।

चटनी-रोटी बाँधकर हम भी उन बच्चों में शामिल हुए जो शिक्षक के निर्देशानुसार कतार में खड़े हो रहे थे। उसी समय जनामाय हाथ में छड़ी लेकर वहाँ आयी। संगू को कतार से बाहर निकालते हुए पीटने लगी। संगू रोने लगा। वह हमारे साथ वन-भोजन के लिए जाना चाह रहा था। पर जनामाय उसे कतार से बाहर खींचने लगी। जनामाय किसी की सुन नहीं रही थी। उसे पीटते हुए वह कह रही थी, "संग्या, चुपचाप मेरे साथ चल, नहीं तो लातों का परसाद दूँगी! तेरा बाप भूखा ही मजदूरी को गया है। उसे रोटी पहुँचानी है। तू अगर नहीं जायेगा तो वह दिन-भर भूखा ही रहेगा और जानता है, आगे क्या होगा? रात में वापसी पर वह सारा गुस्सा तुझ पर निकालेगा, तेरी बोटियाँ काटेगा, इसलिए कह रही हूँ चुपचाप चल।"

पहली कक्षा से लेकर सातवीं कक्षा तक के शिक्षक, लड़के-लड़कियाँ—इन सबको एक साथ चलते देखकर अजीब लग रहा था। उपलियाँ चुनने आयीं औरतें बड़े अचंभे से हम सबको देख रही थीं। मैं बड़े उत्साह से चल रहा था। मौल्या नाम का मेरा एक पुराना दोस्त पशुओं की देखभाल कर रहा था। उस समय हम सबको चलते देख उसकी छटपटाहट को मैं आज अनुभव कर रहा हूँ।

मौल्या मेरी ही तरह रोज स्कूल आता था, परन्तु उसके पिता ने उसे स्कूल से निकाल लिया तथा पशुओं की देखभाल पर लगा दिया था अर्थात् नौकरी पर लगा दिया। इतनी छोटी उम्र में ही मौल्या नौकरी कर रहा था। रोज दो बार भोजन तथा प्रतिवर्ष सौ रुपये—उसका वेतन था। उस वर्ष मौल्या की माँ के पास पहनने के लिए धोती भी नहीं थी; घर में हमेशा भूखा सोना पड़ता था। उसकी इस नौकरी से उसके पेट का बोझ घरवालों पर से हट गया था। एक के पेट की चिन्ता मिट गई थी और फिर सालाना सौ रुपये मिलने वाले थे। उन पैसों से परिवार वालों के लिए कपड़े खरीदे जाने वाले थे। इस तरह मौल्या परिवार का आधार बन गया था।

हम सब लड़के कतार से चल रहे थे और मौल्या भैंस पर बैठा गाना गा रहा था।

एक स्थान पर हमें रुकने के लिए कहा गया। बड़े लड़के पेड़ों पर चढ़ने लगे। दौड़-धूप शुरू हुई। लड़कियाँ किकली खेलने लगीं। शिक्षक ताश खेलने में जुट गये। मजा-ही-मजा था। मैं छोटा था, दूर बैठा सब कुछ देख रहा था।

बनियों तथा ब्राह्मणों के लड़के कबड्डी खेल रहे थे। हम अछूत बच्चे उनसे अलग-थलग ही बैठे थे। मल्ल्या, मारत्या, उंब-या, परश्या, चंदया आदि छूना-पानी का खेल शुरू कर चुके थे। दलितों का खेल अलग, सवर्णों का खेल अलग। दो-दो खेल दो-दो आँधियों की तरह। थोड़ी देर बाद खाना शुरू हुआ।

बनिये, ब्राह्मण, मारवाड़ी, मुसलमान, सुनार, ठाकुर, जाट आदि जमात के सौ लड़के, शिक्षक और लड़कियाँ बरगद के विशाल पेड़ के नीचे खाने के लिए बैठ गये—गोलाकार में, और हम अछूत बच्चे एक अलग पेड़ के नीचे। श्लोक के साथ उन्होंने खाना खाना शुरू किया। हम उस श्लोक का अर्थ भी नहीं जान पाये।

मारुति के पास रोटी बाँधने के लिए कपड़ा नहीं था, इस कारण मेरे ही कपड़े में उसकी रोटी बँधी हुई थी। उंब-या सूखी मछली ले आया था। मल्ल्या की रोटी पर केवल चटनी थी। हम सबने रोटियाँ निकालीं। लड़के-लड़कियाँ शिक्षकों को सब्जी-रोटी दे रहे थे। उनके पास तली हुई अच्छी चीजें थीं।

हमारा पेड़ भी छितराया हुआ था, हमारी ही तरह। हवा का झोंका आता कि धूप लगती। गरम हवा का एहसास होता। छितराई छाँव में हम बैठे थे। उंब-या ने मुझे सूखी मछली की सब्जी दी। मैंने अपनी सब्जी उसे दी। इच्छा हुई कि अपनी सब्जी-रोटी शिक्षकों को दे आऊँ। पर क्या मेरी रोटी शिक्षक खायेंगे? गाँव के अन्य बच्चों की रोटियाँ ताजा थीं। मसालेदार सब्जियाँ थीं और फिर तली हुई अन्य चीजें भी थीं। उनकी माताओं ने बड़े प्यार से उन्हें चीजें बनाकर दी थीं। दलितों के पास अलबत्ता बासी रोटियों के टुकड़े थे। वे भी इतने कि हमारे लिए ही पर्याप्त न हों।

पेट तो श्मशान-भूमि की तरह है कितने भी मुरदे जलाते रहो, उसे और मुरदे चाहिए। माँ चिढ़कर कहती थीं, "तेरा पेट है कि कुआँ! टोकरी क्यों नहीं बाँध लेता मुँह पर?"

अधपेट ही उठ जाता था मैं यह सब सुनते-सुनते। खाने वाला मैं अकेला थोड़े ही था! अकेला मैं ही पेट-भर खा लेता तो बाकी क्या खायेंगे? पर आज तो घर पर जो भी था, मैं बाँध ले आया था। गाँव की लड़कियों ने हमें भी सब्जी-रोटी दी; पर ऊपर से। यह सोचकर कि हमारी रोटियों तथा मिर्च को उन्होंने देखा होगा, मुझे अपनी स्थिति पर शर्म भी आयी। मैं चुपचाप खाने लगा। गाँव के बच्चे तथा शिक्षक

खा रहे थे। उनके निकट ही लड़कियाँ बैठी हुई थीं। उनमें गपशप चल रही थी। हम अछूत एकदम खामोश थे। सामने मरी मछली के टुकड़े थे। बहुत सहज और मुक्त होकर रहने वाली उन लड़कियों के होंठ मैं मन-ही-मन चबा रहा था।

खाना खत्म हुआ।

सवर्णों की रोटियाँ और सब्जियाँ बच गई थीं। शिक्षकों ने बची हुई सारी जूठन इकट्ठी करके हमें देने के लिए कहा। मैं, मारुति, उंब-या व परश्या बचे-खुचे अन्न की उस जूठन को लेकर अपने स्थान पर आने लगे। लड़के-लड़कियाँ मजा लेते हुए आगे निकल गये। पर हम सबके प्राण तो उस जूठन में ही अटक गये थे। मारुति उस जूठन को लेकर आगे बढ़ने लगा और हम चीलों की तरह उसके पीछे-पीछे चलने लगे।

हम सब निंगप्पा के खेत में रुक गये। जूठन बँधा कागज खोलकर हमने उत्सुकता से देखा। उसमें गेहूँ की नमकीन रोटियों, पराँठों, लड्डुओं, गुझियों, चपातियों आदि के छोटे-बड़े टुकड़े थे। बेहतरीन गंध आ रही थी। हम सब अब गोलाकार में बैठ गये और उस जूठन पर टूट पड़े। कई दिनों बाद ऐसी चीजें मिली थीं। सभी भूखे थे। भिखारी की झोली की तरह हमारे पेट की स्थिति हो गई थी।

घर आने के बाद मैंने माँ से यह सब कहा। माँ भूख-पीड़ितों की तरह कहने लगी, “घर के लोगों के लिए उसमें से थोड़ा ले आता तो क्या बिगड़ता? बचा हुआ अन्न अमृत होता है।”

यह सुनकर मैं अस्वस्थ हो गया।

दूसरे दिन स्कूल पहुँचा तो शिक्षक कहने लगे, “वन-भोजन पर निबन्ध लिखो।” सातवीं कक्षा के छात्र लिख रहे थे, मैं तीसरी में था। हमें भी निबंध लिखने के लिए कहा गया। सातवीं तथा तीसरी कक्षा के शिक्षक तम्बाकू खाते बैठ गये। दोनों कक्षाएँ एक ही कमरे में चल रही थीं। अधिकांश लड़के तेजी से लिखने लगे। मैं चिंतित था। शिक्षक मुझ पर चिढ़े हुए थे। ‘लिख भोसड़ी के, गाय का गोश खाता और लिखने नहीं आता क्या?’

मैंने स्लेट-पेंसिल निकाली, स्लेट पर थूक लगा दिया। फिर पोंछता रहा। पोंछ-पोंछकर कमीज का एक हिस्सा काला हो चुका था। क्या लिखूँ, समझ में ही नहीं आ रहा था। वन-भोजन का वह दृश्य आँखों के सामने आया। वे कतारें, अलग-अलग बैठने की योजना, हमारा स्पर्श न हो इस भय से—परोसने वाली वे लड़कियाँ, वह छितराया हुआ पेड़, कागज में बाँधकर दी गई वह जूठन, माँ तथा शिक्षक द्वारा पूछा गया प्रश्न।

कहाँ से शुरू करूँ यह निबन्ध?

□

स्कूल कभी विठोबा अथवा कभी महादेव के मन्दिर में लगा करता था। मन्दिर के भीतर ब्राह्मणों तथा वैश्यों के लड़के बैठते थे। पहली कतार में एक ओर लड़के, दूसरी ओर लड़कियाँ। उनके पीछे चमारों के लड़के और सबसे पीछे महार लोगों के, दरवाजे के निकट। मातंग जाति का अर्जु हमारे साथ नहीं बैठता था। हम महार जात के थे, इसलिए प्रति शनिवार पूरे स्कूल की जमीन को गोबर से लीपने का काम हमें दिया जाता था। गोबर इकट्ठा करके पूरा स्कूल लीपने के बाद शिक्षक मेरी सराहना करते। घर पर मैं किसी भी प्रकार का काम नहीं करता था। पर स्कूल का यह काम मुझे चुपचाप करना पड़ता था।

एक दिन यह काम करते-करते मैं मन्दिर के गर्भगृह में चला गया। गर्भगृह में पहुँचने पर मुझे बेहद खुशी हुई। मुझे कोई देख लेगा—इस डर से मैं परेशान भी हो गया।

सावन के महीने में स्कूल दूसरे स्थान पर लगता था। कभी गंगुबाई के प्रशस्त मकान में तो कभी गाँव के मारवाड़ी के मकान में। कभी हनुमान मन्दिर की देहली पर तो कभी लगीनशा के दरगाह में। तो कभी भुतालसिद्धि के विशाल मन्दिर में।

मुझे याद आ रहा है, परश्या ने भुतालसिद्धि की मूर्ति पर पेशाब कर दिया था। परश्या बहुत चालू लड़का था। मैं सोचता कि परश्या पर जरूर भगवान् का कोप हो जायेगा, उसका पुरुषत्व खत्म हो जायेगा। बेवकूफ ने बेकार में ही मूर्ति पर पेशाब किया। मैं घबरा गया। तौबा-तौबा करता रहा। धर्म से मैं भी हिन्दू हूँ, मैं भी मनुष्य। गाँव के अन्य लड़के भगवान् की मूर्ति के निकट जा सकते हैं, पर हम नहीं जा सकते।

कक्षा में पढ़ाया जाता था कि बच्चे ईश्वर द्वारा निर्मित फूल हैं। तो क्या हम भगवान् द्वारा निर्मित फूल नहीं हैं? वास्तव में, हम लोग गाँव के बाहर फेंके गए कूड़े-कचरे की तरह थे। एक ही स्कूल में अनेक जाति की इकाइयाँ थीं। हमारी बस्ती का सम्बन्ध गाँव से नहीं था; मानो गाँव का विभाजन कर हमें गाँव से तोड़ा गया हो। बचपन से मैं पराये की तरह ही रहा। उम्र के साथ यह परायापन बढ़ता ही गया था। मेरा बचपन मुझे आज भी भयावह लगता है।

सावन माह के कारण स्कूल तेली की कोठी में लगता था। मैं पहली बार उस कोठी में गया था। लड़कों में जाकर बैठ गया। उस कोठी के मालिक के लड़के महाद्या ने मुझे कहीं से देख लिया। वह भागता हुआ आया। मेरी स्लेट तथा पुस्तकें छीन लीं और पूरी शक्ति से वह मुझे पीटने लगा। आँखों के सामने तारे चमकने लगे। सारे बच्चे मेरी ओर देख रहे थे। शिक्षक आये। उन्होंने उन सबसे दूर, दरवाजे के पास बैठने के लिए मुझसे कहा। मैं उस स्थान पर अकेला बैठ गया। भीतर-ही-भीतर

घुटते हुए, ध्रुव की तरह स्थिर।

जब स्कूल मारवाड़ी की कोठी में लगता तो मैं बैठक के नीचे बैठता। लड़के-लड़कियाँ ऊपर बैठते। शिक्षक और ऊँची जगह पर बैठकर सवर्णों के लड़कों को गणित समझाते। हम नीचे जूतों की तरफ बैठे रहते। सभी ओर चप्पल और जूते। रत्ना नामक लड़की की चप्पल बड़ी खूबसूरत लगती। शिक्षक की चप्पलों को मैं छूता तक नहीं था। सोचता, चप्पलों को छूत लग जायेगी। गुरुजी की चप्पल मुझे राम की पादुकाओं की तरह लगती।

मुख्य गाँव क्या होता है, बचपन में मुझे मालूम ही नहीं था। महारों की बस्ती में ही खेलता था। वहीं बड़ा हो रहा था। कचरे का ढेर, कुत्ते, सूअर तथा झोंपड़ी—ये ही संगी-साथी थे। जगन्नाथ पाटील के घूरे पर दिन-भर खेला करता।

पहली बार जब मैंने स्कूल देखा था, वह दिन आज भी मुझे याद है। छोटे-छोटे बच्चों से भरा हुआ कमरा। मैंने पहली बार कुरसी देखी, ब्लैक-बोर्ड देखा, गुरुजी को देखा, छड़ी देखी। मुझे गुरुजी की छड़ी के प्रति अद्भुत उत्सुकता थी। सही अर्थों में मेरी पढ़ाई तीसरी से शुरू हुई। दो साल तक तो शिक्षकों ने मुझे कागज पर ही उत्तीर्ण किया था। मुझे इसका कुछ भी पता नहीं था। शिक्षक बुलाने आते तो मैं भाग जाता; छिपकर बैठता। आज लगता है कि हम लोग—मैं, परश्या तथा उंब-या—काफी चालू थे। शिक्षक को देखते ही हमें शरारत सूझती। 'शिक्षक, शिक्षक तू कितना? बच्चे भागे, पकड़ लवड़ा'—चिल्लाते हुए हम तीनों दौड़ने लगते।

हमउम्र लड़कों के साथ मैं पहले दिन स्कूल गया था। मल्ल्या, मारत्या तथा निल्या जहाँ बैठते, वहीं पर मैं भी जा बैठा। उस दिन मुझे जोर से पेशाब लगी थी; पर शिक्षक से पूछूँ कैसे? शिक्षक मुझसे काफी दूर थे। उन्हें पास बुलाने की हिम्मत भी नहीं थी। पेशाब के लिए जाना हो तो अपनी छोटी उँगली अलग से दिखलानी पड़ती है, यह मुझे उन दिनों मालूम नहीं था। मेरी गोदावरी वहीं पर प्रकट हो गई। पेशाब निक्कर से बाहर निकलने लगी। बच्चे चिल्ला उठे। मैं घबरा गया। शिक्षक ने मुझे कक्षा से निकाल बाहर किया। गीले निक्कर से मैं घर आया। बाद में दो दिन तक मैं स्कूल नहीं गया। निक्कर का मतलब—आज के अंडरवीअर। बहुत हल्के दर्जे के सूती कपड़े से बने। सातवीं कक्षा तक ऐसे ही कपड़े के निक्कर पहनता था, वे भी फटे हुए। माँ ने पीछे से पैबंद लगा दिये थे। वह भी फटकर जब उपस्थ दिखायी देता तो मैं कमर पर तौलिया लपेट लेता।

पेशाब की छुट्टी हुई कि बच्चे छेड़ते, कंकड़ मारते, 'महार'- 'महार' कहकर चिल्लाते। मैं बेहद परेशान हो जाता। एक दिन गाँव के बच्चों ने मुझे बिना मतलब के घेर लिया। मेरा साथी निल्या भाग खड़ा हुआ। बच्चे आवारा बैल की तरह धीरे-धीरे

आगे बढ़ने लगे। मैं बेहद परेशान हो गया। लगा कि आकाश ही शरीर पर गिर रहा है। राम जलकोटे नामक एक सवर्ण लड़के ने मुझे जोर से थप्पड़ लगा दिया। मैं रोने लगा, वे सब भाग गये। बाद के दिनों में जब कभी राम को देखता तो थरथराने लगता।

15 अगस्त तथा 26 जनवरी को प्रभातफेरी निकलती। सभी बच्चे स्कूली वर्दी में आते। मैं अलबत्ता निक्कर में शर्ट खोंस लेता। प्रभातफेरी केवल गाँव में ही घूमती थी। मुझे लगता, वे सब मेरी बस्ती में भी आयें। मेरी बस्ती के लड़के मुझे इस प्रभातफेरी में देख लें, ऐसी इच्छा होती। शिक्षक हमें कतारों में ले जाते। कतार में चलते तथा नारे लगाते हुए देखकर मेरी नानी उल्लसित हो उठतीं। उनका हृदय भर आता। उन्हे अपना जीवन सार्थक लगता। मेरी नानी का नाम था संतामाय। उन्होंने ही मुझे पाला-पोसा है।

मेरी नानी सड़क पर झाड़ू लगाने का काम करतीं। 15 अगस्त या 26 जनवरी को झाड़ू लगाते हुए मुझे वह दिखतीं। उन्हें देखकर मुझे होश आता और मैं जोर से नारे लगाता। मुझे देखकर वह हँसती। बहुत उत्साह से झाड़ू लगातीं। घर लौटने पर वह मुझे वात्सल्य से चूमतीं। उनके मुँह से दुर्गंध आती। मिस्सी लगाने के कारण उनके दाँत काले दिखते।

स्कूल छूटने पर हम लोग नदी के किनारे खाना खाने जाते। रेत में बैठकर खाते। नदी में तैरते। नदी के ऊपरी घाट पर सवर्ण पानी भरते। उनकी औरतें कपड़े धोतीं। नदी के निचले घाट पर धनगर व कुनबी पानी भरते, नहाते, कपड़े धोते, अपने जानवरों को नहलाते। उसके और निचले घाट से हम लोगों को पानी लेना पड़ता, नहाना तथा कपड़े धोने पड़ते। ऊपर के दोनों हिस्सों का गन्दा पानी हमारे हिस्से में आता। हम उनके घाट पर जा नहीं सकते थे।

एक दिन मैं नदी के बीच, पानी में खड़े होकर पानी पी रहा था। किसी माँ ने अपने छोटे बच्चे का मैले से भरा कपड़ा शायद धोया था। उसी मैले का सैलाब मेरे नजदीक आ रहा था। उबकियाँ आयीं, पर कहूँ किससे? और फिर जल से अधिक पवित्र कौन-सी वस्तु है? सवर्णों के घाट से आये गन्दे पानी को हम लोग पचा रहे थे।

□

गाँव के समृद्ध लोगों के घरों में जब शादियाँ होतीं, हम बेहद खुश हो जाते। समृद्ध लोग सारे गाँव को भोजन का न्योता देते। किन्तु सभी के निबटने के बाद आखिर में हमारी बस्ती को बुलावा आता।

इस प्रकार की शादियों में मैं और मेरे मित्र दिन-भर उस घर के आस-पास ही

मँडराते। मँड़वा देखते, बाजा सुनते, लाउड-स्पीकर पर बजते गाने सुनते, सजी-धजी लड़कियाँ देखते। बेहतरीन भोजन की सुगंध सूँघने को मिलती। हम छोटे-छोटे बच्चे दिन-भर मँड़वे तले मँडराते रहते। बाजा बजने लगता कि नाचने-कूदने लगते। इस बीच अचानक उस घरवालों में से कोई व्यक्ति आकर हमें वहाँ से भगा देता। थोड़ी देर के लिए हम भाग जाते, किन्तु धीरे-धीरे फिर इकट्ठे होने लगते।

शादी धूमधाम से होती। रिश्तेदारों को भोजन करवाया जाता और हम लोग बाहर भूख निगलते हुए खड़े रहते। कतार-पर-कतारें बैठतीं। उनकी आवाज हमें सुनायी देती। उस घर का कोई प्रौढ़ व्यक्ति गम्भीर आवाज में पूछता, "सबको परोसा गया है ना?"

"लजाइये नहीं, आराम से खाइये!" परोसने वाले कतारों के पास से आवाज देते हुए गुजरते, "सब्जी!" "खीर!" कोई पूछता, "चपाती चाहिए?" "घी लीजिये।" हम सब इन आवाजों को सुनते तथा भूख से बेहाल हो जाते। पेट कान तक आ जाते, पेट कान बन जाते। पेट कतार के आदमी हो जाते।

आरम्भ में भगवान ने आदमी को एक ही पेट दिया था। आदमी खाने-पीने लगा। बड़ा मजा आने लगा। क्या खायें और क्या नहीं—ऐसी उसकी स्थिति हो गई। खाने को बहुत था; पर पेट एक ही था। आदमी परेशान हो गया। उसने सोचा, खाने के लिए तो भगवान ने बहुत-सी चीजें बनायी हैं, पर पेट तो एक ही दिया है। इस कारण वह फिर ईश्वर के पास गया और कहने लगा, 'भगवन, मुझे एक ही पेट देकर तुमने गलती की। मुझे तो बहुत खाना है, बहुत पीना है; दो पेट दोगे तो बड़ी मेहरबानी होगी।'

ईश्वर ने उसे समझाया, 'बेटे, तू जा और पहले इस एक पेट की भूख को शान्त कर, फिर मेरे पास आ। तब तुझे दूसरा पेट दूँगा, जरूर दूँगा।'

उस दिन से आदमी इस एक पेट की तृप्ति में लगा है। अब उसे इस पेट को भी भरना मुश्किल हो गया है। वह अब अधपेट रहने लगा है। भूख के कारण खुद को बेचने लगा है। भूख के कारण ही औरत वेश्या बनने लगी और पुरुष चोरी करने लगा है। भूख आदमी से सभी प्रकार के काम करवा लेती है। वह मैला निकालने और ढोने लगा है। अब उसे महसूस होने लगा कि ईश्वर ने पेट देकर गलती की है। मुझे भी हमेशा ऐसा ही लगता।

शादी के घरों के सम्मुख मैं भूखा पेट लिये खड़ा होता—बस्ती के लिए कब बुलावा आयेगा, इसकी प्रतीक्षा करते हुए। शादी के घर का निमन्त्रण लेकर महार बस्ती में आता। 'खाने चलो' की आवाज देता। पूरी बस्ती निकलती। उस दिन सभी का चूल्हा बंद होता था। सबके सब निकलते। पहले औरतों को परोसा जाता। औरतें

अपने बच्चों को लेकर निकलतीं। जत्था-का-जत्था शादीवाले घर की ओर निकलता। मेरी माँ कभी किसी पंगत में नहीं बैठीं। किसी के न्यौते पर नहीं गई। मैं अपनी नानी संतामाय के साथ खाने जाता। साथ में बहनें भी होतीं। मेरे पिता नहीं हैं। मैं किसी के भी साथ हो लेता। शर्ट के नीचे थाली छिपा ले जाता।

थाली में खीर परोसी जाती। छोटे बच्चों को कम ही परोसा जाता। मैं झट से शुरू कर देता। बहुत तेजी से थाली खाली कर देता। फिर परोसवा लेता। माँ घर में भूखी रहतीं। इतना बेहतरीन भोजन घर ले जाने की इच्छा होती। पंगत उठने के बाद बची खीर की थाली लेकर घर की ओर निकलता। खुशी होती। पर एक बार भीमाप्पा ने खीर से भरी हुई मेरी थाली खींच ली। मिट्टी में फेंक दी। वह मुझे पीटने लगा, "इतना अधिक क्यों परोसवा लेते हो? चोरी करते हो? फिर किसी न्योते में दिखायी दिया तो देख लूँगा। इनकी जाति ही गंदी है। साले खाते हैं और घर भी ले जाते हैं!"

मैं रोते हुए घर आया। भीमाप्पा चौकस होकर औरों की ओर भी देखने लगा था। खीर ले जाने वालें को रोक रहा था। गालियाँ दे रहा था। उनमें मेरी बहन 'नागी' भी थी।

मैं खाली थाली लेकर आया। पर संतामाय बहुत चालबाजी से थोड़ी-सी खीर ले ही आयीं। चोरी की उस खीर को हम दूसरे दिन खा लेते। खीर खट्टी-मीठी लगती थी। संतामाय ऐसी खीर में पानी और गुड़ डालकर गरम करतीं तथा हमें परोसतीं।

कभी-कभी संतामाय को शादी के घर में ही बुहारने-लीपने का काम मिल जाता। तब तो बहुत-सी खीर मिल जाती। खाकर भी खीर जब बच जाती तब वह उसके 'बड़े' बनातीं। मतलब खीर को छोटे-छोटे गोलाकार में सूखने को रखतीं। सूखने के बाद वह उसे कहीं सुरक्षित रख देतीं। जब भूख लगती तब हम उन्हें इमली के बीज की तरह चूसने बैठते।

एक बार ऐसा ही ग्रामभोज था। संतामाय तथा मेरी बहनें खाकर आ गईं। चोरी से खीर भी ला चुकी थीं। मैं खीर माँग रहा था। माँ कह रही थीं, "थाली लेकर वहाँ खाने जा न!" पर मुझे अब इस तरह गाँव में थाली लेकर जाने में संकोच हो रहा था। इस स्थिति में स्कूल के सहपाठी मुझे देख लें तो? बाद में वे चिढ़ायेंगे। रास्ते में कक्षा की लड़कियों के घर भी हैं। उनके घर पर से गुजरते हुए 'चोर' होने का एहसास होता। मेरी इच्छा ही नहीं होती। माँ जाने के लिए कहतीं, गालियाँ देतीं। थाली देकर बाहर निकालतीं। कहतीं, "घर नें खाने के लिए क्या है? जा, खाकर आ। इज्जत, संकोच, लज्जा की बात तू बहुत कर रहा है! मैं खाने के लिए कहाँ से ला दूँ? मेरी जान लिये बगैर शायद तुझे तसल्ली नहीं मिलेगी।"

मैं चुपचाप निकलता। थाली कमीज के नीचे छिपा लेता। जितना परोसते, उतना खाता। माँगता नहीं। हम लोगों को खाना दिया जाता था, पर पानी कभी नहीं। पानी के लिए घर आना पड़ता था। घर आने के बाद माँ की गालियाँ सुननी पड़तीं। "खीर क्यों नहीं लाया?" जूठन से भरी थाली लिये मैं चुपचाप सुनता रहता।

□

संतामाय के साथ मैं गोबर समेटने निकलता। वह आगे-आगे, मैं पीछे-पीछे—पुलिस के कुत्तों की तरह, गोबर की गंध लेते हुए। माँ की पीठ पर एक थैला होता था, बेताल की तरह। टूटी चप्पल को घसीटते हुए पूरे गाँव का चक्कर काटती। मैं भी। गोबर दिखाई देने के बाद तो भोजन प्राप्ति का आनन्द मिलता। गोबर से उपले बनाकर हम बेचते और पेट की आग बुझा लेते।

फसल के दिनों में जानवर ज्यादा खा लेते। ज्वार के भुट्टे खाने के बाद उनके गोबर में फूले हुए पीले दाने दिखते। दानों से भरे हुए ऐसे गोबर को संतामाय अलग से रखतीं। घर लौटते समय रास्ते में नदी के पानी में उस गोबर को संतामाय धोतीं। गोबर निकल जाता, दाने अलग हो जाते। संतामाय उन दानों को सुखातीं। सूखने के बाद वे कम हो जाते। मुझे लगता, उन्हें सुखाना ही नहीं चाहिए। सुखाने के बाद तो वे कम हो जाते। दाने सूखने के बाद हम घर लौटते। उन दानों को वह चक्की में खुद पीसतीं, गाती हुई।

उनकी मीठी आवाज तथा चक्की की आवाज—दोनों एक हो जातीं। धीरे-धीरे शाम हो जाती। मिट्टी के तेल की ढिबरी तपेदिक के रोगी की तरह जलती। एकाध चूहा अचानक दिखाई देता। सुखाने के लिए डाले गये कपड़े की तरह देहलीज पर कुत्ता बैठा रहता। दादा बीड़ी पीते हुए झोंपड़ी के कोने में खाँसते हुए बैठते। अल्ला-मौला कहते हुए रस सोख लिये गये गन्ने की तरह उनकी आँखें मुझे देखतीं। मैं दादा से कहता, "कहानी सुनाओ।" तो दादा मुझे कहते, "पैर दबा।"

मैं उनके पैर दबाता। दादा कहानी कहते—एक थी चिड़िया और एक था कौआ।

गोबर से निकले दाने पीसने के बाद संतामाय उठतीं। कड़ी धूप तथा बंजर धरती पर घूम आयी संतामाय का चेहरा तथा बदन सूखा हुआ होता। भूख को मारने की आदी हो गई हैं वह। चिंदियाँ, सूखे डंठल आदि कोवह चूल्हे में डालतीं।

उन्होंने कपड़े का एक टुकड़ा मुझे दिया। मसामाँ के यहाँ से मैं अंगार ले आया। संतामाय उस अंगार को चूल्हे में रखकर फूँकने लगीं। धुआँ बढ़ने लगा और कुछ ही मिनटों में आग की ज्वाला धधकने लगी। चूल्हे के उस प्रकाश में संतामाय पसीने से लथपथ दिखने लगीं। चूल्हा मेरे मस्तक की तरह जल रहा था। धुएँ से भरा घर

आर्त्त और विह्वल था। किनाराकश कैदियों की तरह मच्छर बाहर भाग रहे थे। मच्छरों की आवाज से घर गूँज रहा था।

दादा कहानी कह रहे थे। दादा की कहानी का मतलब था—खाना बनने तक समय काटना। रोटियाँ बन गईं। जोगवा से मिले आटे की रोटी वह हमें परोस चुकी थीं। वह खुद गोबर से निकाले हुए दाने की रोटी खा रही थीं। उनकी रोटी मुझे विशेष दिखाई दे रही थी। पर मुझे वह कभी देती नहीं थीं। आज झगड़कर मैंने एक टुकड़ा ले लिया। मुँह में रखा। दाँतों से चबाता रहा।

अरे, यह क्या? रोटी में तो गोबर की दुर्गंध थी! इतनी कि मानो मैं गोबर की रोटी ही चबा रहा था। मैं उसे सहजता से भीतर धकेल नहीं सका। बड़ी मुश्किल से उसे भीतर धकेल पाया और बचे टुकड़ों को मैंने लौटा दिया।

आश्चर्य कि संतामाय उस रोटी को सहजता से खा रही थीं। मुझे आश्चर्य होता कि संतामाय को उबकाई क्यों नहीं आती? गोबर की दुर्गंध उन्हें क्यों नहीं महसूस होती? हाथ का निवाला मुँह में जाता, पेट में उतरता और लुप्त हो जाता।

एक बार गाँव की सड़क पर किसी स्त्री के हाथ से आटे का डिब्बा औंधा हो गया। वह स्त्री ऊपर-ऊपर से आटा समेट ले गई थी। मैं और दादा वहीं खड़े थे। उस स्त्री के निकल जाने के बाद मैं उस स्थान पर गया, मिट्टी के ऊपर का आटा समेटने लगा; आटे के साथ काफी मिट्टी भी आ गई। घर पहुँचा। छलनी से आटा छानता रहा। संतामाय मेरी इस करतूत पर खुश हुई। उन्होंने मुझे गोद में लिया, चूमा। उनके मुँह से तंबाकू की दुर्गंध आ रही थी। गोबर की दुर्गंध से मिली हुई रोटी की मुझे याद आयी। मैं उनसे अलग हुआ।

मुझे अभी भी याद है वह कहानी। वह कहानी न दादा ने सुनायी थी, न संतामाय ने। वह मेरी अपनी कहानी है। मैं गाँव में अकेला घूम रहा था। किसी की अंत्ययात्रा निकली थी। क्षण-भर मैंने सोचा, भाग निकलूँ। भूत का डर जो था। भयभीत हुआ। रात में वह प्रेत स्वप्न में आयेगा। छाती पर बैठ जाएगा। पर भाग नहीं सका। रामबाप सिंग (एक वाद्य) बजा रहा था।

शव के आगे पटाखे लगाये जा रहे थे। पीछे औरतें रोती हुई जा रही थीं। शव पर पैसे उछाले जा रहे थे। नीलगिरी की गंध आने लगी। शव पर उछाले गये पैसों में से पाँच पैसे मेरे पैरों के पास आकर गिर गये। उन पैसों का मुझे डर लगा। फिर भी मैंने उन्हें उठा लिया और शायद उसी के लालच से मैं अंत्ययात्रा में सम्मिलित हुआ।

श्मशान-भूमि के नजदीक विश्राम के लिए शव को नीचे रखा गया। लोग भी थोड़ी देर के लिए बिखर गए। रामबाप ने बीड़ी सुलगाई। जेंठिग्या ने धीरे-से मुझसे पूछा, "कितने पैसे इकट्ठे हुए?"

मैंने भी उतनी ही धीमी आवाज में कहा, "दस पैसे।"

अंत्ययात्रा फिर शुरू हुई। रामबाप ने सिंग फूँका। जेंठिग्या ने हालगी (डफली) शुरू कर दी।

विश्राम के लिए शव को जहाँ रखा गया था वहाँ आँचल-भर ज्वार के दानों का ढेर पड़ा हुआ था। श्मशान-भूमि के भीतर ले जाने के पूर्व शव को श्मशान-भूमि से थोड़ी दूरी पर कंधा देने वाले विश्राम के लिए नीचे रखते हैं और खुद भी विश्राम करते हैं। शव को विश्राम के लिए जहाँ रखा जाता है वहाँ आँचल-भर ज्वार और कुछ पैसे रखकर लोग शव के पैर छूते हैं, अंतिम दर्शन करते हैं। मुझे विश्राम की वह ज्वार निमंत्रण दे रही थी। अंततः मैं वहीं रुक गया। मैं कमीज में ज्वार के उस ढेर को समेटने लगा और फिर तेजी से घर की ओर भागा। खुश हुआ कि संतामाय मुझे आज कितनी आत्मीयता से चूमेंगी, प्यार करेंगी।

सोच रहा था कि अमीरों की अंत्ययात्राएँ रोज ऐसे ही निकलनी चाहिए। वे पैसे बिखेरते रहें और हमें पैसे मिलते रहें; साथ ही विश्राम ज्वार भी। संतामय फटी साड़ी में कपड़ा जोड़ रही थीं। शव को मैं छू चुका हूँ, इसका पता उन्हें लग चुका था। मुझे देखते ही वह उछल पड़ीं, फटी चप्पल मेरी ओर फेंकने लगीं। मैं रो पड़ा।

"अरे, वह शव पर की ज्वार है। जा, उसे नदी में फेंक आ।"

मैं नदी की ओर चल दिया। जेंठिग्या, रामबाप गीले कपड़ों में आ रहे थे। वे क्रिया-कर्म से निपट कर अपने घर लौट रहे थे।

अछूतों की बस्ती विश्राम के ज्वार की तरह है। यहाँ का एक-एक व्यक्ति दाने की तरह। शव पर की ज्वारी खाते क्यों नहीं है? वह भी ज्वार ही है ना! पर यह ज्वार अछूत क्यों? इसे खाने से किसी का पेट भरेगा। बोएँगे तो फसल उगेगी।

□

नये वर्ष पर महारों के काम का बँटवारा होता। स्थानीय भाषा में इसे 'पाडेवार' कहते हैं। 'पाडेवार' का अर्थ होता है—'अछूतों के काम'। उस दिन महारों की बस्ती के पुरुष बस्ती की चौपाल पर इकट्ठे होते। सभी के विचार-विमर्श के बाद यह 'सम्मान' चार परिवारों की ओर जाता। सभी परिवारों में यह काम क्रमशः बाँट दिया जाता। ऊपर की गली का एक, बीच की गली का एक, मुरगी वाली गली का एक, निचली गली का एक—इस प्रकार ये घर चुने जाते। एक और गली थी, जूँ गली। उस गली के किसी भी घर को इसमें सम्मिलित नहीं किया जाता। वे वतनदार नहीं थे। उनके बदन में हमेशा जूँ मिलती थी। इसलिए उन्हें जूँ की गली वाले कहा जाता। जिनके घर में पुरुष होते ही नहीं थे, उन्हें भी अवसर दिया जाता। जो भी बूढ़ी या जवान

औरत उस घर में होती, उसे वह काम करना पड़ता।

इन परिवारों को काम के एवज में अनाज दिया जाता। किसी को बीस किलो, किसी को चौबीस किलो, किसी को आठ। इसके अलावा फसल की और भी चीजें मिलतीं। जिनके घर में पुरुष नहीं होते थे और औरतें काम करना नहीं चाहती थीं, वे अपना काम किसी और परिवार के पुरुष को दे देतीं। इसके लिए आधे हिस्से पर कोई भी तैयार हो जाता।

चार परिवारों को कई काम करने पड़ते। महारों की बस्ती की बैठक को लीपना, वहाँ दीया-बत्ती करना। सवर्णों के यहाँ कोई जानवर मर गया हो तो उसे खींचकर लाना, काटना, चमड़ा उतारना और उसे बेचना। जिनके घर पर जानवर मरता, वे दो किलो ज्वार देते। उस ज्वार को भी चारों में समान रूप से बाँटना पड़ता था।

शाम को बस्ती के सभी लोग बैठक पर सोने आते। बैठक सभी को अपने भीतर समा लेती। रात में बूढ़े अपनी जवानी की यादों में खो जाते। बूढ़ों की बीड़ियों के धुएँ से वातावरण भर जाता। वे खाँसते हुए परेशान हो जाते। अधिकांश बच्चे यहीं सो जाते। दीया बुझा देने के बाद आधी रात में कोई पुरुष किसी बच्चे के बिस्तर में घुस जाता। चिमनी के धुएँ से बैठक के ताक काले हो जाते। खटमलों के खून से दीवारें रँगी रहतीं। लगता, किसी ने दीवार पर पान थूक दिया है। ताक में रखी झाड़ू किसी मांत्रिक की तरह लगती। बैठक के सामने ही रात में सभी पेशाब करते। वह जगह काफी गंदी तथा विचित्र दुर्गन्ध से भरी रहती। वहीं कहीं बच्चों के खेल की गल होती। बैठक के निकट रखी गई बड़ी कड़ाही पर महारों की बस्ती के अनेक प्रकरण लिखे हुए मिलते। मरीआई का मन्दिर पास ही में था। पुराना इमली का पेड़ कौए तथा अन्य पक्षियों के घोंसलों से भरा हुआ था। बरसों से सबको छाँह देते हुए यह पेड़ खड़ा था। इसी पेड़ पर किसी-न-किसी जानवर का चमड़ा सुखाने के लिए टँगा रहता।

गाँव में जानवर के मरते ही उसका मालिक बस्ती में आता। जो हकदार होते उन्हें सन्देशा देता। सन्देशा मिलते ही उस परिवार के पुरुष उसे लाने जाते। जानवर छोटा होता तो कन्धे पर ही उसे उठा लाते। बड़ी गाय-भैंस हो तो बैलगाड़ी में लाते। दो आगे चलते, दो पीछे। हिन्दू लोग गाय को माँ के रूप में पूजते हैं। माँ की मृत्यु के बाद उसका क्रिया-कर्म करते हैं; परन्तु इसी गाय की मृत्यु के बाद महारों को बुलाते हैं। जिसकी गाय मर जाती है, उसकी मालकिन रोती रहती है। महार गाय की लाश को उठाते हैं, बैलगाड़ी में डालते हैं; मालकिन इस काम के लिए उन्हें ज्वार देती है।

जिस महीने में जानवर अधिक मरते थे, महारों के लिए वह खुशी का महीना

होता था। जिस माह में जानवर मरते ही नहीं, वह महीना अकाल की तरह लगता। ऐसे समय कोई अछूत परेशान होकर किसी जानवर को कुछ गलत-सलत चीजें खिलाकर मार देता, अथवा माणकुआण्णा या प्रहलाद किसी दूर के गाँव की भैंस भगाकर ले आते। रात में ही उसे काटा जाता। सवेरे सबके चूल्हों पर मांस पकता। किसी को पता भी नहीं चलता कि जानवर कहाँ गायब हो गया। पड़ (मृत जानवर) दिखते ही हम बच्चों को बेहद खुशी होती। उसे काटते या साफ करते समय हम नजदीक ही रहते। छोटे बच्चों को यह सब देखना नहीं चाहिए, यह कहकर बड़े-बूढ़े हमें वहाँ से भगा देते। ताकतवर लड़के की वे सहायता लेते। मैं मृत जानवर के पैर कसकर पकड़ता। पुरुष छुरे से चमड़ा निकालते। रक्त तथा मांस के कारण हाथ गीले हो जाते। इस कारण पैर बार-बार हाथ से फिसलता और ऐसा हुआ कि गालियाँ सुननी पड़तीं। फिर से पैर कसके पकड़कर खड़ा होना पड़ता। स्कूल में पढ़ाई गई बातें याद आतीं। मतलब यकृत, फेफड़ा, हृदय, स्वादपिंड, छोटी अँतड़ी, बड़ी अँतड़ी। सभी हिस्सों को मैं बारीकी से देखता। आसपास कुत्ते इकट्ठे होते। एक लड़के की ड्यूटी ही होती कि वह कुत्तें को भगाए। कंकड़ लेकर वह वहाँ बैठा रहता।

इस बीच अछूतों की बस्ती थालियाँ-बरतन लेकर वहाँ इकट्ठी होती। सभी मांस पर टूट पड़ते। 'पाड़ेवार' सबसे अच्छा मांस ले जाते। कलेजा, भेजा, जीभ, अँतड़ियाँ, नरम मांस आदि वे ले जाते। बचे हुए पर कुत्ते तथा अन्य लोग झपटते। मैं डफली के लिए पतली झिल्ली उठाता। उसे नदी पर ले जाकर साफ करता। छलनी के ऊपर उसे कसकर बाँधता तथा सुखाने बैठता। कुत्ते-बिल्लियों के डर से उसकी रखवाली करता। अलबत्ता खाना खाते समय हाथों से दुर्गन्ध का एहसास होता।

जानवर के मरते ही सफेद गिद्ध आ जाते। स्वर्ग से जिसकी डोर टूट जाती वह जानवर मर जाता। इस टूटी डोर का पता इन काफी बड़े सफेद-काले भयंकर विद्रुप गिद्धों को हो जाता। बड़े-बूढ़े बताते कि ये गिद्ध नाक पर झपट्टा मारेंगे, नाक काट खायेंगे। बचपन में हम खेल भी इसी प्रकार का खेलते। मतलब कोई साथी मृत जानवर के रूप में गिर जाता। हम दस-बारह लड़के उसके आसपास गिद्ध बनकर इकट्ठा हो जाते।

इस खेल में मातंग के बच्चे भी आते। परन्तु वे हमसे काफी दूर-दूर ही रहकर खेलते। मृत जानवर की भूमिका निभाने वाले को हम काफी छेड़ते। हम गिद्धों की तरह आवाज करते।

मृत जानवर की हड्डियों का ढाँचा कई दिनों तक वहाँ पड़ा रहता। छाती की हड्डियाँ, जबड़ा, सींग, दाँत, पैर—सब कुछ भयावह दिखते। स्कूल में एक बार मनुष्य की हड्डियों का ढाँचा बतलाया गया था। सभी प्राणियों की तुलना में आदमी का ढाँचा

सबसे भयावह लगता है।

जब मैं सातवीं कक्षा में था, तब मौला जमादार का बछड़ा मर गया था। एकदम ताजा, गोरा था। अछूतों ने बहुत तेजी से उसे साफ किया। कई दिनों तक प्रत्येक घर पर चानियाँ सुखाने को रखे गये थे। (चानी : मृत जानवर का मांस अधिक हो तो उसकी छोटी-छोटी बोटियाँ बनाकर उन्हें साफ करके सुखा देते हैं तथा अभावग्रस्त दिनों में उसे खाते हैं।)

मैं जब स्कूल गया तब गाँव के बच्चे उंब-या, मारुति को परेशान कर रहे थे। 'धेड़-धेड़' कहकर चिल्ला रहे थे। मेरे जाने के बाद कहने लगे, "लो, एक और धेड़ आ गया। इसने हमारा बछड़ा खाया।" लड़कियाँ गौर से सुन और देख रही थीं। मैं भाग निकला। पेट में स्थित बछड़ा सता रहा था।

□

सवेरे-सवेरे की नींद में अचानक यह महसूस हुआ कि चँदा माँ जोर से चिल्ला रही हैं, बहुत आर्त्त आवाज में। मैं हड़बड़ाकर उठ बैठा। संतामाय और दादा सोये हुए थे। चँदा माँ बहुत तड़के ही उठकर गुड़ की काली चाय बनातीं और मुझे बुलातीं। मुँह न धोकर मैं एक कप चाय पी लेता। उम्र के दस-बारह वर्ष तक मैं न कभी शौच के लिए पानी ले गया और न कभी सवेरे मुँह धोया। स्नान नदी पर जाकर करता। उसी समय अन्य काम भी हो जाते। बदन पर काफी गन्दगी जमी रहती, साफ करने के लिए साबुन ही कहाँ था! पत्थर से शरीर को रगड़ता। कपड़े मिट्टी से साफ करता।

चँदा माँ तड़के ही एक कप चाय देतीं। चाय पीने के बाद दादा और संतामाय के बीच घुसकर मैं फिर से सो जाता। मेरे जागने के पूर्व ही दादा-संतामाय काम पर निकल जाते। जागने के बाद मैं, नागी, निरमी मसामाँ के यहाँ चाय पीते। बाद में दूध की चाय बनाकर चँदा माँ फिर से बुलाती। संतामाय गाँव की सड़कों पर झाड़ू लगाकर आने के बाद फिर से चाय बनाती। थाली भरकर चाय देती। मैं स्कूल गया होता तो मेरी चाय सुरक्षित रखती। खाने की छुट्टी में मैं घर आकर उस चाय में रोटी का चूरमा बनाकर खा लेता। कभी-कभी संतामाय लोटे में चाय लेकर स्कूल आती, मुझे कक्षा से बाहर बुलवाकर चाय पिलाती।

स्कूल से आने के बाद चँदा माँ मुझे चानी भूनकर देती। चंदा माँ के घर पर हमेशा सूखने के लिए चानी रखे मिलते। मधुमक्खी के कोष पर जिस तरह मधुमक्खियाँ निरन्तर भिनभिनाती रहती हैं, ठीक उसी तरह इन मांस-खण्डों पर लगातार मक्खियाँ भिनभिनाती थीं। चन्दा माँ की बिल्ली सतत् मेरे आस-पास घूमती रहती। मैं भी बिल्ली से छेड़खानी करता। उसे भगाने की कोशिश करता। पर वह

जाती नहीं। चन्दा माँ बिल्ली को मारती। बिल्ली झोंपड़ी में 'गन्दा' करती। उसकी दुर्गन्ध आती। उस दुर्गन्ध से मुझे कै का एहसास होता।

चँदा माँ दो-चार चानियाँ लेती। उनके और छोटे टुकड़े करतीं तथा गरम तवे पर उन्हें भूनती। तब उनमें से तेल निकलता। पूरे घर में चानी की गंध फैलती। बासी रोटियों के टुकड़े करती। गरम तवे पर उन्हें रखती। उन्हें नीचे-ऊपर करती। चूल्हे से उतारकर उन पर नमक-मिर्च छिड़कती और वह तवा मेरे सम्मुख रख देतीं। मांस के तेल में भूनने से रोटी बहुत जायकेदार लगती। मैं मजे से खाता। चानी न हो तो चँदा माँ रोटी तलकर देती। चूल्हे के ऊपर मिट्टी के एक बरतन में जानवर की चर्बी रखी जाती। उस मिट्टी के बरतन के मुँह को कपड़े से बाँधकर करीने से उसे रस्सियों से लटकाया जाता।

चँदा माँ को मूँगफलियाँ भूनकर खाने की बहुत आदत थी। पता नहीं किस-किससे मूँगफली माँग लातीं, उन्हें भूनती। गुड़ के साथ उन्हें खाती। माँगकर लायी हुई मूँगफलियाँ बड़ी हिफाजत से मिट्टी के घड़े में रखकर उसका मुँह बन्द कर रख देती। बारिश के दिनों में उसे खोलती। ये सब चीजें—चानी, मूँगफलियाँ, मिर्च आदि दत्तू मामा लाकर देता।

चँदा माँ और संतामाय सगी बहनें थीं। ये कुल छः बहनें थीं। चार बहनें और थीं—धोंडा, गंगा, रेवबाय तथा आईला। चँदा माँ को बुहरनपुर में, संतामाय को तीर्थ में, धोंडा को चुँगी में, गंगा को वलसंगी में, रेवबाय को बागदरी में तथा आईला को शिरवल में दिया गया था। इन छः बहनों में लक्ष्मण नामक एक ही भाई था। छः विवाहों के बावजूद लक्ष्मण अपने वंश को बढ़ा न सका। चँदा माँ तथा संतामाय को उनके पतियों ने छोड़ दिया। चँदा माँ बाँझ थीं इसलिए। संतामाय को एक ही सन्तान हुई इसलिए। बाद में कुछ हुआ ही नहीं। संतामाय अपनी इकलौती लड़की लिये पूरी हिम्मत से हन्नूर में जी रही थीं। हन्नूर में उनका मायका था।

दत्तू मामा चँदा माँ की बहन धोंडा का बड़ा लड़का था। दत्तू मामा चँदा माँ के पास अकसर आता। चोरी करता। अँधेरी रात में किसी के खेत में घुसकर मिर्च, प्याज, मूँगफली चुराता। सवेरे-सवेरे भरा थैला लेकर चँदा माँ के घर आता। चँदा माँ दत्तू को बहुत प्यार करतीं। दोनों थैला खोलते। कभी-कभी थैले में मांस की बोटियाँ ही होतीं। चँदा माँ को मटन खाने की इच्छा हुई कि वह थैला-भर मटन ले आता। दत्तू मामा का एक और भाई था—रोहिदास। वह हमारे गाँव कभी नहीं आता। कारण, हमारे गाँव की किसी जवान औरत को उसने कभी भगाया था। अछूतों की पूरी बस्ती उसकी टोह में थी।

एक दिन सवेरे-सवेरे खबर आई कि धोंड़ा मर गई है। चँदा माँ, संतामाय बहन

के क्रिया-कर्म में हो आयी। चँदा माँ काफी रो रही थीं। रोते हुए कहतीं, "दत्तू ने ही मेरी बहन का गला दबाया है।"

मैं सोचता, क्या सचमुच दत्तू मामा ने अपनी माँ की जान ली होगी? मैं आज तक धोंडा माँ की मौत का असली कारण तथा चँदा माँ के उस वाक्य का अर्थ नहीं समझ पाया हूँ। छः बहनों में संतामाय तथा चंदा माँ ही शेष रह गई हैं, बकरी के दो स्तनों की तरह।

चँदा माँ व संतामाय जब सामान्य मनःस्थिति में होतीं तो काफी आत्मीयता से बातचीत करतीं। जब झगड़तीं तब लगता कि ये दोनों एक-दूसरे की जान ही ले लेंगी। चँदा माँ संतामाय को नीचे गिराकर ऊपर बैठतीं। वह बहुत झगड़ालू औरत थीं। झोंपड़ी के आस-पास पड़ा हुआ पत्थर या मिट्टी तक वह किसी को उठाने नहीं देतीं। उनकी झोंपड़ी के सामने गिरे हुए गोबर तक को कोई स्पर्श नहीं कर सकता था। किसी पर भी झपटतीं। कभी वह मसामाँ से भी झगड़तीं। एक-दूसरे को गालियाँ देतीं। नागी और मसामाँ चँदा माँ के शरीर पर टूट पड़तीं। ऐसे समय चँदा माँ चिल्ला-चिल्लाकर सारी बस्ती को इकट्ठा करती।

मसामाँ की मुरगियाँ थीं। चँदा माँ की बिल्ली। बिल्ली मुरगियों की टोह में रहती। परिणामतः नागी बिल्ली को मारती। चंदा माँ नागी को गालियाँ देतीं। तब मसामाँ बीच-बचाव करतीं। कहतीं, "तू अपनी बिल्ली को बाँधकर रख। हमारी मुरगियों का वह खाती है।" बस, झगड़ा शुरू हो जाता।

मसामाँ और चँदा माँ में झगड़ा शुरू हुआ कि दोनों में कुछ दिनों तक बोलचाल बन्द हो जाती। चँदा माँ अपना गुस्सा बिल्ली पर निकालतीं, उसे बाँधकर रखतीं। वह पुरानी खाट पर सोती थीं। उस खाट के पैर से बिल्ली बँधी रहती। बिल्ली को वह बहुत चाहती। जब वे दोनों—चँदा माँ व मसामाँ—एक हो जातीं, झगड़े बन्द तथा बातें शुरू हो जातीं तो हम बच्चे बिल्ली को नदी में दूसरे किनारे पर ले जाकर छोड़ते। चँदा माँ मुझसे दस पैसे देतीं और कहतीं, "बिल्ली की जान मत ले, पाप हो जाता है। काशी जाना पड़ेगा।" वह डरातीं।

मैं और नागी बिल्ली को छोड़कर आते कि वह हमें झोंपड़ी में बुलातीं। पूछतीं, "बिल्ली का क्या हुआ? उसकी जान तो नहीं ली न? कहाँ छोड़ आये? क्या वह चिल्ला रही थी?"

मैं खामोश रहता। बिल्ली के अभाव में उनका घर सूना-सूना लगता।

चार-छः दिन बाद वह किसी से बिलौटा माँग लातीं। घर में बाँधकर रखतीं। उसकी देखभाल करतीं। बिलौटा बड़ा होता कि हम उसे फिर नदी के उसी किनारे पहुँचा आते। गाँव में बिल्ली पकड़ने वाले आये कि चँदा माँ बिल्ली को घर में बाँधकर रखतीं।

धीरे-धीरे मुझे मृत जानवर से घृणा होने लगी। मृत जानवर का मांस खाने वालों पर भी गुस्सा आने लगा। मेरी आयु के सभी सहयोगियों में यह गुस्सा छूत के रोग की तरह फैलने लगा। चमड़ा उतारे हुए जानवर के मांस पर हम पेशाब करते। गोबर या मिट्टी फेंकते। पर गंगा माँ ऐसे मांस को भी ले जातीं। धोतीं, पकाती। हम साथियों को उन पर गुस्सा भी आता और बुरा भी लगता। मृत जानवर का मांस कोई खाये ही नहीं—ऐसा लगता।

संतामाय बहुत गुस्सैल थीं। घर पर माँ की जचगी हो चुकी थी। हम बाहर खेल रहे थे। इन दिनों संतामाय हम पर बहुत गुस्सा करतीं। कहतीं, "शिशु को किसी का स्पर्श नहीं होना चाहिए। किसी के भी स्पर्श से उसे भूतबाधा हो सकती है।"

वह हमें बहुत गालियाँ देतीं। इन दिनों वह किसी को छूती नहीं। बाहर से आने के बाद झोंपड़ी में प्रवेश करने के पूर्व कहती, "पीछे मुड़कर थूको ओर फिर भीतर आओ।" पैरों पर पानी डाले बगैर वह भीतर आने ही नहीं देती। भीतर जाने के बाद शरीर पर गोमूत्र छिड़कती। गोमूत्र लाने का काम मेरा या नागी का होता। हम लोग लोटा लेकर गायों के पीछे दौड़ते। गाय मूतती ही नहीं। लोटा भरता नहीं। मैं परेशान हो जाता। इच्छा होती, लोटे में खुद ही मूत कर ले जाऊँ; पर साथ में बहन होती थी। बैल का मूत चलता नहीं था। गोमूत्र इतना पवित्र कि सारी अपवित्रता पवित्रता में बदल जाती। गाय की योनि को स्पर्श कर के हम उसे सहलाते और कहते—'मूत, मूत।' तब गाय थोड़ा-सा पेशाब करती। काफी कोशिश के बाद हमें गोमूत्र मिलता।

मुझे याद है कि एक बार संतामाय ने मेरा चेहरा गोमूत्र से धोया था। अच्छा नहीं लगा था। पर करता क्या? उन्होंने जबरदस्ती ही मेरा चेहरा धोया था। लगा कि मुँह में दरारें पड़ रही हैं। वह कहतीं, 'गोमूत्र पी, बीमारियाँ भाग जाती हैं।' यह सुनने के बाद मैं खूब चिढ़ता। नागी को वह गोमूत्र पिलाती।

गरमी के दिन थे। मैं तथा मातंग समाज का भीमू—हम दोनों इन दिनों रोज खेलते। उसकी माँ हम दोनों पर स्नेह जतलाती। खेलते हुए एक बार प्यास लगी। इस कारण हम दोनों घर आये। मैं पहले पानी पी गया। भीमू को पानी दे रहा था कि संतामाय चिल्ला उठीं, "अरे, मातंग को साथ लिये क्यों घूम रहा है? उसके साथ क्यों खेल रहा है? गाँव जल गया क्या कि इसके साथ खेलने लगा? उसे लोटा मत दे। अपवित्र हो जायेगा।" और वह भीमू को डाँटते हुए कहने लगीं, "चल, यहाँ से निकल।"

भीमू को पानी पीने से मना करने के कारण मुझे काफी बुरा लगा। बिरादरी दोस्ती से भी बड़ी होती है क्या? प्यास से भी बिरादरी बड़ी होती है क्या? भीमू आदमी नहीं है क्या? फिर उसके स्पर्श से पानी अपवित्र कैसे हो जायेगा?

भीमू और मैं नदी पर चले गये। पैर जल रहे थे। नदी पर भी महारों का अलग

घाट था और मातंगों का अलग। अब हम किस घाट का पानी पियें? यहाँ पानी ही पानी का बैरी बन चुका है। हमारा मन अब दो घाटों में बँट चुका था।

मैं और भीमू मातंगों के घाट पर जाकर पानी पीने लगे। घर जाने के बाद संतामाय ने मुझे इसलिए पीटा कि मैंने मातंगों के घाट पर का पानी पिया था। उन्होंने मुझसे कहा, "आगे कभी मातंग लड़के के साथ खेलेगा तो याद रख, रोटी बन्द कर दूँगी। फिर जा मातंगों की बस्ती में। मातंगों की संगत क्यों पकड़ रहे हो? आजकल ऐसे क्या बुरे दिन आये हैं तुझे? राजा का बेटा है तू, राजा की शान से जी। पटले का है रे तू!"

संतामय अनाप-शनाप बक रही थीं और उधर अनसा माँ ने भी भीमू को पीटा था। मुझे साथ में लेकर उसने मातंगों का घाट अपवित्र किया था, इसलिए।

□

बुधवार–मेरे गाँव के साप्ताहिक बाजार का दिन। प्रति बुधवार दादा मुझे दस पैसे देते। दस पैसे लेकर मैं सवेरे से शाम तक बाजार में घूमता। कोई चुड़वा खाता, कोई केले खाता तो कोई जलेबी। अलबत्ता मैं दस पैसों को देखते हुए थूक निगलता। अन्त में बाजार खत्म होते समय, शाम को उन दस पैसों से एक पेड़ा खरीदता। उसे थोड़ा-थोड़ा खाता। शबरी द्वारा जूठे किये गये बेर की तरह वह पेड़ा मैं माँ को लाकर देता। माँ उस पेड़े को खाने लगती। मैं कहता, "बच्चे को भी दे दे ना!"

वह कहतीं, "मेरा दूध बच्चे को चला जाता है ना। उस दूध के जरिये बच्चे को पेड़ा मिल जायेगा।"

मैं बच्चे को चूमता।

मेरी बहन नागी को चोरी करने की आदत थी। उसके बाद की निरमी। मैं नागी को घोड़ी, निरमी को बिना नाक वाली (नकटी), वनी को काली तो सुनी को लँगड़ी कहता। सुनी के बाद पमी, फिर तम्मा। तम्मा का नाम था श्रीकांत। श्रीकांत के बाद इन्दिरा। उसे मैं 'अन्धी' कहता। इन्दिरा की पीठ पर सिद्राम। वह गुजर गया।

बड़े बुरे दिन थे। खाने के लिए मिलता ही नहीं था। सारे भूखे रहते। कभी कुछ मिलता, कभी कुछ भी नहीं। मुझे भूख लगती, मैं रोटी के लिए रोता। भूख सहन नहीं होती थी। खाता कम, पर परेशान ज्यादा होता था। परिणामतः संतामाय गाँव में रोटी माँगने जाती। संतामाय के लौटने तक मैं परेशान हो जाता। संतामाय आँचल में रोटी लिये आती। मुझे लगता, वह दौड़ते हुए क्यों नहीं आती। वह मेरे सामने बन्द आँचल को खोल देती। उसमें गाँव की किसी सहृदया के घर की जूठन होती। रोटी के टुकड़े, अचार, बेसन की सब्जी–सब देखकर मुँह में पानी भर आता। मैं बड़े चाव से खाता।

वह अन्न अमृत की तरह लगता। संतामाय का आँचल स्वर्ग की तरह महसूस होता।

अन्न का अभाव तो मैं बचपन से ही महसूस करता रहा हूँ। सभी बहनें भूखी सो जातीं। उन्हें खाने के लिए कोई जगाता भी नहीं था। क्योंकि रोटियाँ ही नहीं होती थीं। वे भूखी ही सो जातीं। हम लोग ही खा लेते। माँ केवल पानी ही पी लेती। दादा बीड़ी पीकर भूख को जलाते। मैं सोयी हुई बहनों को निहारता। उन्हें देखकर मेरी नींद ही गायब हो जाती। भूख भी खत्म हो जाती। अपने हिस्से का निवाला उन्हें देने की इच्छा होती।

बुधवार को वनी, नागी, निरमी बाजार में टहलतीं। दिन-भर बाहर ही रहतीं। बाजार में जो मिलता, खा लेतीं। नागी व निरमी तो बाजार में चोरी भी करतीं। खाने की चीजें चुराकर घर ले आतीं। हम सब लोग उन चीजों को खा लेते। चोरी नहीं करना चाहिए—ऐसा लगता जरूर; पर पेट में क्या भरें? चोरी करने की हवस थोड़े ही थी! गरीब और दरिद्र लोग भूख से मजबूर होकर चोरी करते हैं। उन्हें पेट-भर अन्न मिले तो वे क्यों चोरी करेंगे? काले व्यवसाय करने वाले नेता बन जाते हैं और भूख से मजबूर होकर चोरी करने वाले गुनहगार!

एक बार भरे बाजार में किसी बागवान ने वनी को चप्पलों से पीटा था। वनी गिड़गिड़ा रही थी। रो रही थी। उसका अपराध? उसने एक केला उठाया था। बागवान चिढ़ गया। उस बागवान की वनी के उम्र की लड़की भी होगी। पर उसके मन में कोई दया नहीं था। लोग इकट्ठे हो गये। मेरी आँखें छलनी हुए छप्पर की तरह चू रही थीं। शाम के समय बाजार खत्म हो जाता। लोगों द्वारा फेंके गये केले के छिलके वनी इकट्ठे करती। ऐसे ही किसी बाजार के दिन रास्ते पर बैठकर छिलके को खाते हुए मैंने उसे देखा। वहीं पर मैंने उसे पीटा। छिलके खा मत—कहकर मैंने छिलके छीन लिये और दूर फेंक दिये।

पर थोड़ी देर बाद मेरा विचार बदल गया।

मैंने केले के छिलके इकट्ठे किये। मिट्टी से सने उन छिलकों को कमीज से पोंछता रहा। बाद में नदी के किनारे जाकर खाने लगा। पर उसी समय मैंने अपने शिक्षक को वहीं से गुजरते हुए देखा। छिलके फेंक दिये। मानो भूख ही फेंक दी, गर्भपात की तरह।

घर पहुँचा।

मसामाँ यम की तरह चिथड़ों पर बैठी थीं। भूलोक के पापी आदमी की तरह वनी रो रही थी।

"माँ, मुझे भैया ने पीटा है।"

"लोगों द्वारा फेंके गये छिलकों को यह खा रही थी।" मेरा स्पष्टीकरण।

माँ मुझ पर चढ़ गईं।

"कीड़ों और चींटियों को खाकर उसे जीने दे। तुझे क्या पड़ी है इज्जत की?"

कोर्ट में खड़े अपराधी के हाथ में स्थित 'गीता' की तरह मैं मौन था।

□

बुधवार के इस बाजार में एक नाई हजामत बनाने बैठता था। उन दिनों मैं स्कूल जा रहा था। मुझे भी औरों की तरह बाल कटवाने की इच्छा होती। पहली बार नाई के पास गया था। यों अब तक माँ ही मेरे बाल काटती। 'काटती' कहने के बजाय, वह उन्हें 'साफ करती' कहना ज्यादा ठीक होगा। उनका तरीका यह था कि दस पैसे के भारत ब्लेड से सारे बाल वह साफ करती जाती। सिर पर आग-सी पड़ती। अनेक स्थानों पर ब्लेड लगता। खून निकलता। मैं रोता। माँ गुस्से से लाल-पीली हो जातीं। खूब पीटतीं। मैं और चिल्लाता। लगता, सिर पर का चमड़ा ही उधेड़ा जा रहा है। बहुत जलन होती। बाद में इतने चिकने सिर को देख, कक्षा के लड़के तबले की तरह अपनी उँगलियाँ उस पर चलाते। मैं बहुत परेशान हो जाता। एक बार बाल साफ करने के बाद माँ उस ब्लेड को सुरक्षित रखतीं, अगली बार के लिए।

नाई ने मुझे देखा। मेरे सिर की ओर देखा, "तू यहाँ क्यों खड़ा है? मैं तेरे बाल नहीं काटूँगा।"

मैं हिम्मत से बोला, "मेरे पास पैसे हैं।"

उस समय दूसरे गाँव का एक आदमी अपने बाल कटवा रहा था। उसे मुझ पर दया आयी। उसने कहा, 'बैठो,' तो वह नाई भड़क गया। कहने लगा, "अरे, यह तो महार है, इसे जाने दो।"

गाँव के भैंसों के भी बाल साफ करने वाले उस नाई के लिए पता नहीं मैं क्यों अपवित्र था?

दत्तू मामा का लड़का आरूढ़ उसी नाई के पास अपने बाल कटवा लेता था। वह दूसरे गाँव का था। उसकी जाति नाई जानता नहीं था। बाद में मैं भी बाल कटवाने के लिए चार-पाँच मील चलकर दूसरे गाँव के नाई के पास जाता। कभी चुंगी तो कभी बुहरानपुर। आगे चलकर श्रीमंत अण्णा ने नाइयों को कोर्ट में खींचा। उसके बाद वह हमारे भी बाल काटने लगा।

□

संतामाय सवेरे उठकर रोज मेरा मुँह देखती। मैं जब छोटा था, तब मुझे पीठ पर बाँधे वह गाँव की सड़कें झाड़ती। जगह-जगह पर कूड़े के ढेर लगाती। किसी घूरे के पास

बैठकर मैं संतामाय का झाड़ू लगाना देखता। उनकी झाड़ू के कारण धूल का बवंडर उठता। उसी बवंडर में वह झाड़ू लगाती। उनका चेहरा और शरीर धूल से भर जाता। झाड़ू लगाने के बाद मैं कूड़े को टोकरी में भरता। संतामाय उस भरी टोकरी को सरपंच के घूरे पर डाल आती। हम दोनों बुधवार को तड़के ही निकलते। जानवर जब बाहर निकलते तब तक हमारा काम खत्म होता। तड़के जब हम दोनों निकलते तो सम्भूबाप रास्ते में मिलता। सम्भू विट्ठल का भक्त था। महारों की बस्ती का 'चोखा महार'। रोज तड़के उठकर वह आरती के लिए निकलता। उसके हाथ में भगवा झण्डा तथा गले में 'चोखा महार' का कपड़ा बँधा रहता। हम उसके पैर छूते। वह हमारे माथे पर अबीर लगाता। झाड़ू लगाकर वापस लौटते समय रास्ते में शंकर भी मिलता। वह 'जानवर छोड़ो' की आवाज लगाता। उसके कंधे पर काली गूदड़ी तथा हाथ में लाठी रहती। वह लँगड़ाकर चलता। वह सबके जानवर लेकर निकलता।

बुधवार को सवेरे मैं बची-खुची रोटियों के टुकड़े चटनी के साथ खाता। दोपहर में कसाई आता। सारी बस्ती उस पर टूट पड़ती।

मसामाँ बकरी का मटन नहीं खाती थी। बकरे का हो तो ही लेती। मटन ताजा हो तो किलो-डेढ़ किलो लेती। बुधवार को हम कसाई की प्रतीक्षा करते, अतिथि की प्रतीक्षा की तरह। बुहरानपुर का कसाई साइकिल पर मटन का बोझा लेकर आता। वह दिखा कि मैं घर की ओर दौड़ता। मसामाँ को संदेशा देता। सभी झोंपड़ियों में हलचल शुरू हो जाती। इमली के पेड़ के नीचे कसाई अपनी दुकान लगाता। वहाँ सभी इकट्ठे हो जाते। पेड़ की किसी शाखा से वह धड़ टाँग देता। बहुत सहजता से वह उसे काटता और तराजू में वजन करता। कुत्ते इकट्ठे हो जाते। बूचड़ के सामने धीरे-धीरे भीड़ बढ़ने लगती। थालियाँ-कटोरे लिये औरतें हो-हल्ला करतीं। मक्खियाँ इतनी भिनभिनातीं कि मांस दिखाई ही नहीं देता। कसाई हर बार हाथ घुमाकर उन्हें भगाता। आकाश में गिद्ध दिखलायी देने लगते। मैं मसामाँ के साथ वहाँ पहुँचा। मसामाँ अक्सर उसके साथ झगड़ती। 'टाँग का मटन लगाओ' ऐसा कहती। चर्बी माँगती। मेरे लिए कभी-कभी गुर्दे-कपूरे लेती।

मटन की थाली को आँचल में छिपाये माँ घर की ओर निकलती। मैं कसाई द्वारा दी गई बोटियों को लेकर उनके पीछे-पीछे निकलता। कभी अचानक ऊपर से चील झपटती और बोटियों को उड़ा ले जाती। चील के पँजों से कई बार हाथ लहूलुहान हो जाता। मसामाँ पीटती। दो-चार गालियाँ देती। संतामाय चटनी-रोटी खाकर सवेरे को निकलती। साप्ताहिक बाजार की जमीन पर झाड़ू लगाती। वहाँ दुकानदारों से कुछ माँगती। मैं उनके पीछे-पीछे थैलियाँ लेकर निकल पड़ता। ग्राम पंचायत से

संतामाय को वेतन वगैरह नहीं मिलता था। ये लोग जो देते, वही उनका वेतन होता।

कपड़े के व्यापारी दस-दस पैसे देते। मिठाई के दुकानदार थोड़ी-सी मिठाई देते। सब्जी वाले हरी सब्जियाँ, मिर्च, प्याज, सड़े-गले फल देते। कुछ ऐसे भी थे, जो कुछ भी नहीं देते। संतामाय उनसे झगड़ती। वे बाद में आने के लिए कहते। दो-दो बार जाना पड़ता। थैलियाँ चीजों से भर जाती तो मैं घर जाकर उन्हें खाली कर फिर ले आता। मैं दिन-भर घर से बाजार, बाजार से घर दौड़ता रहता। इसी कारण बुधवार अच्छा लगता।

बुधवार को ही कपड़े धो लेता। जरा ठीक-ठाक रहता। महारों की बस्ती के सभी लोग उस दिन दोपहर तक मोल-मजदूरी से लौटते, साप्ताहिक बाजार करने के लिए बस्ती पर उत्साह छा जाता। गाँव भी काफी भरा हुआ लगता। आसपास के कई गाँवों के लोग इस बाजार के लिए आते। शेवंता बाजार के दिन आती। बवंडर की तरह घूमती। मैं उसे देखता, वह मुझे। तब बाजार खत्म हुआ होता। बाजार खत्म होते ही कपड़े के व्यापारी कपड़ों की गठरियाँ बाँधने लगते। गठरियाँ स्टैण्ड पर ले जाते। मैं हमाली की आशा से वहीं घूमता। हमाली मिलती। कपड़े का बोझा सिर पर लिये मैं स्टैण्ड पर जाता। दादा गुस्सा करते। कहते, "हमाली नहीं करनी है।"

□

एक गाल को ऐंठ दे तो दूध आ जाये और दूसरे को ऐंठ दे तो खून—ऐसी वह उम्र थी। पर उन दिनों मैं हवा खाकर मटरगश्ती कर रहा था। इसी अवस्था में गलत आदतों का शिकार भी हो गया था। पीकर फेंकी गई बीड़ियाँ या सिगरेटों के टुकड़े मैं उठाता और उन्हें पीता। लड़कियों पर लाइन मारता। दातून करता, शौच के लिए पानी ले जाता।

हमारी बस्ती सौ-डेढ़ सौ घरों की, मेरी आयु के दस-पन्द्रह लड़के तथा सात-आठ लड़कियाँ। बेहद गरमी, आवारा कुत्ते, मुरझाये चेहरों के बच्चे, चुट्टा पीने वाली बूढ़ी औरतें, अधगिरे मकान या झोंपड़ियाँ, झूमते शराबी—मन लगाने के लिए इसके सिवा और क्या था इस बस्ती में! पर जिस दिन शेवंता की आँखों से परिचय हुआ उस दिन से बेचैनी भी खूबसूरत लगने लगी। शेवंता की माँ जहाँ काम मिलता, वहाँ चली जाती। पिता गड्ढे खोदता और शेवंता घर पर तीन भाइयों को लिये बैठी रहती, उन्हें सँभालती। शेवंता थी दस-बारह साल की। वर्ष-डेढ़ वर्ष में उसका गौना हो जायेगा। उसका छोटा भाई हमेशा उसकी बाँहों में होता। माँ बच्चों को जन्म देती और शेवंता बच्चों को सँभालने का काम करती। दो छोटी बहनें हमेशा रोती हुई उसके पीछे लगी रहतीं। केवल दो रोटियाँ रखकर माँ-बाप घर से निकल जाते। एक-एक निवाला खाकर लोटा-लोटा पानी पीकर जीने वाली यह बस्ती!

शेवंता कभी खुलकर हँसती नहीं थी। बालों को न कभी तेल मिला न पानी। माँ-बाप की जिन्दगी में शेवंता कोल्हू का बैल बन चुकी थी। उसकी आँखों में गाय की आँखों जैसी निरीहता झलकती थी। उसकी माँ फटी साड़ी को बार-बार सीकर पहनती। पिता अनेक थिगलियों की कमीज पहनता। दोपहर में वह बहनों के बालों में जुएँ ढूँढ़ने बैठती। मैं शेवंता की ओर देखता; जैसे किसी दुर्घटना को देख रहा होऊँ।

वह जब घर में होती, मैं सीटी बजाता। गाना गाता। मेरी आवाज सुनकर वह झोंपड़े से बाहर आती। जान-बूझकर बरतन माँजने बैठती। मैं नदी की ओर जाता तो वह भी निकलती। वह नदी की ओर निकलती तो मैं भी निकलता। वह अपनी झोंपड़ी से मेरे चेहरे पर आईना मारती। मैं उसे इशारा करता। उसे कच्ची इमली निकालकर देता। हम दोनों एक-दूसरे में उलझ रहे थे।

एक दिन मैं नदी में नहा रहा था। पानी से खेल रहा था। पर वास्तव में शेवंता की प्रतीक्षा कर रहा था। बदन पर मैला छाया हुआ था। मछलियाँ शरीर से खेल रही थीं। गुदगुदी हो रही थी। वहीं नाक साफ करता। नेटे की ओर मछलियाँ इकट्ठी होतीं। काले पत्थर से शरीर साफ करता। किनारे पर साबुन से लोग कपड़े धो रहे हों तो मैं भी अपने कपड़े धोने निकलता। वे लोग कपड़ों को साबुन लगाते और उसे पत्थर पर धीरे-धीरे पटकते। फेन निकलता, बहने लगता। उसी बहते फेन में मैं अपने कपड़े गीले करता। कपड़े धोने वालों की मैं कुछ सहायता करूँ, इसी शर्त पर वे मुझे इस बहते फेन में कपड़े गीले करने की इजाज़त देते। मैं उनकी सहायता करता। उनके कपड़े सुखाने डालता। साबुन के फेन में कपड़े धोते समय मुझे बेहद खुशी होती। शर्ट के सामने का हिस्सा हमेशा काला रहता, स्लेट तथा नाक पोंछने की आदत के कारण। नदी के पानी पर कई बार मेंढ़कों का पाखाना तैरने लगता। शैवाल फैला हुआ होता। पानी में डुबकी लगाकर सिर बाहर निकालता, सिर पर शैवाल-ही-शैवाल। शेवंता नदी पर आये, इसलिए ईश्वर से प्रार्थना करता।

शेवंता नदी पर आती।

उससे कैसे बात करूँ, क्या बोलूँ? डर लगता। बड़ी ही लाज आती। हम दूर से ही हँसते। पर निकट आने के बाद दोनों ही घबरा जाते। परेशानी होती। शेवंता सिर से आँचल हटाकर उसे घड़े के मुँह पर बाँधती। पानी भरती। पानी में आकाश दिखाई देता। मैं पानी-पानी हो जाता।

उस दिन शेवंता आयी और तुरन्त चली गई। लौटते समय पीछे मुड़कर क्षण-भर मेरी ओर देखती रही, हँसती रही। मैं भी हँसा। 'फिर से पानी के लिए आ'—मैंने इशारे से कहा। उसने भी इशारे से कहा, 'मंजूर'। मुझे इतनी खुशी हुई कि लगा, धरती सिर पर लेकर नाचूँ। आकाश पैरों तले लिये भागता रहूँ।

शेवंता आती रही। एक बार मैंने दृढ़ प्रतिज्ञा की, आज शेवंता पर पानी उछालूँगा। पानी पर लहरें उठीं, मन में भी। लज्जा से डर भी गया। शेवंता पानी के लिए आयी। मैंने उस पर पानी उछाला; जैसे फूल उछाले हों। उसके चेहरे पर, बालों पर, शरीर पर। इच्छा हो रही थी कि उसे उठा लूँ, धूप में जाऊँ। पानी में डुबा दूँ। खाली-खाली हो जाऊँ। उसके साथ खेलूँ। वह भी मुझ पर पानी उछाले और फिर हम दोनों इन्द्रधनुष के पीछे छिप जायें।

शेवंता घबरा गई थी।

उसके बालों से निकली हुई पानी की बूँदें मोती की तरह उसके गालों पर से टपक रही थीं। उसकी आँखें नदी के पानी से भी अधिक निर्मल लग रही थीं। उसके होंठ अँजुली में लिये पानी की तरह पीने की इच्छा हो रही थी। पर शेवंता घबरा गई। "नहीं रे," उसने कहा।

मैं पानी में था, फिर भी लगा कि तप्त रेत पर बैठा हूँ।

बेईमानी छिप सकती है, पर अनैतिक बातें नहीं। शेवंता तथा मेरे प्रेम की बात घर के लोगों को मालूम हो गई। कोढ़ की तरह हमारा प्रेम बढ़ता जा रहा था। संतामाय कहतीं, "शेवंता को बहू बना लेने में हर्ज ही क्या है?"

पर यह कैसे संभव था? मैं अक्करमाशी! शेवंता की और मेरी शादी कैसे हो सकती थी?

संतामाय रोहिदास मामा की कहानी बताती। रोहिदास मामा किसी महार लड़की को ले गया, तब पूरी बस्ती के महार लाठी-कुल्हाड़ी लिये उसे ढूँढ़ते रहे थे। पागल कुत्ते की तरह उसके पीछे थे। रोहिदास भाग गया। पता नहीं कहाँ है वह? संतामाय आँखों में आँसू लाकर कहतीं, "महार बहुत भयंकर होते हैं। तेरी बोटियाँ काट डालेंगे। उन्हें पूछने वाला भी कौन है? और अपने घर में तो न कोई पुरुष और न कोई जिम्मेदार आदमी। हम औरतों के साथ तो वे बुरी तरह पेश आयेंगे। सार्वजनिक बलात्कार करेंगे। तू सोच। शेवंता को भूल जा। अगर गाँव की किसी सवर्ण स्त्री के साथ तू शादी करेगा तो दलित बस्ती तेरे पीछे ताकत बनकर खड़ी हो जायेगी।"

□

धूप के दिन थे। उन दिनों मुझे कुछ अधिक समझ नहीं थी। पर उस दिन जो घटित हुआ, वह आज भी याद भी याद आता है। मैं और संतामाय चुँगी पर से दारू लेकर आ रहे थे। चुँगी पर सवा रुपये में दारू की बोतल मिलती थी। हम गाँव में उसे डेढ़ रुपये में बेचते। अलावा इसके उन बोतलों की दारू इकट्ठी करके, उसमें पानी और नौशादर मिलाकर दो-चार बोतलें और ज्यादा बना लेते।

इसके कुछ दिनों बाद संतामाय तथा मसामाँ ने घर पर ही दारू की भट्ठी शुरू कर दी। दोनों की दो-दो अलग-अलग भट्ठियाँ थीं। दोनों के ग्राहक भी भिन्न-भिन्न होते थे। दोनों माँ-बेटी पुरुषों की तरह दारू का धन्धा कर रही थीं। जब दारू बिकती तभी घर में दाने आते। सवेरे एक कप दारू बिकी कि चाय हो जाती। कभी दोपहर तक एक भी ग्राहक नहीं आता। फिर तो थूक ही निगलते बैठते। ग्राहकों की प्रतीक्षा हम ईश्वर की तरह करते। आठ आने में एक कप दारू, आठ रुपये की एक बोतल। छः बोतलों का एक गैलन।

महारों की इस बस्ती में चार-पाँच घरों में दारू की भट्ठियाँ थीं—दामुअण्णा, माणकुण्णा, हिरामाय, कमलाक्का और हमारे घर में।

घर पर ग्राहक हमेशा आते रहते। मैं नींद में होता। शराबी कुछ-न-कुछ गुनगुनाते हुए आते। कई बार आपस में झगड़ते। हम लोग घर पर खाना खाने बैठते तब भी वे आते। पीकर वहीं कै करते। उस कै की दुर्गन्ध फैलती। वे क्या-क्या खाकर आते, यह उसमें दीखता और यह सब देखते हुए हम लोग खाना खाते। मसामाँ उनकी कै को साफ करती, गालियाँ बकती। वे यों ही बैठे रहते। चुपचाप निर्लज्ज होकर।

अकेला व्यक्ति पीने आता तो वह जल्दी चला जाता। पर जब दो-चार मिलकर आते तो घण्टों आपस में बातचीत करते रहते। धीरे-धीरे पीते रहते। मुझसे नमक माँगते। बाहर से नमकीन या चने-फुटाने लाने के लिए कहते। मैं सबके काम करता। मुझे वे नमकीन या चने-फुटाने देते। कभी-कभार दस-बीस पैसे भी देते। घर में कहीं पर भी थूकते। मसामाँ गुस्सा करती। वह बड़े लाड़-प्यार से बोलते। चन्दा माँ उनसे निपटती।

दारू का कप या बोतलें लेते समय मसामाँ के हाथों का स्पर्श करते। मैंने उन्हें ऐसा करते हुए कई बार देखा था। धन्धा ही ऐसा था। मसामाँ जब घर पर नहीं होती तो मैं ही बिक्री करता। पैसे मसामाँ को लौटाता। फिर मसामाँ दस पैसे मुझे बख्शीश देती। शरण के हाथ की बोहनी अच्छी होती है—ऐसा कहती। मुझे भी अच्छा लगता। सोचता, पहला ग्राहक मेरे ही हाथ लगे।

पुलिस का हमेशा डर रहता। इस कारण हम दारू घूरे में गाड़कर रखते और दिन-भर घूरे की रक्षा करते। जरूरत के मुताबिक घूरे से दारू निकाल लेते। पुलिस के आते ही हड़बड़ी फैल जाती। हम दारू की बोतलें तेजी के साथ घूरे पर फेंक आते। कभी-कभार दारू ज़मीन पर उंड़ेल देते। ऊपर से एक घड़ा पानी डाल देते। दारू से भरी हुई ट्यूबें छत पर फेंक देते। वहाँ जो भी होता, उसे पुलिस पकड़ लेती।

एक बार पुलिस ने बस्ती को घेर लिया था। माणकुण्णा घर में मिल गया। उस

वक्त उसके घर पर दो ही बोतल दारू थी। पुलिस माणकुण्णा को पकड़ने वाली थी कि इतने माणकुण्णा ने पुलिस के हाथ पर ही दोनों बोतलें जोर से मारकर फोड़ दीं और भाग गया। शिक्षक छड़ी से बच्चों को पीटता है, वैसे। माणकुण्णा का साहस अजीब था। मुसे लगता, ऐसा साहस मुझे भी करना चाहिए। माणकुण्णा जेल से छूटकर बड़े-बूढ़ों के पैर छूता। पूरी बस्ती उसकी पूछताछ करती। माणकुण्णा पुलिस को गंदी-गंदी गालियाँ देता।

पुलिस आने पर बुरे हाल हो जाते। नुकसान होता। पूरी व्यवस्था ही टूट जाती। फिर कर्जा लेकर धन्धा शुरू करना पड़ता। कभी-कभी रेड के पूर्व ही पता चल जाता कि रेड कब पड़ने वाली है।

दारू ठीक बनी है या नहीं, यह भी मैं ही देखता। दारू में कपड़े को भिगोकर उसे अगर जला दिया जाये और वह कपड़ा एकदम से आग पकड़ ले तो समझ लेना चाहिए कि दारू कड़क है। जितनी आग भड़कती उतनी दारू कड़क। कभी-कभी ऐसा नहीं होता। भट्टी गलत हो जाती। दो-तीन दिन में ही दारू उतर जाती। बाद की दारू खट्टी लगती। पर नशे के लिए ठीक होती। दारू ठीक न हो तो ग्राहक आते ही नहीं थे। वे चिल्लाते—"क्या पानी की तरह दारू है! पानी ही दे रही हो क्या आज? पैसे लेती हो तो अच्छी दारू देती जाओ।"

अच्छी दारू होती तो ग्राहक खुश हो जाता। माँ भी खुश होकर कहती, "हम पानी नहीं डालते औरों की तरह। किसी को फँसाकर पैसे नहीं लेते हम। पानी का पैसा पानी में ही जाता है।"

अगर दारू खत्म होने लगती और ग्राहक काफी आते तो संतामाय पानी डालकर एक की दो बोतलें और बना लेती। कभी नौशादर का पाउडर मिलाकर दे देती। गाँव के नये जवान छिपकर दारू पीने आते। मेरे एक शिक्षक सरपाटे गुरुजी की तो हमारे यहाँ उधारी ही थी। नशे में डूबे हुए ग्राहक को दारू की बोतल भी अगर धोकर दारू के रूप में दे दें तो उसे कुछ समझ में नहीं आता।

मैं कभी-कभी साइकिल पर दारू लाने जाता। बाँधता। निकलता। खरीदते समय लोटा दारू सैंपल के रूप में पीने के लिए मिल जाती। उस दिन ट्यूब लेकर कच्ची सड़क से मैं साइकिल पर निकला। नशा चढ़ रहा था। रास्ते में कई स्थानों पर गिर रहा था। गिरने के बाद फिर साइकिल पर चढ़ नहीं सकता था। सड़क पर चलने वाला कोई साइकिल पर बैठा देता। घर लौटने के बाद माँ चिल्लातीं, "घर पर आने के बाद जितना पीना है, पी ले। रास्ते में मर गया तो...।"

एक बार कमलाक्का तथा निरमी दारू लाने अरली गाँव गईं। कमलाक्का परित्यक्ता स्त्री थी। निरमी दस बरस की। दोनों सवेरे-सवेरे गईं। डेढ़ कोस आना,

डेढ़ कोस जाना—पैदल। शाम हो गई तो भी दोनों का पता नहीं। दोनों को तीसरे प्रहर तक तो आ जाना चाहिए था। शाम के समय मैं अरली के रास्ते से निकला। पुलिस ने पकड़ा तो नहीं, किसी ने शरारत तो नहीं की?—अनेक विचार आ रहे थे।

कमलाक्का तथा निरमी नशे में चूर हो चुकी थीं। कमलाक्का की साड़ी भी खुल गई थी। वह सुध-बुध खो चुकी थी। निरमी की आँखें खुल नहीं रही थीं। दोनों दारू के ट्यूब सिर के नीचे तकिये की तरह लेकर सो गई थीं, किसी पेड़ के नीचे। मसामाँ रो रही थीं, "इस पेट में आग लगे। इन्हें भेजना नहीं चाहिए था।"

मसामाँ ने कहा, "तू ट्यूब लेकर चल।" मैं और नागी धीरे-धीरे निकल पड़े। निरमी जग जाये, इसलिए संतामय मनौतियाँ माँग रही थीं।

□

सभी झगड़ों की जड़ है—दारू।

घर में सभी दारू पीते। दारू हमारे लिए सुबह की चाय थी। बाशाकाका जब सरपंच थे, तब हमारे दिन अच्छे थे। संतामाय सड़क साफ करती। दादा दीया-बत्ती करते। किसी-न-किसी प्रकार दिन गुजर रहे थे। दादा कंधे पर सीढ़ी अटकाकर एक हाथ में घासलेट का डिब्बा लिये पूरे गाँव के सार्वजनिक खम्भों पर स्थित दीयों में तेल डालते। गली के दीये के खम्भों पर सीढ़ी लगा तेजी से ऊपर चढ़ते। गले में लटकाये रूमाल से उसकी झाड़-पोंछ करते। चिमनी नीचे ले जाते। उसमें मिट्टी का तेल भरते। चोरी से मिट्टी का तेल घर पर भी ले आते। रास्ते में कोई जान-पहचानवाले मिल गये तो सलाम करते। मैं बाशाकाका को वालेकुम सलाम करता। दादा के दीये लगाकर आने तक माँ और संतामाय जागती बैठतीं।

बाशाकाका मुसलमान सरपंच थे। वह दूसरी पार्टी के थे। संतामाय बाशाकाका के घर पर दिन-भर रहतीं। छोटे-बड़े काम करतीं। अनाज पीसकर लातीं, झाड़ू लगातीं। मैं अलबत्ता दिन-भर वहाँ खेलता रहता। महारों की बस्ती में आता। बासलगाँव के एक आदमी ने उस दिन मुझे कपड़े लाकर पहनाये थे। वह हणमंता का आदमी था।

बाद में रामू सरपंच हो गया। उसने दादा को काम पर से निकाल दिया। कारण केवल इतना था कि मेरे दादा मुसलमान थे—महमूद दस्तगीर जमादार। रामू सरपंच लिंगायत था। बाशाकाका के दल का विरोधी था। बाशाकाका ने जिस मुस्लिम कोतवाल की नियुक्ति की थी, रामू सरपंच उसे नहीं चाहता था। दादा के साथ-साथ संतामाय का भी काम गया। रामू ने अपनी मरजी के लोगों की नियुक्तियाँ कीं। मल्लू की सोना अब सड़कें साफ करने लगी। उसका बड़ा बेटा शेषू दीया-बत्ती करने लगा।

बाद में गैस बत्तियाँ आ गई। उन्हें सुलगाना मामूली काम नहीं था। शेषू शराबी था। उसके साथ श्रीमंत भी रहता। दोनों गाँव में गैस बत्ती सुलगाते। पर एक बार पता नहीं कैसे गैस का विस्फोट हो गया कि दोनों जल गये।

शेषू के कपड़े शायद मिट्टी का तेल गिरने से गीले हो गए थे, इस कारण झोंपड़ी की तरह उसका शरीर जलने लगा। सभी ओर दौड़-धूप शुरू हुई। वह चिल्ला रहा था। श्रीमंत केवल निक्कर पर था। दौड़ते हुए वह गन्दे पानी में बैठ गया। उसका आधा बदन जल गया था। पर जलते हुए शेषू को बचाने की किसी की हिम्मत नहीं हो रही थी।

माणिक सेठ ने शेषू को चावड़ी के बाहर निकाला। किसी ने उस पर एक घड़ा पानी उंड़ेल दिया और उसे तुरन्त तहसील भिजवाया गया। गाँव में सभी ओर शोक छा गया। मल्लू की सोना पागल की तरह चिल्ला रही थी।

तीन दिन बाद शेषू का शव आया। शेषू मिट्टी में गायब हो गया। मुझे लगा कि चौपाल में आग लग गई है। मुझे हमेशा आग से जलता शेषू दिखता। सोचता, चलो अच्छा हुआ, दादा को इस जोखिम-भरे काम से हटाया गया। दादा दारू पीकर झगड़ते। लोग उन्हें पीटते रहते। हमाली के पैसे वह दारू में लुटा देते। कपड़े फाड़ते, सरपंच को गालियाँ देते। छोटे बच्चे भी उनका मजाक उड़ाते। किसी भी घर के सामने स्थित नहाने की जगह पर वह पड़े मिलते। मैं, संतामाय, नागी, निरमी उन्हें ढूँढ़ने जाते। उन्हें उठाकर पकड़ लाते। अकसर उनकी धोती खुली हुई मिलती। संतामाय उन्हें धोती पहनाती। वह गालियाँ देते। संतामाय उन पर झपटती। नागी, निरमी, संतामाय उन्हें 'शव' की तरह उठा लातीं। मैं अपने दोनों हाथों में उनकी चप्पलें पकड़कर पीछे-पीछे चलता।

दारू पीने के बाद दादा हमेशा संतामाय से झगड़ते। दोनों के झगड़ों से मैं परेशान हो जाता। एक ओर दारू पीकर सोये हुए दादा तो दूसरी ओर रात-भर खाँसने वाली संतामाय। सोते समय संतामाय 'अंबे', 'दुर्गे', 'लक्ष्मी' कहती तो दादा 'बंदेनवाज', 'हाजीमलंग', 'अल्ला', 'बिस्मिल्ला', 'मौला' कहते। कभी-कभी संतामाय के शरीर में देवी आ जाती। वह चिल्लाती। मैं नींद से उठ बैठता। संतामाय के घूमते रहने से मैं भयभीत हो जाता। बाहर भाग निकलता। उनके निकट सोने से मैं घबराता। घर के बाहर कँपकँपाते हुए मैं खड़ा रहता। उनका चिल्लाना विद्रूप लगता। दादा दीवार की मिट्टी लेकर उनके माथे पर लगाते। फिर संतामाय का शरीर सामान्य होने लगता।

दोनों पीते और झगड़ते। संतामाय दादा को पीटती। दादा खाने की थाली उठाकर पटक देते। पूरी झोंपड़ी में खाना फैल जाता। इससे चम्पा कुत्ती का पेट भर जाता। दादा संतामाय से 'इमाम आया था क्या?' पूछते और यह सवाल सुनते ही संतामाय

दादा को गालियाँ सुनाने लगतीं। मैं परेशान हो जाता। रोने लगता।

□

उस दिन मुझे झूले में डालने वाले थे। संतामाय का इकलौता भाई लक्ष्मण लकड़ियाँ चीरने जा रहा था। वह लकड़ियाँ बेचकर जीता था। कुल्हाड़ी पर उसका पेट था। मसामाँ ने उसे भीतर बुलाया। कहा, "बच्चे को देख ले।"

परन्तु उसने कहा, "अब नहीं, लकड़ियाँ ले आता हूँ। बच्चे को नहलाने के लिए पानी गरम करना पड़ता है, उसके लिए लकड़ियाँ तो लगती हैं ना!" इसलिए बच्चे को न देखते हुए वह चला गया। शायद मौत उसे बुला रही थी।

घर के पीछे स्थित पेड़ पर वह कुल्हाड़ी चलाने लगा। आवाज गूँजने लगी। काफी पुराना पेड़ था, सब उससे डरते थे। वहाँ से गुजरते समय महसूस होता कि यह अब गिरा, तब गिरा। तेज हवा चली कि उसमें से आवाज निकलती। काला भयंकर पेड़! उस पेड़ पर बैठकर जब घुग्घू पुकारते तो दिल काँप उठता।

थोड़ी ही देर बाद खूब जोर से आवाज आई। मसामाँ घबरा उठीं। जब पेड़ टूटने की स्थिति में आया था, तभी लक्ष्मण भागने की तैयारी में था। परन्तु क्षण-दो क्षण का फर्क हुआ। उसका सिर पेड़ के तने के नीचे आकर चकनाचूर हो गया। सातूबाप का वंश खत्म हो गया। मुझे झूले में डालने के बजाय लक्ष्मण का शव बैलगाड़ी में डालकर पोस्टमार्टम के लिए दवाखाने में ले जाना पड़ा।

मैं सफेद पैर का साबित हुआ। मैं जनमा मध्यरात्रि में। मसामाँ मुझे जाँघों पर लिये बैठी थीं। मैंने रोना शुरू किया था। संतामाय और दादा की नींद टूट गई। मेरी आवाज सुनकर दादा जग गये। उन्हें लगा, बिल्लियाँ आपस में लड़ रही हैं। बड़ी छड़ी लेकर वह भीतर अँधेरे में पहुँचे। उनके पदचापों से मसामाँ चिल्लायीं, "मुझे लड़का हुआ है, उसे मारोगे क्या?"

सातूबाप का वंश खत्म होने के बाद उसके सारे काम संतामाय की ओर आ गये। सड़कों को झाड़ना, गाँव वालों के लिए अलाव जलाना आदि। जाड़े के दिनों में गाँव वाले अलाव के पास बैठते। उनके धूम्रपान के लिए कुछ खास पेड़ों के पत्ते भी ला देने पड़ते। चौपाल बनानी पड़ती। सरकारी कागजात लेकर वह पाँच कोस दूर तहसील पहुँचती। उन दिनों दादा गाँव के कोतवाल पद पर थे। किसी अँधेरी रात में संतामाय नदी पर साड़ी धो रही थी। चाँदनी पानी पर तैर रही थी। वहाँ इमाम आ गया। पता नहीं, दोनों क्या बातें करते रहे। पर उन दोनों को उस दिन दादा ने देख लिया। बस! उसके बाद दादा जब भी दारू पीकर आते तो संतामाय को छेड़ते, चिढ़ाते। आज कितने वर्ष गुजर गए उस घटना को। दोनों के दाँत गिर चुके हैं, बाल

सफेद हो गये हैं। चेहरों पर झुर्रियाँ पड़ गई हैं। फिर भी दारू पीने के बाद दादा के जख्म गीले हो जाते हैं। आँधी से टूटे वृक्ष की तरह उनकी आँखों से आँसू निकलने लगते हैं।

भिमशु एक और शराबी। शराब के नशे में उसने घर, खेती–सब बेच दिया। हालशा कोतवाल, चन्दू पुजारी, बसु, मल्लेशा–ऐसे कितने थे, जो शराब के आदी हो चुके थे। महारों की बस्ती से ये शराबी हमेशा गुजरते। आश्चर्य कि उन्हें महारों के घर की शराब अच्छी लगती, पर पानी नहीं। यहाँ की औरत अच्छी लगती, पर उसके हाथ की रोटी नहीं। इस बस्ती के वे सभी–जो शराब बनाने और बेचने वाले थे–गाँव के हवलदार को हफ्ता देते थे, मुरगियाँ खिलाते थे; पर हमने ऐसा कभी नहीं किया। हवलदार तथा पुलिस हफ्ता बाँट लेते थे। गाँव के पुलिस पटेल को हम हफ्ता नहीं देते थे; क्योंकि हमारा घर पटेल के अधीन था या पटेल हमारे घर में रहते थे। मैं उन्हें काका कहता था।

□

मेरी माँ–मसामाँ। संतामाय की इकलौती बेटी। उसकी शादी हुई एक गरीब आदमी के साथ। विट्ठल कांबले उसका नाम। उसके यहाँ खाने के लाले पड़ते। हमेशा भूखा रहना पड़ता। दिन-भर घास काटकर दो कोस पर स्थित तहसील के गाँव में जाकर जब घास बेच आते तभी खाने के लिए कुछ मिलता था। लकड़ियों की गठरी अक्कलकोट जाकर बेचनी पड़ती थी। लकड़ियाँ बेचकर आटा-दाल खरीदा जाता था। हाथ-पैर ही पेट था। रोज कमाओ, रोज खाओ। संतामाय-दादा कभी-कभार पैदल चलकर बासलगाँव आते। दस-पाँच कोस चलना पड़ता था। सिर पर आटा-नमक लेकर वे दोनों मसामाँ को बुलाने जाते। उन दिनों कहाँ थीं बैलगाड़ियाँ?

विट्ठल कांबले एक खेत के मालिक के यहाँ साल-भर की शर्त पर मजदूर था। वार्षिक सात-आठ सौ का वेतन। रात-दिन मालिक के घर या खेत पर काम करता। खेत के अनेक जानवरों में एक और जानवर। अपने दुःखों और हड्डियों के ढाँचे को देखते रहना, यही उसकी नियति थी। पेट और पीठ एक हो जाते। जानवरों के गोठ की तरह उसकी भी ज़िन्दगी थी। आँसुओं को कितना कुछ रोक सकता था? भूख की कितनी जुगाली वह कर सकता था? कोल्हू के बैल की तरह वह अपने जीवन से जोता गया था। नहर से बहने वाला कल-कल पानी पेट में क्षुब्ध पसीने की एक बूँद बनकर बहता था।

विट्ठल कांबले हणमंता लिंबाले नामक पटेल के खेत में मजदूर था। बुरे समय में पटेल सहायता भी करता। इस सहायता से एक पूरा परिवार असहाय होता जा

रहा था। पटेल के हाथ किसी भरे-पूरे संसार को ध्वस्त कर रहे थे।

गाँव पंचायत ने मसायी के दूध पीते बच्चे को छीन लिया। दो-चार बरस के चंद्रकांत को भी उसमें छीन लिया गया। विट्ठल कांबले ने मसामाँ से तलाक दे लिया। दो छोटे बच्चों को छोड़कर मसामाँ रोतीं हुई निकलीं। छोटा लक्ष्मण माँ की ओर हाथ करके रो रहा था। चंद्रकांत माँ के साथ जाने की जिद कर रहा था। पति-पत्नी के सम्बन्ध टूट सकते हैं, पर माँ-बच्चों के सम्बन्ध कैसे टूटेंगे?

मसामाँ अब खुली थी। रोज उसी रास्ते से लकड़ियों की गठरी लेकर निकलती। कस्बे की ओर जाती। पर उसकी आत्मा अपने पति में, बच्चों में रमी रहती। उसे जिन्दगी से उठाया गया था। दण्डकारण्य में सहारा ढूँढ़ने वाली सीता की तरह उसकी अवस्था हो चुकी थी। वह दिशाहीन हो गई थी।

विट्ठल कांबले ने दूसरा विवाह किया। पुरुषों को क्या, कितनी भी बार पान खाकर वह थूक सकता है। पर औरत जात! एक बार तबाह हुई कि हो गया। मसामाँ की शादी कैसे होगी? घर में खाने के लिए दाना नहीं। परित्यक्ता खुली औरत। सिर पर स्थित आँचल कंधे से खिसक गया था।

दादुन्या हमारे गाँव का गोंधली। कलगी-तुरे के गीत गाता था। नाटक भी करवाता था। बचे-खुचे समय में अड़ोस-पड़ोस के गाँवों में बरतन भी बेचा करता था। मसामाँ के सामने उसने प्रस्ताव रखा। कलगी तुरे में गाने के लिए औरत की जरूरत होती है। उस औरत को डफ पर गीत गाना पड़ता है। पुरुष की आवाज में मिलाकर गाना पड़ता है। चार-पाँच लोगों की यह भजनी मण्डली होती है। माँ ने नकार दिया। अकेली ही जीने का उसने निर्णय लिया। हणमंता लिंबाले इसी टोह में था। उसने मसायी से सम्पर्क किया और उसे अक्कलकोट में किराये के एक कमरे में रख दिया। मसामाँ ने भी मजबूरन हणमंता का हाथ पकड़ लिया। जिस व्यक्ति को लेकर उसे बदनाम किया गया था, जिन्दगी से उठा दिया गया था, उसी के साथ रहना उसने तय किया। हणमंता ने मसायी के दाम्पत्य जीवन को तोड़ दिया और उसे अपने नियन्त्रण में रख लिया जैसे कोई शौक से कबूतर पालता हो। दोनों मजे में रहने लगे। मसायी गर्भवती हुई। लड़का हुआ। लड़के का बाप कौन? हणमंता को मसायी चाहिए थी। उसका शरीर चाहिए था। पर संतति? मसायी के उस लड़के के नाम के साथ अगर हणमंता का नाम लग जाता तो उसकी बदनामी होती। लड़का बड़ा होकर खेती में हिस्सा माँगे तो? मसायी कोर्ट में गई तो? हणमंता यह सब नहीं चाहता था पर प्राप्त संतति को कैसे टाला जा सकता था?

मेरे जन्म के साथ ही पटेल और जमींदारों की तमाम खानदानी कोठियाँ बेचैन हुई होंगी। मेरे प्रथम उच्छ्वास से दुनिया की नीति घबरा गई होगी। मेरे क्रंदन से

तमाम कुंतियों की छातियों से दूध निकल आया होगा।

मसामाँ क्यों तैयार हुई इस बलात्कार को? क्यों पचाया उसने उस अनैतिक सम्भोग को नौ मास नौ दिन भीतर-ही-भीतर? किसलिए विकसित होने दिया उसने ऐसा गर्भ? कितनी नजरों ने छला होगा उसे व्यभिचारिणी कहकर। मेरे जन्म के बाद किसने बाँटी होगी मिठाई? किसने लाड़ किये मुझ पर? किसने दी होगी साड़ी-चोली मेरी माँ को? किसने किया होगा मेरा नामकरण संस्कार? मेरा खानदान कौन-सा? मैं किस वंश का दीया? किस अधिकारी पिता का मैं पुत्र?

घर के निकट गंगू नामक एक आया रहती थी। वह माँ की सहेली थी। गंगू मुझे पीठ पर बाँध लेती। सूई, भिलाँवा, धागों को बेचती हुई सड़क पर घूमती। मुझ नन्हे का प्रदर्शन करते हुए कपड़े माँगती, अन्न माँगती। औरतें मेरे कारण और मेरे लिए फटे-पुराने कपड़े देतीं, तेल देतीं। मसामाँ गंगू को डाँटतीं। मेरे कारण गंगू को काफी कुछ मिल जाता। गंगू उदास हो जाती। कहती—"बच्चे के लिए ही लोग कुछ-न-कुछ डालते हैं। मैं तेरे बच्चे को मारती थोड़े ही हूँ।" दोनों झगड़तीं। मसामाँ बाहर जाती कि गंगू धीरे-से मुझे उठा लेती और भीख माँगने निकल जाती।

मैं जब मैट्रिक में था तब गंगू सूई-भिलाँवे का नारा लगाते हुए हमारे गाँव आयी थी। घर पर भी आयी। मसामाँ ने उसके लिए चाय बनायी। गंगू ने बड़े प्यार से मुझे पास बैठाया। मुझे चूमा। पीठ पर हाथ फेराती रही। पूछने लगी, "अक्कलकोट चलोगे?" और यह भी कहने लगी कि बाप के खिलाफ कोर्ट में जा। वास्तव में इस गंगूबाई का अर्थ था चलता-फिरता प्रोविजनल स्टोर। औरतों को सूई, भिलाँवे, धागे, काली मणियाँ देती और बदले में बासी रोटियाँ, पुराने कपड़े लेती। गंगू निकल गई। मैं उदास हो गया। मैं बढ़ रहा था। कर्ण की तरह पूरे महाभारत पर।

मसायी के प्रति हणमंता का आकर्षण अब कम होने लगा। रोज झगड़े होते। हणमंता कहता, यह लड़का मेरा नहीं है। इसकी आँखें धोंड़ी कुम्हार की तरह हैं। कुम्हार धोंड़ी ब्रिटिशों के समय का बहुत बड़ा डकैत था। अन्त में, हणमंता के अत्याचारों और आरोपों से तंग आकर मसामाँ मुझे लेकर अपनी माँ संतामाय के घर आ गईं। माँ और धरती दो ही ऐसी इकाइयाँ हैं जो किसी बात को अपने भीतर स्वीकार कर लेती हैं। औरों की लुगाई सुन्दर और अपनी कुरूप, सुन्दर लड़की का जन्म दलित जाति के लिए संकट के तरह है। मसामाँ को उसके पति ने छोड़ दिया था—इसके मूल में उसका सौन्दर्य ही था। हणमंता भी भोगकर अलग हट गया। मसामाँ मुझे भाग की तरह लेकर जी रही थी। कितने दिनों तक वह अकेली जी सकती थी?

जिनके पास वर्णश्रेष्ठत्व से प्राप्त सत्ता तथा वंश-परम्परा से प्राप्त सम्पत्ति रही है, उन्होंने यहाँ की दलित स्त्रियों को सतत भोगा है। देहात-देहात के जमींदारों,

पटेलों ने खेतों में काम करने वाली दलित स्त्रियों के साथ ऐसा ही व्यवहार किया है। रण्डियों की तरह उन्होंने इनका उपभोग किया है। दलितों की लड़कियाँ इनकी वासना का शिकार होती हैं। इनके द्वारा किए गए स्वैराचार से संतति जन्म लेती रहती हैं। जमींदार के इशारे पर जीने वाला घर हर गाँव में होता है। पूरा गाँव इस घर को 'पटेल की रण्डी का घर' कहता रहता है। इस स्त्री की संतति की पहचान पटेल की रंडी के बच्चों के रूप में ही बनती है। पटेल की दया पर, खुश होकर ही जीने में उनके जीवन की सार्थकता होती है। यों बदले में उन्हें मिलता ही क्या है?

मेरे बाद नागी हुई, निरमी हुई, वनी, सुनी, पमी, तम्मा, इन्दिरा, सिद्राम। कितने बच्चे, ये सब मेरे बाद हुए। एक ही गर्भ में एक ही रक्त से सिंचित। माँ एक, पर बाप अलग-अलग।

मसामाँ को विट्ठल कांबले से तीन बच्चे हुए। पहला भानुदास मर गया। चंद्रकान्त और लक्ष्मण उसके बाद का। इन दोनों को माँ से छीन लिया गया। हणमंता लिंबाले से मेरा जन्म हुआ। काका से मतलब हन्नूर के यशवंतराव सिद्रामाप्पा पाटील से नागू, निर्मला, वनमाला, सुनन्दा, प्रमिला, श्रीकांत, इंदिरा तथा सिद्राम हुए। काकाजी ने कागज-पत्रों पर इन सबकी जाति हिन्दू-लिंगायत लगा दी है। पर गाँव का एक भी लिंगायत हमें छूता भी नहीं था। अपनी जाति में हमें स्वीकार नहीं करता। यह एक समान्तर दलित बस्ती है।

यों मेरा बाप लिंगायत। उसके दादा-परदादा भी लिंगायत, इसलिए मैं लिंगायत! मेरी माँ अछूत, महार; इसलिए मैं भी दलित, अछूत! पर जन्म से लेकर आज तक मुझे मेरे नाना ने मतलब महमूद दस्तगीर जमादार नामक मुसलमान ने पाला-पोसा है, इसलिए मैं मुसलमान! मैं मुसलमान क्यों नहीं, दादा की ममता मुझ पर अपने धर्म का हक क्यों नहीं जताती?

क्या मैं सवर्ण हूँ? नहीं, क्योंकि मेरी माँ अस्पृश्य। क्या मैं अस्पृश्य? नहीं, क्योंकि पिता सवर्ण। मैं जरासंध की तरह। गाँव और गाँव के बाहर दोनों और विभाजित! मैं कौन? मेरी आँवल किससे?

ग्राम पंचायत का काम निकल जाने के बाद दादा ने हमाली शुरू कर दी। हमारे गाँव में पूरे दिन में आठ बसें आती थीं। एक गाड़ी मुकाम के लिए आती। रुपये-डेढ़ रुपये में हमारा दिन गुजर जाता था। दादा के दाँत गिर चुके थे। नजर भी कम हो रही थी। पहले की तरह अब शक्ति भी नहीं थी। बावजूद इसके मृत्यु का बोझ लिये वह बस से चढ़ते-उतरते।

भारत स्वतन्त्र हुआ था, तब की बात। हिन्दू-मुसलमानों के दंगे शुरू हुए। हैदराबाद (निजाम) की स्वतन्त्रता के लिए भारतीय फौजें आयीं। उन दिनों पुलिस

से लेकर आम आदमी तक सभी ने मुसलमानों पर अत्याचार किये। उन्हें काटा। उनकी औरतें, लड़कियाँ भगायीं। भारतीय सेना जब हमारे गाँव से गुजर रही थी तब गाँव की पटेली मल्लेश पटेल के पास थी। दादा कोतवाल थे। मल्लेश पटेल ने मिलिटरी को शानदार खाना दिया था। खाना खाकर फौज आराम कर रही थी। दादा ने पगड़ी खोली। सिर पर शिखा नहीं थी। फौज चिढ़ गई। बंदूक का निशाना बनाया जाने लगा। दादा की धोती निकाली गई। उनका शिश्न देखा गया। दादा पर गोली चलायी जाने वाली थी कि इस बीच मल्लेश पटेल को पता चला। उन्होंने उन्हें बचाया। पता नहीं इस मुसलमान ने क्या पाप किया था? दादा मर जाते तो आज हम सड़क पर आ जाते। संतामाय से अब कोई काम नहीं होता। मैं छोटा। दादा को जब कुछ मजदूरी मिलती, तभी रोटी मिलती।

मुसलमानों में एक से अधिक विवाहों की अनुमति है। दस्तगीर जमादार की पत्नी का लड़का है दादा। बुहरानपुर की किसी स्त्री से उसका विवाह हुआ था पर संतति नहीं हुई। वह भाग गई। परिणामतः दादा ने पूरी ज़िन्दगी संतामाय के साथ गुजार दी। जाति-बिरादरी के परे जाकर उन्होंने मुझे प्यार दिया। अपने बच्चों की तरह उन्होंने मेरी देखभाल की। न धर्म देखा, न जाति-बिरादरी। मनुष्य धर्म को रोकता है अथवा धर्म मनुष्य को? धर्म का दायरा बड़ा है कि इनसानियत का? मनुष्य के लिए धर्म है कि धर्म के लिए मनुष्य? मनुष्य धर्म को विकृत करता है अथवा धर्म मनुष्य को? धर्म, जाति और बिरादरी को त्यागकर क्या मनुष्य जी नहीं सकता?

बुधवार को दादा पूरे नशे में होते। बुधवार को गाँव में सप्ताह का बाजार भरता। पाँच-छः रुपये हमाली के मिलते। इस बाजार से कुछ खरीदकर खाने के लिए दादा मुझे, नागी, निरमी, पमी को दस-दस पैसे देते। शाम को दादा और संतामाय के झगड़े होते—हिसाब को लेकर। दोनों खाना नहीं खाते। मटन वैसे ही पड़ा रहता। दूसरे दिन संतामाय मटन गरम कर खा लेती।

नींद में पेशाब की मुझे आदत थी। सपने देखने से मैं घबराता और अनजाने में पेशाब हो जाता। बिस्तर पेशाब से भीगकर गीला हो जाता। सब चिल्लाते। कहते, इसके 'नुन्नू' को दागना चाहिए। मैं घबरा जाता। कम्बल धूप में सुखाने डालता। उसी कम्बल को बिछाता, उसी को ओढ़ लेता। कम्बल से पेशाब की दुर्गन्ध आती। पर उस गंध की आदत मुझे हो चुकी थी। कुछ भी गलत नहीं लगता।

पेट हाथ पर ही था। दादा अकेले हमाली करते। रोज कमाओ, रोज खाओ। दिन-भर की हमाली भी कितनी आती! किलो-डेढ़ किलो ज्वार, दस पैसे का मीठा तेल, चार आने की दाल, बीड़ी दस-बीस पैसे की। शनिवार-रविवार पत्थर की तरह महसूस होते। उस दिन हमाली होती नहीं। सोमवार को अक्कलकोट का बाजार।

उस दिन पाँच-छः रुपये मिलते। बुधवार तक का खर्चा चल जाता। बुधवार को हमारे गाँव का बाजार। गुरुवार-शुक्र निकल जाते। शनिवार-रविवार खस्ता हालत हो जाती। इन्हीं दो दिनों में दादा नींद में अजनबियों के नाम लेकर हमाली माँगते।

एक गठरी की हमाली दस पैसे की। दस-दस पैसे से दिन गिना जाता। इस बस में बीस पैसे की प्राप्ति हो गई तो अगली बस से कितनी मिलेगी? एक किलो अनाज के लिए और कितने पैसे कम हैं? सौ ग्राम अनाज की हमाली तो मिलेगी क्या? अगर प्राप्ति ही नहीं तो उधार किससे माँगूँ? दादा बस की प्रतीक्षा करते। किसी से बीड़ी माँगकर लाते और फूँकते। संतामाय लोगों से खैनी माँग लाती। दादा को कोई चाय पिलाता तो वह आधी पीकर आधी मुझे लाकर देते। अगर कोई आधी चाय देता तो वह खुद न पीकर संतामाय को देते। दस पैसे की चाय हमारे लिये बहुत कीमती लगती। इन दस पैसों के लिए दादा मौत का वजन ढोते। चाय की इच्छा हुई भी तो भी चाय पीने की इच्छा नहीं होती। एक किलो अनाज के लिए अगर उतने पैसे कम पड़ गये तो?

बस के नामपट्ट बदलने के काम के लिए जब दादा मुझसे कहते तो मुझे बेहद खुशी होती। ड्राइवर के केबिन में जाने का अवसर मिलता। ड्राइवर की बैठने की जगह के प्रति मेरे मन में आदर की भावना थी। नामपट्ट बदलकर निकलते समय मैं ड्राइवर की सीट पर थोड़ी देर के लिए बैठता। सीट के भीतरी स्पंज को चुराता। उस स्पंज को पानी में भिगोकर स्कूल ले जाता स्लेट पोंछने के लिए।

चलती बस के ड्राइवर को मैं नमस्कार करता। जब वह नमस्कार लेता तो बड़ी खुशी होती। अगर वह नमस्कार न करता तो मैं ड्राइवर को गालियाँ देता, 'मोटर को चाबी नहीं, ड्राइवर को बुल्ली नहीं'। मोटर धूल उड़ाती निकल जाती।

आने वाली प्रत्येक बस हमारी भूख बनकर आती। रोटी देकर जाती। वेश्या जैसे अपने ग्राहक की प्रतीक्षा करती बैठती है, वैसे हम स्टैण्ड पर बैठकर इंतजार करते। बस दिखी कि मुझे खुशी होती। कम-से-कम चार-आठ आने तो मजदूरी मिले। दादा मुझे चाय पिलायें, ऐसी इच्छा होती। कभी-कभी बसें खाली आतीं। खाली जातीं, बाँझ स्त्री के गर्भ की तरह। गर्भपात के बाद जैसे कोई स्त्री अपने नए गर्भ को सँभालती है, वैसे हम अपनी आशाएँ सँभालते। ठण्डा चूल्हा, खाली बरतन, खुली बस हमारे कलेजे को काटती।

बहुत भूख लगी है। टोकरी में एक भी रोटी नहीं है। दादा, संतामाय और मैं—इन तीनों की भूख की पूर्ति यह अकेली रोटी कैसे करेगी? संतामाय श्मशानवत् चेहरा करके बैठती। दादा को मैं पानी देता। बस में वह जैसे पानी भरता वैसे पानी पी लेता।

उस दिन बस पर ज्वारी का थैला चढ़ाते समय दादा के सिर पर से थैला नीचे

गिर गया। कण्डक्टर तेजी से दूर हट गया। अगर उसके हटने में एक सेकेण्ड का भी फर्क हो जाता तो वह वहीं मर जाता। उसने दादा को बहुत गालियाँ दीं। 'कल से हमाली न करो' कहा। मैं भयभीत हो गया। दिल काँपने लगा। दुर्घटना में बस उलटने के बाद जैसी स्थिति हो जाती है, वैसी स्थिति मेरी हो गई थी।

दादा की हमाली अगर छूटी तो हमारा क्या होगा? दिन पत्थर की तरह का कटता। बसों का आना-जाना—बस इतनी ही घटना घटती। बाहर से कोई बाबू आ जाये तो कुछ विशेष महसूस होता। मैं उसे निहारता। दिन-भर स्टैण्ड की बेंच पर बैठा रहता। बस का अड्डा ही हमारा घर। बेंचों के नीचे दो-चार गुदड़ियाँ दबाकर रख देते। रात में उन्हें बाहर निकालते। बस अड्डे पर सो जाते। दो-चार यात्री साथ में होते। पागल जेनी रात-भर चिंदियाँ अलग करती रहती। उपयोग में लाए हुए टिकटों की तरह हम पड़े रहते। सवेरे जल्दी जगना पड़ता। ड्राइवर-कंडक्टर चिढ़ जाते।

एक बार तो हमारी गुदड़ियाँ उन्होंने सड़क पर फेंक दी थीं। मसामाँ—मेरी सगी माँ—मुझसे सौतेली माँ का व्यवहार करती। इसी कारण मैं संतामाय का हो चुका था। मसामाँ मुझे पीटती तो संतामाय छुड़ाती। फिर दोनों झगड़ती। एक बार मुझे लेकर दोनों में खूब झगड़ा हुआ। परिणामतः संतामाय ने महारों की बस्ती में रहना ही छोड़ दिया। स्टैण्ड पर रहने आयीं। वहीं हमाली करते, वहीं खाते, वहीं सोते।

आरम्भ के कुछ दिन हम स्टैण्ड पर, खुले में ही रहे। तीन पत्थरों का चूल्हा। हवा के कारण चूल्हे की ज्वालाएँ आधी बाहर जाती, आधी भीतर। रोटी सेंकी ही नहीं जाती। चूल्हे के लिए घास-फूस इकट्ठे कर लाने का काम मेरा होता था। खेतों में जब घास-फूस की चीजें लाने जाता तो किसान मारने दौड़ते। हाथों-पैरों में काँटे घुसते। स्टैण्ड के पीछे जो मैदान था, वहाँ खुले में खाना खाते, वहीं रहते। वर्षाकाल के लिए टिन की एक झोंपड़ी बना चुके थे।

दारू की बोतलों को धोकर मीठा तेल और मिट्टी के तेल के लिए उनका उपयोग करते। मिट्टी के बरतन, मिट्टी का घड़ा, तीन पत्थरों का चूल्हा—हमारी झोंपड़ी की ये महत्वपूर्ण वस्तुएँ थीं। वर्षा के दिनों में पूरी झोंपड़ी टपकती थी और गरमी के दिनों में हम पसीने से लथपथ हो जाते। झोंपड़ी इतनी छोटी थी कि रात में आराम से पैर फैलाना भी सम्भव नहीं होता था। कभी फैला भी देता तो पैर चूल्हे में घुसते। रोज रात में सोते समय संतामाय गरजतीं—'पैर लम्बे करके मत सो!' पर नींद में पैर अनायास फैल जाते। टोकरी में रखी रोटियाँ, जर्मन का एक लोटा, दो थालियाँ, मिट्टी के छोटे-बड़े बरतन और लकड़ी का एक बक्सा—इतना हमारा संसार। फर्श का एक बड़ा टुकड़ा दादा ले आये थे। उस पर ज्वार की रोटियाँ बनायी जातीं, चटनी पीसी जाती।

लकड़ी के बक्से में ही रोटियाँ तथा सब्जी रखी जातीं। इस बक्से में खटमल

और तिलचट्टे बहुत थे। मिट्टी के बरतन में रखी रसेदार सब्जी में कई बार तैरते तिलचट्टे मिलते। हम उन्हें निकाल फेंकते और सब्जी खा लेते। कई बार बक्से को धूप में रखकर मैं खटमल मारता। बक्से में ताला नहीं लग पाता था, इसलिए संतामाय उसे कपड़े से बाँधतीं। उनकी अनुपस्थिति में बक्से को कोई खोल भी दे तो विशिष्ट पद्धति से गाँठ मारे के कारण उसे यह समझ में आ जाता था। ऊपर आटे का डिब्बा रखती। डिब्बा भी विशिष्ट पद्धति से रखती। दरवाजे पर भी ताला नहीं था। वहाँ पर भी रस्सी बाँधतीं। मेरे कपड़े काले न हों, इसलिए उन्हें प्लास्टिक की थैली में बाँधकर बक्से में रख देती।

एक बार किसी यात्री का टिफिन बॉक्स बस में रह गया था गलती से। जल्दी में वह निकल गया था। मैं नामपट्ट बदलने हेतु रिक्त बस में गया था, तो नजर पड़ गई। बहन नागी को मैंने बताया। नागी धीरे-से अन्दर जाकर डिब्बा ले आयी। स्टैण्ड के पीछे हम दोनों गए। कील से उसका ताला तोड़ा। डिब्बा खुला। भीतर की चीजें देखकर मुँह से पानी भर आया। सवेरे हम दोनों ने पता नहीं किसका मुँह देखा था।

दादा बस अड्डे पर तो हमाली करते ही थे, अलावा इसके अगर कहीं बाहर गाँव में हमाली का काम मिलता तो चले जाते। भूखे पेट, सिर पर बोझ लिये मीलों चलते जाते। हमाली के पैसे लाकर संतामाय को देते, तब संतामाय अनाज ले आतीं। मैं दाल-तेल ले आता।

संतामाय सवेरे-सवेरे ही स्टैण्ड पर झाड़ू लगाती। कैंटीन वाला उन्हें चाय देता। उसमें से वह आधी चाय मुझे देती। दादा सवेरे बस में झाड़ू लगाते, पानी डालते। परदे बाँध देते। नामपट्ट बदलते। सवेरे की चाय के लिए वह पहले से पैसे बचाकर रखते। उन पैसों से चाय पीते। अगर पैसे न हों तो उस दिन हमाली मिलने तक सूखे मुँह चुपचाप बैठे रहते। कई बार एक कप चाय के लिए वह कैंटीन में पानी भरते। होटल वाले के कई काम करते। होटल वाला चाय उधार देता। हमाली मिली कि वसूल करता अथवा पानी भरवा लेता।

सवेरे की दूसरी गाड़ी से दैनिक पत्र का पार्सल जाता। कभी मैं दैनिक पत्र बाँटता, कभी संतामाय तो कभी दादा। गाँव के माणिक सेठ के दूध का केन इस गाड़ी में रखना पड़ता था। गाँव के जो सम्पन्न लड़के अक्कलकोट में पढ़ाई के लिए जाते, उनके टिफिन बॉक्स भी इसी गाड़ी में रखने पड़ते। ये सब काम हम तीनों करते। माणिक सेठ कभी-कभार अड़चन में सहायता करता।

बुहरानपुर के टीले से बस धूल उड़ाती हुई आती। वहाँ बस दिखी कि मुझे बहुत खुशी होती। भरपूर हमाली मिलेगी, ऐसा विश्वास पैदा होता। हमाली मिले, इसलिए मैं भगवान् से प्रार्थना करता। बस नजदीक आ जाती। नजदीक आ जाने के बाद

जब यह मालूम हो जाता कि बस के ऊपर सामान नहीं है तो मैं उदास हो जाता। पर बावजूद इसके मेरी प्रार्थनाएँ जारी रहतीं। चाय के पैसे तो मिलेंगे, ऐसी झूठी आशा मैं करता।

घर पर एक अतिथि आये थे। झोंपड़ी में चाय की चीजें नहीं थीं और उन्हें चाय पिलाने के लिए पैसे भी नहीं थे। उधार मँगवाने की इच्छा थी, पर काशीनाथ नहीं था। बूढ़ा धन्नाप्पा उधार देता नहीं था। बड़ी मुश्किल थी, क्या करें? दादा बस की प्रतीक्षा में थे। संतामाय का चेहरा उत्खनन में प्राप्त किसी मूर्ति की तरह स्याह दिखाई दे रहा था। अतिथि विस्थापितों की तरह चुपचाप बैठा था।

ड्राइवर उतर गया। दादा ने बस का दरवाजा खोला। कंडक्टर भी उतरा। उन दिनों ड्राइवर-कंडक्टर मुझे बहुत बड़े व्यक्ति लगते। कंडक्टर व ड्राइवर बड़ी आत्मीयता से व्यवहार करते। संतामाय को 'बुढ़िया' कहते, पान-तम्बाकू को पैसे देते। स्टैण्ड पर मुकाम की आखिरी बस पहुँचने के बाद ही दादा खाना खाते। उस बस की प्रतीक्षा करते रहते। सबसे पहले कंडक्टर उतरता, बाद में धीरे-धीरे एक-एक यात्री। दादा 'हमाली है क्या' की आवाज लगाते। बस में कोई बड़ी गठरी हो तो उतार लेते। लोग उतारने नहीं देते। 'हम खुद उतार लेंगे', कहते। बक-झक होती। लोग भी गरीब ही थे।

ड्राइवर-कंडक्टर पीने वाले हों तो दादा को अण्डे और शराब लाने के लिए कहते। दादा को भी थोड़ी-सी देते। आशा बड़ी बुरी होती है। खाने-पीने को मिलेगा, इस आशा से दादा मुकाम की गाड़ी की प्रतीक्षा करते।

उस दिन बस से गुड़ के ढेले आ गये। अतिथि का आना शुभ शकुन था। अब हमाली मिलने वाली थी। जगन्नाथ पटेल की गुड़ की ढेलियाँ दादा ने उतार लीं। उसकी परचून की दुकान थी। गुड़ की ढेलियाँ उतारने के बाद दादा ने मुझसे धीरे-से कहा कि ऊपर गुड़ है, जा। मैं ऊपर चढ़ा। बस की छत पर जहाँ गुड़ की ढेलियाँ रखी गईं थीं, वहाँ काफी गुड़ चिपक गया था। गरमी के कारण पिघल गया था। मैं एक डण्ठल लिये कुरेद-कुरेदकर गुड़ इकट्ठा करता रहा। काफी गुड़ इकट्ठा हुआ। चार दिन आराम से चाय बन सकती थी। गुड़ तो मिल गया, पर चायपत्ती कहाँ थी? एक और दिक्कत आ गई। स्टैण्ड के पीछे धन्नाप्पा चाय बनवाकर पत्ती फेंक देता था। मैंने उसे खोज निकाला। पत्ती इकट्ठी कर लाया। काली चाय बनी। दूध तो था नहीं। थाली-भर डिकॉशन पी ली। अच्छा लगा।

□

चार-पाँच दिन लगातार स्कूल जाने के बाद शिक्षक ने तय किया कि हाजिरी रजिस्टर में नाम लिखा जाये। मुझसे पिता का नाम पूछा गया। पर मुझे पिता का नाम मालूम

नहीं था। मेरे पिता भी हो सकते हैं—यह कल्पना बड़ी विचित्र लगी।

मैं स्कूल जाने लगा। भोंसले गुरुजी मुझे बासलगाँव का पटेल कहते। पटेल सम्बोधन सुनकर मुझे ठीक भी लगता और गलत भी।

स्कूल में मेरे नाम के आगे हणमंता लिंबाले का नाम लगाया गया। कहीं से हणमंता को इसका पता चल गया। चार-पाँच लोग लिये वह तुरन्त हन्नूर आया। गाँव के दोस्तों और बिरादरी के लोगों को साथ लिये वह हेडमास्टर से मिला। उन दिनों भोंसले गुरुजी हेडमास्टर थे। शिक्षकों का वेतन सत्तर रुपये था। हाथ में सौ का नोट लेकर हणमंता भोंसले गुरुजी के पास गया। बन्दूक का डर भी वह दिखा रहा था। पर भोंसले गुरुजी जबरदस्त व्यक्ति थे। निर्भीक। उन्होंने दृढ़ शब्दों में कहा, "इस लड़के का बाप कौन है, यह इसकी माँ बतलायेगी और उसके द्वारा बतलाया गया नाम ही मैं हाजिरी रजिस्टर में लिखूँगा।" झगड़ा हुआ। हणमंता ने बहुत कोशिश की। गिड़गिड़ाने लगा। पर कुछ नहीं हो सका। भौंसले गुरुजी के कारण मुझे मेरे पिता का नाम मिल गया।

□

मसामाँ हमेशा कहतीं कि काका की बहुत बड़ी कोठी है, काले पत्थरों की। मैं जब-जब गाँव के भीतर जाता तब-तब इस कोठी को ढूँढ़ता। काले पत्थरों की कौन-सी कोठी है? काका वहाँ कहाँ रहते हैं? पर काका की कोठी कभी मुझे मिली ही नहीं। मसामाँ कहती, "काका का लड़का है, पत्नी है, माँ-बाप हैं।" यह सुनते हुए मैं बेचैन हो जाता।

काका का दूसरा घर है, पत्नी और बच्चे हैं तो काका हमारे घर पर क्यों आते हैं। मैं तो समझ रहा था कि काका और माँ पति-पत्नी हैं। यह सब अजीब-सा रहस्य-भरा लगता। काका हमारे घर छिपकर आते। बैठते, बोलते, हँसते। घर के सदस्य की तरह व्यवहार करते। काका हमें पिता की तरह लगते।

मैं गाँव के भीतर जाता तो काका की कोठी ढूँढ़ता। काका की पत्नी गोरी होगी क्या? काका का लड़का कैसा होगा? उनके माता-पिता कैसे होंगे? हमेशा यही विचार आते। मसामाँ द्वारा बतलाये गए चिह्नों को मैं ढूँढ़ता। एक बार एक घर में मुझे काका दिखायी दिये। काका की कोठी मिली। लगा, काका मुझे देख लें, घर ले जायें, खाना खिलायें। उनके घर के निकट जान-बूझकर रेंगता रहा। उन्होंने मुझे देखा। मुझे लगा, अब वे मुझे बुलायेंगे। पर काका ने धड़ाम से दरवाजा बन्द कर लिया और मैं उदास होकर चुपचाप निकला। हमारे घर आने के बाद काका बाप की तरह अधिकार जतलाते पर अब अजनबी क्यों बन गये? क्यों नहीं उन्होंने

मुझे भीतर बुलाया? काका अब मुझे बाप की तरह नहीं लग रहे थे। मुझे उन पर गुस्सा आने लगा। इच्छा होती कि काका की माँ पर बलात्कार करूँ। दरवाजे के छेद से कभी देखा हुआ काका मसामाँ का सम्भोग याद आने लगा और याद आने लगी तारामाय। काका की माँ। बुढ़िया। वह हमें ऊपर से पानी देती। अछूत की तरह! मैं नीचे बैठकर अँजुली से पानी पीता। काका के घर का पानी पी रहा हूँ, इसी का एहसास मिलता।

□

प्रतिवर्ष गाँव में कॉलरा की बीमारी फैलती। हम उसे 'मरीआई' की बीमारी कहते। कॉलरा में काफी लोग मरते। मरीआई की अवकृपा जिस पर होती, उसके क्रियाकर्म की तैयारी करनी पड़ती। कायरं करके मरीआई को शांत करना पड़ता। मरीआई की शान्ति के लिए भैंसा काटा जाता। पोतराज नाचता। शाम को मरीआई का रथ खींचा जाता। मरीआई को गाँव के बाहर ले जाकर छोड़ते।

काका जेंठिग्या से मुनादी करने के लिए कहते। जेंठिग्या गाँव में मुनादी करते हुए घूमता। मुनादी की आवाज आयी कि मसामाँ हमें खामोश रहने के लिए कहतीं। जेंठिग्या की मुनादी को ध्यान से सुनती।

कभी यह मुनादी की जाती कि अब यह गाँव कर्नाटक में जायेगा तो कभी यह सुनने में आता कि कुरनूर नदी पर नहर बाँधा जाने वाला है। हमारा गाँव महाराष्ट्र-कनार्टक सीमा पर है। विवादग्रस्त सीमा विवाद कभी मिटा नहीं। पर हमारे गाँव में अकसर इस बात को लेकर चर्चाएँ होती रहतीं। कुरनूर नहर का भी यही हाल था।

जल्द ही कुरनूर नहर बनेगी, ऐसा कई वर्षों से कहा जा रहा था; पर हर बार वह अफवाह ही साबित होती। नहर बन रही है, ऐसी मुनादी हुई कि लोग जमकर चर्चा करते।

अंत्ययात्रा के समय डफली बजाने वाला जेंठिग्या, दंगल में डफली बजाने वाला जेंठिग्या। जेंठिग्या कभी स्पष्ट तथा लगातार बोलता नहीं था। बोलती थी उसकी डफली। जेंठिग्या अपने घर के सामने आग तैयार करता। डफली को तपाता। जब हम लेझिम खेलते और जेंठिग्या डफली बजाता तब डफली आदमी की तरह बातचीत करती।

गाँव में कॉलरा शुरू हुआ कि डॉक्टर टीका लगाने आते। पहले स्कूल के बच्चों को टीका लगाते। मैं घबराता। रोता। बोम्ब मारता। भाग जाता। घर में भी वही स्थिति। संतामाय मुझे तथा सभी बहनों को लिये जंगल में निकल जातीं। माँ दरवाजा

बन्द करके बैठती।

बीमारी जब बहुत बढ़ जाती तब संतामाय चूल्हे की राख लेती, दीवार से मिट्टी निकालती तथा हमारे माथे पर लगाती। 'माँ अम्बे, मेरे बच्चों को ठीक कर,' कहती। बीमारी न हटती तो कहती, 'भूतबाधा हुई है'। किसी ओझा से पूछताछ कर आती। ओझा की पत्नी कुछ उतारकर फेंकने के लिए कहती।

हमारे पड़ोस में ही मारुति का घर था। मारुति का बाप लक्खू जानकार आदमी था। भानामती उसे आती थी। मन्त्रित राख देता। तावीज बनवाकर देता। अड़ोस-पड़ोस के गाँवों में वह हमेशा घूमता। अपने बक्से से इन्द्रजाल निकालता। मैं, इल्या और मारत्या मोहिनी मंत्र सीखते। स्कूल की लड़कियाँ आकर्षित हों, इसलिए साधना करते। इल्या बड़ा चालू था, वह अनेक करामातें करता।

इसी आयु में काका मुझे महाभारत, रामायण, हरिविजय, पाण्डव-प्रताप, शिवलीलामृत, काशीखण्ड, मार्तण्ड-पुराण, नवनाथ कथासागर, तोता-मैना, बेताल पचीसी, सिंहासन बत्तीसी जैसी पुस्तकें पढ़ने के लिए ला देते। 'गीता' रोज पढ़ता। 'इन्द्रजाल' याद करता। इल्या 'कोकशास्त्र' ले आया था। यह सब पाँचवीं-छठी कक्षा में चलता था।

उन दिनों दलितों की बस्ती पर पत्थर चलते। एक बार एक पत्थर मेरी बहन नागी की कमर पर आ लगा। घर में बैठने की हिम्मत नहीं होती थी। कोई कहता, भानामती की गई है, पत्थर आ रहे हैं। संतामाय गालियाँ बकती। गालियाँ देने से भानामती का असर अधिक होता है—ऐसा कहा जाता। पत्थर मारने वाला कभी मिलता ही नहीं था। ऐसे समय लक्खू की याद आ जाती। वह होता तो शायद भानामती के इन पत्थरों को रोक सकता था।

लक्खू बड़ा विचित्र व्यक्ति था। खाने बैठता तो अकेला ही। मटन का खाना होता तो पहले थाली-भर रोटियों का चूरा बनाता। साथ कोई न बैठे, इसलिए थाली में थूकता। तब वह आराम से खाता।

मारुति के घर के सामने कोंडामाय का घर था। कोंडामाय भरे-पूरे बदन की जवान स्त्री थी। उसका पति केरू, कुरूप काला। दोनों में बनती नहीं थी। जोड़ी ठीक नहीं थी। हमसे कहा जाता कि केरू की अँतड़ियाँ उलटी हैं और जिनकी अँतड़ियाँ उलटी होती हैं, उनके मुँह से शौच की दुर्गन्ध आती है। आधी रात हुई कि कोंडामाय का चिल्लाना शुरू हो जाता। उसके रोने से मैं बेचैन हो जाता। बस्ती की नींद टूटती। केरू कोंडामाय को काफी तकलीफ देता।

दिन में कोंडामाय मसामाँ के यहाँ आती। मसामाँ उसे समझाती। उसकी गोरी पीठ पर मार के निशान देखते। मसामाँ उन निशानों पर हाथ फेरती। कोंडामाय सुबकती जाती।

कोंडामाय दगड़ूअण्णा के साथ जाती। पता नहीं उन दोनों में क्या हुआ कि बात बिगड़ गई। उसने दगड़ूअण्णा को छोड़ दिया तथा केशव के साथ रहने लगी। दगड़ू चिढ़ गया। वह रोज गोफन से कोंडामाय के घर पत्थर मारता। पत्थर कभी हमारे घर, कभी मारुति के घर तो कभी कोंडामाय के घर पर बरसते। हो-हल्ला मचता।

हमारे घर अम्बुबाई आती। उसका तथा कचरु नाना का प्रेम था। दोनों के बाल पके हुए थे। बूढ़े-बुढ़िया का यह लफड़ा जाति पंचायत के सामने आया। बुढ़िया गर्भवती हो गई थी। पंचों ने अंबुबाई को कचरु के घर में घुसा दिया। पता चला कि कचरु नाना रोज रात घर के पिछवाड़े पेशाब करने के बहाने निकलता तथा अम्बुबाई के साथ सोकर आता। कचरु नाना की पत्नी गुजर चुकी थी। लोगों ने कचरु नाना की फजीहत की। उस पर दण्ड लगाया गया। बस्ती को मीठा भोजन देने का आदेश हुआ। पर कचरु ने सुना नहीं। बस्ती ने उसे बहिष्कृत कर दिया। हुक्का-पानी बन्द कर दिया गया और बातचीत भी।

बाद में अम्बु माँ की असलियत का पता चला। वह गर्भवती नहीं थी। अफवाहें उड़ायी गई थीं। कचरु नाना ने उसे घर से निकाल दिया और उसी रात बेटी की उम्र की एक जवान लड़की से उसने ब्याह किया और बस्ती में पत्नी ले आया।

□

उस दिन सवेरे-सवेरे हम लोग अरली पहुँचे। धूप बढ़ने से पूर्व हमें पहुँचना था। हम दोनों ने दारू भर ली। हमें पीने के लिए सैंपल दिया गया। मैंने और मारुति ने पी ली। चिवड़ा लेकर खाये। मारुति और मैं अरली के बाहर निकल गये। दारू किसी को भाती है, किसी को नहीं। दारू पीने के बाद मैं लगातार बोलने लगता हूँ। कै होती है। थोड़ी ही दारू में बहुत नशा हो जाता है। बात जमती नहीं। पर पीनी भी पड़ती है। मैं और मारुति अरली के खेत में पहुँचे।

हम दोनों ऊसर धरती की तरह। मैं मारुति के पीछे-पीछे निकला था, डगमगाते पैरों से। मुझ पर नशा छा रहा था। "मारुति, तुम मेरे भाई हो। मन की बातें मैंने तुझसे ही कह दी हैं। मुझे नशा नहीं हुआ है। भला तू सोचेगा कि मैं नशे में बोल रहा हूँ, नहीं, ऐसी बात नहीं है। मैं कल भी यही कहूँगा, भला!"

मारुति मुझे आगे ले जाता। उस पर दारू का कोई असर नहीं होता। चलते समय भी मैं संतुलन नहीं रख पाता। गाँव नज़दीक आया कि नशे में भी अच्छा लगता। मारुति नदी के रास्ते बस्ती की ओर निकल जाता। मुल्ला गुरुजी अगर दिखे तो मैं पीछे घूम जाता।

एक बार नशे में पत्थर फोड़ने वालों की रोटियों की गठरी मैं उठा लाया था।

वे लोग बंगले के पास पत्थर फोड़ रहे थे। मैंने गठरी उठा ली और चल पड़ा। मिलो की रोटियाँ थीं। रोटी पर तले हुए चूहे रखे हुए थे।

याद आया कि एक बार मैंने निली की रोटियाँ भी चुरायी थीं। तब अकाल का समय था। बरबड़ा की रोटियाँ खाकर लोग दिन काट रहे थे। तरवट की हरी पत्ती खाते। हमारे घर में तो काम करने वाले कोई थे नहीं। इस कारण भूख से परेशान हो जाते। हौसा माँ निली के लिए आधी रोटी रखकर चली जाती। भूख लगने के बाद निली खा लेती। हम उसके चेहरे की ओर देखते। उस दिन निली बाहर खेलने गई। मैं धीरे-से उसकी झोंपड़ी की ओर खिसका, भीतर गया। बक्सा खोला। बक्से में रोटी थी।

पूरी रोटी लेकर भागने की इच्छा हुई। पर निली का क्या होगा? थोड़ी-सी खा लूँगा और थोड़ी-सी रखूँगा। पर भूख काफी थी। मैं उस रोटी का टुकड़ा तोड़ता, खाता, फिर रख देता। फिर निकालता। सोचता, अब यह आखिरी टुकड़ा। ऐसा करते-करते पूरी रोटी खा गया। उस दिन निली भूख से तड़प रही थी। उसकी रोती आँखें आज भी मुझे याद आती हैं।

रोटी आदमी जितनी। रोटी आकाश जितनी। रोटी सूर्य की तरह प्रखर। भूखे आदमी से बड़ी। भूख सप्त पाताल से भी गहरी। आदमी रोटी जितना, भूख आदमी जितनी। पेट आदमी से गहरा। एक पेट का अर्थ है—एक पृथ्वी। पेट होता है इतना-सा, पर पूरी दुनिया खाकर उसने डकार दी है। भूख न होती तो क्यों होतीं लड़ाइयाँ, चोरियाँ, मार-पीट? पेट न होता तो क्या होते पाप-पुण्य? क्यों होते देश, सीमा, नागरिक, संसद, संविधान आदि-आदि। पेट से तो जन्म ले चुकी है दुनिया! दुनिया के ये सम्बन्ध, माँ-बाप, भाई-बहन इत्यादि-इत्यादि।

□

स्टैण्ड पर रात में सोने के बाद अगर वर्षा होती तो डर लगता। देहात का वह स्टैण्ड, बड़े आकार की खिड़कियाँ। सामने से पूर्णतः खुली। ऊपर सीमेंट के टिन। ठण्ड से परेशान हो जाते हम लोग। रात-भर वर्षा होती। अचानक चमकने वाली बिजली में गाँव चमकता क्षण-भर। कभी किसी दीवार के गिरने की भयावह आवाज आती। गहरे अँधेरे में बरसने वाली वर्षा कितनी भयावह होती है, इसका अंदाजा स्टैण्ड पर गिरने वाली बूँदों से आ जाता। नाले पानी से भरे रहते। नदी उफनती। सवेरे गाँव नहाया हुआ लगता। बारिश के दिनों में मैं स्टैण्ड पर स्थित बेंचों के नीचे सोता। संतामाय किसी कोने में कम्बल लिये काँपती बैठती। ठण्ड से परेशान होती। मसामाँ के बाद संतामाय एक बार गर्भवती हुईं; पर कुछ नहीं हुआ। अकेली लड़की ही उसकी

सम्पत्ति। दादा दूसरे छोर के कोने में बीड़ी सुलगाते। संतामाय बारिश को गालियाँ देतीं। दादा संतामाय को गालियाँ देते।

संतामाय मंगल-शुक्र को उपवास करतीं। मंगलवार अम्बाबाई का और शुक्रवार लक्ष्मी का। दादा लगीनशा का गुरुवार करते। हर गुरुवार दादा नहाते। मुझे भी लगीनशा को ले जाते। संतामाय मंगल-शुक्र एक समय खातीं। बहन पमी रोने लगी कि संतामाय अपना स्तन उसके मुँह में रख देतीं। बिना दूध का स्तन पमी चूसती रहती। उसका रोना रुक जाता।

संतामाय माथे पर बहुत बड़े आकार का कुंकुम लगातीं। गले में कौड़ियों की माला डाल लेतीं। घर की दोहरी में अम्बाबाई की परड़ी होती। देहरी के पास स्थित खूँटे पर मशाल होती। संतामाय परड़ी के निकट लोबान का धुआँ बनातीं। मशाल जलातीं। हाथ जोड़तीं, कहतीं–"सदानंदी उदं उदं...आय राजा उदं उदं..." परड़ी लिये बाहर निकलतीं। अपने ही घर पर पहला जोगवा माँगतीं। मैं उसे जोगवा देता। फिर हौसामाय के घर के सामने जाती। सुर में चिल्लाती, "अम्बाबाय लक्ष्मी का जोगबा...।" कोई आटा डालता, कोई रोटी के टुकड़े। आटे-नमक से परड़ी भरी रहती। तेल की कटोरी में कोई पाँच-दस पैसे डालता। जब वह घर लौटतीं, मैं उनके पैर छूता। वह मुझे भस्म लगातीं। परड़ी मसामाँ को दे देतीं। वह थकी-माँदी लौटतीं। मैं लोटा भरकर पानी देता। वह पानी पीतीं।

छलनी लेकर वह नमक-आटा अलग करती। मसामाँ दूध पीते बच्चे को अलग रख रोटी के टुकड़े लेती। टुकड़े हम सबमें बाँटे जाते। गरम रोटी का टुकड़ा होता तो मैं मसामाँ को दे देता। उतने भर से उसकी छाती में दूध भर आयेगा, इस आशा से। गेहूँ की रोटी का टुकड़ा होता तो सबमें थोड़ा-थोड़ा बाँटता, मिठाई की तरह।

दशहरे को लोग परड़ियाँ भरते। मनौतियाँ पूरी करते। देवी अम्बा की मूर्ति के सामने मुरगी काटते। संतामाय नवरात्र में नौ दिन उपवास करतीं। दशहरे के रोज़ दिन-भर गाँव में घूमतीं। मातंग की परड़ी को अधिक महत्व दिया जाता था। पुतलामाय अथवा जेंठिग्या भी परड़ी लिये गाँव में घूमते। बहन निरमी भी परड़ी ले निकलती। जोगवा में मिला अन्न सुखाकर आठ-आठ दिन खाते।

पाँच परड़ियाँ गाँव में घूमतीं। प्रत्येक ने एक-एक गली चुन ली थी। आखिर में पाँचों परड़ियाँ इकट्ठी की जातीं। इकट्ठी वस्तुओं को पाँचों में समान रूप में बाँटा जाता। जोगवा में कोई अच्छी, ताजा, जायकेदार वस्तु डाली जाती तो निरमी चुपके से खा लेती। अन्य औरतें किसी भी चीज को अकेले में कभी न खातीं। एक बार निरमी को जोगवा खाते हुए इनमें से किसी एक ने देख लिया। फिर क्या? चारों ने मिलकर उसको काफी डाँटा। कहती रहीं कि अब तुम्हें अपने साथ नहीं लेंगे।

□

ह-या बहुत काला व्यक्ति था। वह गाँव की शोभी पर मरता था। शोभी सवर्ण की लड़की। गोरी। सारा गाँव हमें दलित के रूप में जानता था। संतामाय सड़कों पर झाड़ू लगातीं, जोगवा माँगतीं, औरतों की मालिश करतीं, जचगी करतीं; तो दादा गाँव के दीया-बत्ती करते, हमाली करते, पेपर बाँटते। स्कूल के बच्चों के टिफिन बस में रखते। शराब पीकर कहीं पर भी पड़े रहते। सब उन्हें जानते थे। इल्या ह-या को देख शरारत करता–"देख हरि का रंग, राधा हो गई दंग।" ह-या चिढ़ता।

एक बार गाँव में किसी का बछड़ा मर गया। ह-या उसे उठाने गया। उस वर्ष ह-या के परिवार को 'पड़' का हक मिला था। ह-या कंधे पर बछड़ा लेकर निकला। रास्ते में शोभी गुजर रही थी। उसे देख ह-या बहुत शरमा गया। शोभी ने नाक पर रूमाल रख लिया। ह-या चिढ़ गया अपने आप पर। कंधे पर लटके बछड़े को रास्ते में ही फेंककर उन्नत मस्तक से निकल जाने की उसकी इच्छा हुई। उसे लगा, यह भी कोई जिन्दगी है! मृत जानवरों को उठाओ, उसे काटो, खाओ। छिः! ह-या को पहली बार अपने अस्तित्व का एहसास हुआ। ऐसे गन्दे कामों के प्रति पहली बार उसे तिरस्कार महसूस हुआ।

मुझे डफली के लिए चमड़े की ज़रूरत थी। मृत पशु का चमड़ा उधेड़ते समय ह-या बिना वजह चिढ़ रहा था। उसकी आँखों से आँसू बह रहे थे। वह मौन था। गम्भीर था। मृत पशु की आँखों की तरह उसकी आँखें दिख रही थीं। ह-या चमड़ा लेकर निकल गया। हम मृत जानवर के मांस के टुकड़े इकट्ठे कर रहे थे। कुत्तों की भीड़ बढ़ रही थी। गंगा माँ को कलेजा निकालकर दिया गया। उसी समय काशीबाई बरतन लिये आयी। कहने लगी, "शरणू, जीभ निकालकर दे दे। तेरे नाना की तबीयत ठीक नहीं है। बीमार आदमी के लिए जीभ का हिस्सा जरूरी होता है।"

मैं चौपाल पर बैठ गया। ह-या ने वहाँ चमड़ा रखा था सुखाने के लिए; जैसे गीला कम्बल बिछाया गया हो। गिद्ध और चीलें चमड़े पर चोंच न मारें, इसलिए ऊपर मिट्टी फैलाई गई थी। उसे कुत्ते न उठा ले जायें, इसलिए ह-या पास ही बैठा था निगरानी करते हुई।

शोभी अपने खेत को निकली थी। उसका रास्ता इस बस्ती के चौपाल से जाता था। जैसे ही मैंने ह-या को इशारा किया कि ह-या चमड़ा उधेड़े हुए पशु की तरह दिख रहा था। ह-या हँसा भी नहीं। बाद में कई दिनों तक जब भी शोभी इस रास्ते से गुजरती तो ह-या गरदन नीचे झुकाये बैठा रहता।

शोभी के विवाह के समय मँड़वे के नीचे झाड़ू लगाते हुए मैंने ह-या को देखा

है। शोभी की शादी में बारात के साथ-साथ सिर पर गैस बत्ती लेकर जाते हुए मैंने ह-या को देखा है। शोभी पति के साथ जब ससुराल गई तब मैंने ह-या को गर्भवती कुत्ती की तरह स्टैण्ड पर जगह ढूँढ़ते हुए देखा है।

मधुमक्खियों के छत्ते को अगर कोई पत्थर मार दे या छत्ता नष्ट कर दे तो मधुमक्खियाँ जैसे भिनभिनाने लगती हैं और किसी अन्य पेड़ की तलाश में निकल जाती हैं, वैसे ही मैंने ह-या को उस दिन घर की ओर जाते हुए देखा है।

पहली बार ससुराल जाने वाली नाजुक लड़कियों को इस स्टैण्ड पर मैंने देखा है। गर्भवती होकर मायके लौटते हुए उन्हें इसी स्टैण्ड पर मैंने देखा है! शेवंता इसी स्टैण्ड पर आई थी। शेवंता सबसे गले लगकर रो रही थी। यों हम दोनों भी चाह रहे थे कि बाँहों में बाँहें डालकर खूब रो लें। सोच रहा था कि शेवंता का पति मर जाये और मैं उसे अपनी पत्नी बना लूँ। शेवंता पालागन कर रही थी। यों मैं रोज बस की प्रतीक्षा करता रहता। पर उस दिन पहली बार सोच रहा था कि बस न आये, शेवंता यहीं रुके, पर बस आयी। शेवंता गई। परछाइयाँ सूर्य की विपरीत दिशा में झुकी थीं। शेवंता कहती, "तेरे नाम के कारण बदनाम हो गई हूँ। अब या तो तुम्हारे घर में घुसकर नाम कमाऊँगी या कुएँ में गिरकर।"

शेवंता निर्जीव बस की तरह चली गई। मैं बस स्टैण्ड के पास यों ही खड़ा रहा। जिन्दगी के इस रास्ते पर जिन्दगी ही हमाल की तरह लगती। अब रोज का दिन रिक्त बस की तरह कोंचता। किसी के लिए जीना, यह भाव ही जिन्दगी को जीवंतता प्रदान करता है।

☐

उस दिन काका के घर जाना था, काका के पिता बीमार थे।

मसामाँ ने सवेरे ही नहा लिया। नागी के बाल ठीक-ठाक कर दिये। मुझे भी सजाया गया। काका के घर जाना है, इस कल्पना से ही हम सब खुश हो गये। काका के माँ-बाप तथा पत्नी देखने के लिए हम उत्सुक थे। काका के घर हम अतिथि बनकर जायेंगे, इसलिए बहुत हर्ष हो रहा था। मसामाँ तो जैसे ससुराल जा रही थीं, सज-धज कर।

☐

एक चारपाई पर काका के पिता सिद्रामाप्पा सोये हुए थे। उन्हें कौन-सी बीमारी थी, पता नहीं। मसामाँ ने सिद्रामापा के पैर छुए—बहू की तरह। बूढ़ा खाँस रहा था। कुछ बोल नहीं रहा था। मैं, माँ, नागी चारपाई से दूर थे। घर में तारा माँ बीड़ी पीती बैठी

थीं। कल्लूण्णा खाना खा रहे थे। बड़ी माँ काशीबाई हम सबको घूर-घूरकर देख रही थी। काका घर में कहीं छिपे बैठे थे।

काका की कोठी और हमारी झोंपड़ी। कोई तुलना इतनी बड़ी कोठी में रहने वाले काका हमारी झोंपड़ी में क्यों आते होंगे? मसामाँ, नागी तथा हम सबको बेहतरीन कपड़े पहनने के लिए मिल जायें तो सचमुच माँ इस बड़ी माँ से अधिक खानदानी दिखेंगी।

क्या कभी हम लोग ठीक-ठाक पहन और खा सकेंगे? क्या कभी पेट-भर मीठी चीजें खा सकेंगे? इस काले पत्थर की कोठी से हमारा कौन-सा अनैतिक सम्बन्ध है? इस कोठी के दरवाजों से हमारा कहाँ सम्बन्ध है? इस पटेल की हम कौन-सी संतान हैं? पटेल से जन्म लेकर भी इस कोठी में हमें क्यों नहीं रहने दिया जाता? ये खानदानी दीवारें क्यों नहीं स्वीकार करतीं मुझे? यह कोठी मौन क्यों है? यह गूँगी क्यों हो गई है? इसकी जीभ कहाँ लापता हो गई है?

काका की पत्नी ने चाय दी। उसके माथे पर त्योरियाँ चढ़ी हुई थीं। केवल गुस्से से देख रही थी। लोहे के टोकरी में तीन कप चाय उड़ेली गई। मैं वह बड़ी टोकरी उठा नहीं पा रहा था। दोनों हाथ काँप रहे थे। उससे चाय पी नहीं जा रही थी। पर पी गया। माँ को पीतल के गिलास में चाय दी गई। नागी चाय के लिए रो रही थी। पर वह इतने बड़े बरतन से चाय कैसे पी सकती थी?

मसामाँ को काका के घर की चाय मिल गई। काका के घर प्रवेश मिला। काका के पिता के पैर वह छू सकी। काका की पत्नी ने खुद चाय बनवाकर दी। मसामाँ को ये सारी बातें कितनी महत्वपूर्ण लगतीं! बड़े अभिमान से वह सब पूरी बस्ती को कहती। मुझे अकसर उनसे सुनी एक कहानी याद आती।

एक थी महारिन। उसे जाना था बाजार। सज-धज कर निकली पर नारियल का तेल नहीं था बालों को सजाने के लिए। इसलिए उसने मृत पशु की चरबी गलाकर लगवायी। महारिन निकली बाजार में माँग भरकर पर पशु की चरबी लगाने के कारण सिर पर मक्खियाँ भिनभिना रही थीं। वह खरीद-फरोख्त कर रही थी। सिर पर मक्खियाँ भिनभिनाने के कारण सारे लोग उसके सिर की ओर देख रहे थे। गाँव के पटेल ने भी उसकी ओर गौर से देखा। महारिन ने समझा, पटेल मेरी ओर देख रहे हैं, मेरी ओर आकृष्ट हुए हैं। वह भीतर-ही-भीतर बहुत खुश हो गई।

रात में वह घर नहीं गई। पटेल के घर गई। पटेल की पत्नी ने जूठन परोसी। रात में पटेल की कोठी के सामने ही सोयी। सोच रही थी कि पटेल रात में आयेंगे, उठायेंगे। वह सो गई। पटेल के कुत्ते को उसके सिर पर की चरबी के गंध का एहसास हुआ। वह सूँघते हुए वहाँ आया। उसके बाल खींचने लगा। महारिन को लगा कि पटेल ही आये हैं। नींद में खुश होकर वह कहने लगी, "छोड़ो भी...जबरदस्ती क्या

है? मैं तो आई हूँ ही उस लिये।"

अकसर मसामाँ मुझे या नागी को काका को बुला लाने के लिए भेज देती। हम डरते। काका दस-बीस की बैठक में बैठते थे। उन्हें कैसे सन्देशा दें? माँ कहती, धीरे से काका की चप्पल चुराकर ले आओ। 'ठीक है' कहकर हम निकलते, पर हिम्मत नहीं होती। काका जब तक नहीं आते, माँ छटपटाती। सोचती, यह भी मुझसे ऊब गए हैं क्या?

काका दलित बस्ती में आने से घबराते। बस्ती के और लोग क्या कहेंगे, इससे भय खाते। हमारे घर आते समय दो को साथ ले आते। अकेले आते तो बन्दूक के साथ। काका आए कि मसामाँ रूठकर बैठ जाती। काका समझाते, मनाते। व्यस्तता के कारण आ न सका, ऐसा कहते। अनेक कारण बतलाते। फिर दोनों हँसने लगते।

काका हमारे घर में पूरी तरह रमते नहीं थे। मसामाँ काका से डरती थी। एक के बाद एक छः बेटियाँ हुईं, लड़का नहीं। मसामाँ को बेटा चाहिए था और आखिर में लड़का हुआ। मसामाँ ने झगड़ना शुरू किया। काका बात को टालते। मसामाँ कहती, "तेरी मृत्यु के बाद मेरे बच्चों का क्या होगा? मेरे नाम पर कुछ लिखा दे। छः-सात बच्चे जने हैं तेरे साथ मैंने।"

झगड़े के बाद से काका घर आते ही नहीं थे। जनी के घर जाकर रुकते। जनी काका की पहली रण्डी। गोंधली जमात की। काका ने उसे शुद्ध कर लिया था। उसके गले में लिंग भी डाल दिया था। उसे गुरु भी दिला दिया था। वह लिंगायतों की तरह रहती। 'शिवाय नमः' कहती। काका का आना जब बन्द होता तो मसामाँ का गुस्सा और चढ़ता। वह चिढ़ती।

एक बार मसामाँ जनी के घर में घुसकर जनी को पीट चुकी थी और एक बार तो वह बम्बई भी चल दी थीं।

कमलाक्का उन्हें बीच रास्ते से वापस ले आयी थी। वह अगर गई होती तो आज हम मसामाँ की भड़ुएगिरी करते शायद। अंततः काका ने मसामाँ के नाम पर दो एकड़ जमीन कर ही दी।

□

संतामाय जचगी करतीं। गाँव की किसी स्त्री का पेट दर्द होने लगता तो उन्हें बुलाया जाता। संतामाय जातीं। कुछ अनाज मिल जाता। रात में किसी भी समय बस्ती पर लोग आते। आवाज देते। संतामाय नींद से उठतीं। रात-भर जचगी के लिए जागतीं। सवेरे मैं खुद को अनाथ महसूस करता।

संतामाय गर्भवती स्त्रियों के पेट पर तेल लगाकर मालिश करतीं। भीतर बच्चा

सीधा नहीं होता तो उसे मालिश से सीधा करतीं। भीतर हाथ डालकर बच्चे का सिर पकड़तीं। बच्चे को खींचकर बाहर निकालतीं। मैं देखने जाता तो 'यह पुरुष है' कहकर मुझे भीतर छोड़ते नहीं थे। प्रसूति के बाद संतामाय का आँचल अनाज से भरा जाता। चूड़ियों तथा ब्लाउज के लिए पैसे दिये जाते। इस काम से निपटकर जब संतामाय घर लौटती तो मैं उन्हें टोकरी देता। आँचल का अनाज वह उसमें डालतीं। न किसी को छूती, न किसी को छूने देती। कँगन फोड़ डालती। मसामाँ पानी गरम करतीं। फिर संतामाय सिर पर से नहाती। घर में जर्मन के दो कड़े थे। उन्हें हाथ में डाल लेती। कंगन पहनती तो किसी की प्रसूति की बारी आती। फिर कंगन फोड़ डालतीं।

संतामय का पति जब गुजर गया तब मैं खाना खा रहा था। किसी ने खबर दी। संतामय जोर-जोर से रोने लगीं। संतति नहीं हो रही थी, इसलिए पति ने उन्हें छोड़ दिया था और दूसरा विवाह कर लिया था। बच्चे हुए। संतामाय झोंपड़ी में रहने लगी। आज पति की मृत्यु की खबर सुनकर वह रोने लगी। इस बीच मसामाँ भी आईं। दोनों और रोने लगीं। नागी, निरमी भी रोने लगीं।

दादा हमाली कर रहे थे। वह भागते हुए आये। हमाली से इकट्ठे पैसे संतामाय को दे दिये। उसी बस में संतामाय पति की अंतिम क्रिया के लिए निकल गई।

शाम को दादा चावल लेकर आये। हम दोनों ने पकाये, खाये। उस दिन दादा ने शराब नहीं पी। मुझे निकट लेकर सो गये। मुझे जन्म देने वाले पिता की तरह मुझे दादा लगे। पर हम दोनों एक ही रक्त के लग रहे थे। दादा के प्यार में किसी भी धर्म की गंध नहीं आ रही थी।

संतामाय पति की अन्तिम क्रिया और अन्य सारे कर्मकाण्ड करके लौटी। उस दिन जैसे ही वह बस से उतरी, दादा ने उन्हें चाय पिलायी। संतामाय अपने साथ वसूमामा को ले आयी थीं। वसूमामा संतामाय की सौत का लड़का। पारा में शिक्षक है। दो दिन के लिए बुला लायी थी।

वसूमामा को साथ ले आने के कारण संतामाय ने दादा से कहा कि वह अगले दो दिन घर न आये। दादा स्टैण्ड पर ही रहते। वसूमामा बाहर निकलते कि दादा धीरे-से आते। खाना खाकर निकल जाते। एक दिन दादा की स्थिति रँगे हाथ पकड़े गए चोर की तरह हो गई। संतामाय आतंकित हो गई। वसूमामा ने पूछा, "ये सज्जन कौन हैं?"

संतामाय ने कहा, "हमारी पहचान के हैं, इनका कोई नहीं है। हमारे ही पास रहते हैं। हमाली करते हैं, परदेशी हैं।"

दादा अधपेटे ही वहाँ से खिसक गये।

□

हमारे गाँव में सातवीं कक्षा तक ही स्कूल था। आठवीं के लिए मैं 'चुंगी' नामक गाँव में जाने लगा। हाई स्कूल में निःशुल्क पढ़ाई के लिए प्रार्थना-पत्र देना पड़ता था। उसमें माँ अथवा पिता तथा सरपंच के हस्ताक्षर जरूरी होते थे। इसके पूर्व अभिभावक के स्थान पर अँगूठे का निशान मैं ही लगाता रहा पर सरपंच के हस्ताक्षर की दिक्कत आती। अभिभावक की जगह मैंने मसामाँ का नाम लिख दिया क्योंकि हणमंता से माँ का विधिवत् विवाह नहीं हुआ था।

हणमंता ने मसामाँ से सम्बन्ध तोड़ दिये थे। इसके पूर्व के पति ने मसामाँ से तलाक ले लिया था। हणमंता मसामाँ को अपनी 'रखैल' बनाकर रख चुका था। गाँव के ज़मींदार तथा पटेल दलित स्त्रियों को रखैल बनाकर रख लेते हैं। प्रत्येक गाँव में ऐसा एक घर होता है। इन रखैलों से जनमे बच्चों को 'हक का पिता' नहीं मिलता। जमींदार को बाप कहने की हिम्मत उनमें नहीं होती; क्योंकि बाप-बेटों में अनन्त दरारें होती हैं।

'मसाई हणमंता लिंबाले'—अभिभावक के स्थान पर यह नाम लिखना मुझे ठीक नहीं लग रहा था क्योंकि हणमंता और माँ के विच्छेद को आठ-दस वर्ष बीत चुके थे। अब मसामाँ किसी पटेल के यहाँ हैं। एक मालिक से दूसरे मालिक के पास रेहन में पड़े रहना। दूसरे से तीसरे की ओर, उपभोग्य वस्तु की तरह पड़े रहना—यह कैसी ज़िन्दगी! यह तो ज़िन्दगी का जुल्म है।

फीस-माफी के कागज लिये हम सात-आठ दलित लड़के सरपंच के यहाँ गये। उसने सबकी अर्जियाँ लीं। सब पर हस्ताक्षर कर स्टैम्प लगवा दिये, पर मेरी अर्जी उसने अलग रख दी। मेरी अर्जी पर वह हस्ताक्षर नहीं कर रहा था। मैं लाल-पीला हुआ। आवेश में कुछ लगा। इतने में मुल्ला गुरुजी आए। उन दोनों की बातचीत हुई। मुल्ला गुरुजी मेरी ओर से ही बोल रहे थे। सरपंच हस्ताक्षर करने के लिए तैयार नहीं था क्योंकि सरपंच की उत्सुकता थी, "मसाई का पति कौन है? इस बच्चे का बाप कौन है? मसाई हणमंता को मैं पहचानता ही नहीं तो फिर हस्ताक्षर क्यों करूँ?"

"अगर ऐसी ही बात है तो अभिभावक के रूप में संतामाई बालशंकर लिख देंगे, तब तो चलेगा?" पर सरपंच को यह भी मान्य नहीं था। क्योंकि संतामाय महमूद नामक मुसलमान के साथ रहती हैं। बड़ी मुश्किल है। सरपंच कह रहा था, "मैं इसे पहचानता नहीं!"

मैं मनुष्य था। सिवा मनुष्य-शरीर के मेरे पास था ही क्या? यहाँ इस देश में मनुष्य जाति-बिरादरी और धर्म से पहचाना जाता है, बाप से पहचाना जाता है। मेरे पास बाप

का नाम नहीं, धर्म और जाति नहीं है, न मैं किसी बाप का उत्तराधिकारी हूँ।

मुल्ला गुरुजी ने बहुत समझाया, इसलिए सरपंच ने हस्ताक्षर किए। मैं चिढ़ गया था। क्या प्रत्येक व्यक्ति इस बात की गारण्टी दे सकता है कि वह अपने ही कथित बाप का बेटा है? किसने देखा है अपनी बीजधारणा को? किसने देखा है अपने जन्म के पूर्व ही माँ के सम्भोग को?

मैं घर आया। मसामाँ दरवाजे में ही बैठी हुई थीं। उन्हें देख मैं रोने लगा। वह अपमान मेरे लिए असह्य था। माँ ने मुझे चूम लिया। दो उल्काएँ एक-दूसरे की बाँहों में गिर गईं।

दूसरे दिन निःशुल्क पढ़ाई का प्रार्थना-पत्र लेते हुए कक्षा अध्यापक ने पूछा, "तेरे पिता नहीं हैं क्या? मर गए हैं? तेरी माँ नहीं है क्या? मर गई है?"

मेरे गाँव के लड़के मेरी ओर गिद्ध जैसी आँखों से देख रहे थे। बहुत बड़ी आँधी के बाद की श्मशान-सी शान्ति कक्षा में फैल चुकी थी। अपनी भीतरी आँधी में मैं खो गया था, डोर टूटी पतंग की तरह।

मसामाँ से पूछ रहा था, बाप के नाम के स्थान पर क्या लिखूँ? मेरे पिता कहाँ रहते हैं? मेरे पास क्यों नहीं आते? काका मेरे कौन लगते हैं? काका तेरे कौन लगते हैं? नागी, निरमी किनके हैं? मैं उनका कौन हूँ?

मसामाँ कुन्ती की तरह खामोश हो जाती। ऐसे समय मुझे कर्ण नज़दीक का लगता। भाई लगता। कई बार मैं ही कर्ण हो जाता। नदी के प्रवाह में बहने लग जाता। दूर, काफी दूर। गहरे, बहुत गहरे, अपने ही भीतर।

मसामाँ कटुता से कहतीं, "कह दे गुरुजी से, मेरी माँ पटेल की रखैल है।" मुझे बहुत खुशी होती। कल मैं गुरुजी से कहूँगा ही। मुझे 'रखैल' शब्द का अर्थ ही मालूम नहीं था। मुझे वह शब्द पिता की तरह लगा। पर मुझे क्या मालूम था कि इस शब्द के पीछे जहर छिपाया गया है। व्यभिचारी योनि छिपी है। इस योनि के प्रचंड महाद्वार में कौन प्रवेश करेगा?

□

सावन महीने में हमारे गाँव में महादेवजी का सप्ताह होता। इस सप्ताह के लिए अड़ोस-पड़ोस के गाँव के शिवभजनी आते। सप्ताह की समाप्ति जिस दिन होती उस दिन महादेवजी का मन्दिर सजाया जाता। बेलपत्र, नारियल की शाखायें, बन्दनवार, मँडवा तथा लाउड-स्पीकर के कारण महादेवजी का मन्दिर प्रसन्न तथा खूबसूरत दिखता। सप्ताह के दिनों बासलगाँव की भजनी मण्डली भी आती। उसमें हणमंता भी दिखायी देता।

मसामाँ उस दिन मुझे नहलाती, पाउडर लगाती। मैं भी धुले कपड़े पहनता। भजनी मण्डली के नजदीक घूमता। इन सात-आठ लोगों में कोई तो मेरा बाप है। पर मैं उसे कैसे पहचान सकता हूँ? पिता भी मुझे कैसे पहचान सकेंगे? प्रतिवर्ष हणमंता भजनी मण्डली के साथ हन्नूर आता।

ज़िन्दगी में पहली बार पिता को नज़दीक से देखने का मौका मिला। पर उस रात्रि को मैं कभी भी भूल नहीं पाऊँगा। एक बार काका ने हणमंता को हमारे घर खाने के लिए बुलाया। काका हन्नूर के पटेल और हणमंता बासलगाँव का पटेल। सारा गाँव सोया हुआ था। काका और हणमंता पिये हुए थे। उसी स्थिति में घर आये। मैं सो गया था। मुझे जगाकर। हणमंता की जाँघ पर बैठाया गया। हणमंता के मुँह से दुर्गन्ध निकल रही थी। मैंने अपने इस पिता की ओर भरी आँखों से देखा। मसामाँ ने खाना परोसा। काका, हणमंता खाने लगे। हणमंता बीच-बीच में मुझे भी देख रहा था। उनींदी आँखों के बावजूद मैं खा भी रहा था। कई दिनों बाद पिता-प्राप्ति का आनन्द मुझे मिल रहा था। अब मुझे कोई परेशान नहीं करेगा। पिता आ चुका है। कल मैं अपने दोस्तों को अपना पिता दिखाऊँगा।

अचानक काका और मसामाँ में विवाद शुरू हुआ। विवाद झगड़े में बदल गया। मसामाँ काका से गाली-गलौज करने लगीं। घर के बाहर निकाल रही थीं। हाथ में चप्पल ले रही थीं। मैं कुछ भी समझ नहीं पा रहा था। मसामाँ पर गुस्सा आ रहा था। इतने दिनों बाद मेरा पिता आया है और मसामाँ उसके साथ झगड़ क्यों रही हैं? मसामाँ भड़क उठी थीं। आखिर में उन्होंने उन दोनों को घर से निकाल बाहर किया और दरवाजा लगा लिया।

मसामाँ ने मुझे अपने निकट लिया। उनके रुदन को मैं ज्वालामुखी के विस्फोट की तरह महसूस कर रहा था। उनके आँसू प्रलय के मसीहा लग रहे थे।

थोड़ी देर बाद काका और हणमंता वापस आये। उन्होंने दरवाजे पर धक्के लगाने शुरू किये। पर मसामाँ ने दरवाजा नहीं खोला। 'तुम लोग जाओगे या मैं खुद को जला लूँ?' मसामाँ चिढ़कर बोल रही थीं। मैं कसमसा गया।

काका मसामाँ से कह रहे थे कि आज रात वह हणमंता की सेज सजाये।

□

सावन के महीने में ही विट्ठल तथा महादेव के मन्दिर में रोज पोथी पढ़ी जाती थी। सारा गाँव पोथी सुनने इकट्ठा होता। मेरे मन में क्या आयेगा, पता नहीं चलता था। उस दिन मैं, मलक्या तथा चंदया नीचे विट्ठल मन्दिर में घुस गये। हमने भगवान के पैर छुए। घर आये। चंदया का पिता मन्दिर की सीढ़ी के पास पोथी सुनता रहा

था। उसे हमारा मन्दिर प्रवेश भाया नहीं। चंदया को उसने पीटा। हमारी ओर इशारा करके कहने लगा, "इनके साथ खेल मत। मुझे इस गाँव में रहना है। तुझे यह क्या सूझी है? मेरा मुँह काला करेगा क्या? आज तक मुझे किसी ने कुछ नहीं कहा है। पैर काटूँगा तेरे," चंदया का बाप चिल्ला रहा था। मतलब, हमारा मन्दिर-प्रवेश अपराध था। हमें अपनी मरजाद से जीना चाहिए। यहाँ अछूतों का मन्दिर में प्रवेश वर्जित है।

ईश्वर मनुष्य-मनुष्य में भेद करता है। एक को अमीर, दूसरे को गरीब। एक को सवर्ण, दूसरे को अछूत। मनुष्य-मनुष्य में द्वेष फैलाने वाला यह कैसा ईश्वर है? सभी ईश्वर के पुत्र हैं ना? फिर हम अस्पृश्य कैसे? हमें गाँव के बाहर खदेड़ने वाला ईश्वर, धर्म या देश हमें मान्य नहीं है।

क्यों रखा गया हमें गाँव के बाहर? क्यों रखा गया हमें मनुष्यों से दूर? क्यों रखा गया हमें हमारे ही लोगों से बाहर? मनुष्य-मनुष्य में अन्तर क्यों? सभी का खून लाल ही है ना!

□

मैं मच्छिन्द्र अण्णा से बहुत डरता था। वह मुझ पर हमेशा रौब झाड़ता। मैं डर के मारे उसका काम करता। एक बार उसने मुझे बीड़ियाँ लाने के लिए कहा। मैंने नकार दिया। वह भड़क गया। 'चूतिये' कहकर उसने मेरी गरदन पकड़ ली। जहाँ मैं बैठा था, वहाँ से उसने मुझे उठाया। कहने लगा, "यह चौपाल तेरे बाप की नहीं है। फिर किसी दिन यहाँ बैठा तो याद रख, गरदन काट दूँगा। तेरा बाप बासलगाँव में है। यहाँ क्या है तेरा?"

इस घटना के बाद कई दिनों तक मैं चौपाल की ओर नहीं गया था। डर लगता। सोचता, वहाँ जाऊँ तो पिटाई अवश्य होगी, गालियाँ दी जायेंगी। मैं पराया हूँ। यहाँ किसी भी वस्तु पर मेरा अधिकार नहीं है। मेरे पिता दलित नहीं हैं। इस दलित बस्ती में घूमते हुए मुझ अक्करमाशी को गुमान नहीं करना चाहिए। गरदन झुकाकर ही चलना चाहिए। सवर्णों के साथ खेलते समय 'दलित' कहकर मेरी उपेक्षा होती और दलितों में 'अक्करमाशी' कहकर।

अगर मैं कभी बासलगाँव जाऊँ तो क्या पिता मुझे अपने घर में लेंगे? क्या उनकी पत्नी मुझे रोटी देगी? मेरे पिता कोठी में रहते हैं, माँ झोंपड़ी में, मैं सड़क पर। अन्त में मैं मरूँगा कहाँ, जीऊँगा कहाँ? मेरी जड़ें कहाँ हैं?

□

उस दिन सुनी जलावन लाने गई थी। काँटों के पौधों में घुसकर जलावन इकट्ठा करना पड़ता था। बिच्छू-साँप का डर हमेशा होता। पर रोज़ इस मृत्यु का भय कहाँ करते बैठेंगे? भयभीत होकर, निष्क्रिय होकर बैठेंगे तो खायेंगे क्या? उस दिन सुनी के हाथों में जंगली खजूर के पेड़ का काँटा घुस गया। छेद हो गया।

सुनी मछली की तरह तड़प रही थी। चार-पाँच छोटी बच्चियाँ नजदीक बैठी थीं। लकड़हारों और मजदूरनियों ने काँटा निकाल बाहर किया। मैं तो जोर-जोर से रोने लगा। सुनी भी रो रही थी। हम दोनों को देख वनी भी रोने लगी। सुनी का तड़पना मुझसे देखा नहीं जा रहा था। औरतें हमें चुप करा रही थीं।

घर जाने पर माँ ने कहा, "दोनों के बाप अलग-अलग हों तो क्या हुआ, दोनों एक ही खून पर पले हुए हो ना!" मेरा बाप और सभी बहनों का बाप भिन्न है, यह मालूम होते हुए भी बहनों के प्रति मेरे मन में आत्मीयता की कभी कमी नहीं आयी। मैं बहनों की जुएँ मारता। उनके बालों को सँवारता। वेणी डालता। खेल में अलबत्ता हममें झगड़ा हो जाता। तब नागी चिढ़ जाती, गालियाँ देती। कहती, "तेरा कोई सम्बन्ध नहीं है हमसे। पता नहीं कहाँ के हो, किनसे हो? तुम हमारे बाप से नहीं हो।" यह सुनकर मैं भीतर से कहीं टूटता। बिखर जाता। नागी के शब्द कलेजे को भेद जाते। मैं खुद को पराया महसूस करता।

दादा मुझ पर कभी-कभार गुस्सा करते तो मैं चिढ़ता। उन्हें अपमानित करता—"तू मुसलमान है, मेरा बाप नहीं है। मुझे तू मार नहीं सकता।" ऊपर उठा दादा का हाथ नीचे जाता। मैं कैक्टस की तरह फूलता। काका पर भी चिढ़ता। काका मुझे पीटते तब मैं उन्हें गालियाँ देता, "पटेल, मेरा और तुम्हारा कोई सम्बन्ध नहीं है। तुम मुझ पर हाथ नहीं उठा सकते।" नफरत होती। कभी कोई पीटे तो मैं घर से भाग जाता। ऐसे समय मुझे बासलगाँव की याद आती।

बासलगाँव मेरे बाप का गाँव। मेरी पितृभूमि। कैसा होगा वह गाँव? कैसे होंगे वहाँ के लोग? मेरे रिश्तेदार कैसे होंगे? मेरा घर कैसा होगा? मेरी खेती कैसी होगी? मेरे भाई कैसे होंगे? क्या मैं खोजने को निकलूँ अपनी जड़ों को? कितने दिन लगेंगे वहाँ पहुँचने में? पहचान पायेंगे मुझे मेरे पिता? बासलगाँव के प्रति मेरे मन में हमेशा जिज्ञासा होती। कभी-कभार उस ओर निकलता भी, पर डर लगता। यह सोचकर कि अगर वहाँ पहुँचा तो वे शायद मेरा खून कर देंगे। मैं वापस लौटता।

गौरैया का नन्हा-सा बच्चा जब पहली बार घोंसले के बाहर निकल आता है, तब उसे अगर आदमी का स्पर्श हो जाये तो गौरैया उसे अपने घोंसले में प्रवेश नहीं

देती। उसके सिर पर चोंच मारती है। उसकी बुरी हालत हो जाती है। मैं वहाँ गया तो मेरी भी स्थिति वैसी ही हो जायेगी। दुर्गति कर दी जायेगी। परिणामतः मुझे वहाँ से लौटना पड़ेगा। मैं दलित स्त्री के गर्भ से आया। कैसे लेंगे वे मुझे अपने घर में? यहाँ लौट आऊँगा तो काका, माँ, दादा गोरैया की तरह व्यवहार करेंगे। काका दादा से कहेंगे, 'शरण्या को क्यों पाल-पोस रहे हो? किसका है ये? निकाल दो इसे यहाँ से!'

और दादा भी उनकी हाँ-में-हाँ मिलाते हुए कहेंगे, 'संता के कारण इसे पालना-पोसना पड़ता है।' घोंसला छूट जाने के बाद पक्षी जैसे शोरगुल मचाते हैं, उसी तरह मैं भी व्याकुल हो जाऊँगा। किनके पास जाकर मैं अपना दुख व्यक्त करूँ? कौन मुझे अपनायेगा? माँ नकार रही हैं, पिता नकार रहे हैं।

क्यों नहीं माँ ने उस बीज का गर्भपात करा दिया? क्यों नहीं मार दिया मुझे तुरन्त जन्म देने के बाद? क्यों जिलाया मुझे इस दुनिया में? जाति-बिरादरी के परे जाकर जन्म ले चुके मेरे जैसे को अपमानित क्यों किया जा रहा है? कौन-सा अपराध किया है हमने? मुझ जैसों ने? माँ-पिता की सजा हमें क्यों दी जा रही है?

और जब मसामाँ की ओर देखता हूँ, गुस्सा और भी बढ़ता है। क्यों किया था इसने उस वक्त व्यभिचार? इस व्यभिचारी स्त्री के बिस्तर के पास मुझे नहीं जाना चाहिए। पर मसामाँ या संतामाय की ओर देखता हूँ तो छटपटाता हूँ। मसामाँ अकेली नहीं है। संतामाय अकेली नहीं हैं। उन्होंने खुद को बेचा है किसी और की खुशी के लिए। रोटी के लिए मजबूर होकर उन्होंने खुद को बेचा नहीं था। रोटी के लिए थोड़े ही कोई जीता है। रोटी के पीछे भी एक विराट् दुनिया होती है। रोटी के पीछे एक जीवन होता है। गाँव के बाहर की बस्ती के जीवन में वह जीवन कभी नहीं आया।

रोटी भी सवर्णों के हाथों में थी और इस बस्ती की इज्जत भी। एक हाथ से उन्होंने इस बस्ती की भूख को मिटाया तो दूसरे हाथ से इनको भोगा। सवर्णों के दोनों हाथों के बीच कसमसाती मसामाँ को मैं देख नहीं पाता। सीता को अशोक वन से छुड़ाया गया, पर मेरी माँ का छुटकारा कौन करेगा? पटेल की रखैल कहलाते-कहलाते वह पटेल के खेत में क्षण-क्षण रीतते हुए मर जायेगी। पर हम बच्चों का क्या होगा? नागी, निरमी, वनी, सुनी, पमी—इनके साथ शादी कौन करेगा? मैं तो पुरुष हूँ, किसी रखैल के साथ जी लूँगा; पर इन बहनों का क्या होगा? क्या इनके विवाह होंगे? मनुष्यों की बस्ती में क्या हमें स्वीकार किया जायेगा? हमारी मौत पर क्या दलित स्त्री इकट्ठी होंगी? क्या बहनें ऐसे ही सड़ जायेंगी?

कहा जाता है, स्त्री पति को लेकर तथा हर पुरुष पत्नी को लेकर ही जन्म लेते

हैं। फिर कहाँ हैं इनके पति? ये भी ऐसी ही बलि दी जायेगी माँ की तरह? भाई-बहन का नाता न होता तो मैं ही इनमें से किसी एक के साथ विवाह कर उसे सुखी करता। माँ का स्नेह मुझे मिल नहीं पाया। मेरी वह पूर्ण माँ है ही नहीं। वह आधी माँ है तथा आधी पटेल की बाई है। पटेल की मर्जी उसे सँभालनी पड़ती है। उसका वात्सल्य मेरे लिये उमड़-उमड़कर आता है, पर उसके हाथ पटेल के हाथों में गुँथे रहते हैं। मेरी माँ मुझसे छिन गई। इस पूरे चक्रव्यूह से गुजरते हुए वह जब कभी मेरे सिर या पीठ पर हाथ फेरती है, तो वह स्पर्श मुझे जीवनदायी लगता है। मेरी माँ को मुझसे किसने छीना? उसका वात्सल्य मेरे लिये बाँझ क्यों बन गया?

□

पेट की आग बुझाने के लिए हम लोग नदी-नालों के किनारे घूमते। केंकड़े और मछलियों को पकड़ते। मधुमक्खियों के छत्ते निकालते। बगुलों को पकड़ते। खरगोशों का शिकार करते। गोह निकालते। गिलोल से चीलों को गिराते। गिलहरियाँ भून कर खाते। बीरदेव के बाग में जाकर खेलते। मूँगफलियों की चोरी करते। चोरी की हुई मूँगफलियाँ बेचते। बालाण्णा के कुएँ में तैरते। मशा, मैं, परश्या इन कामों में लग जाते। मजा आता। जंगली खजूर का जवान पेड़ काटते, पेट के लिए। ये किसानों से डरते भी थे। मशा जब इस पेड़ को काटना शुरू करता तो मैं और परश्या निगरानी रखते। मशा जब कुल्हाड़ी चलाते-चलाते थक जाता तो वह काम परश्या जारी रखता। परश्या के बाद मैं। यह क्रम चलता रहता। फिर तीनों मिलकर पेड़ को हिलाते। खींचते। हाथ में काँटे चुभते। हथेलियों में छाले पड़ जाते। आखिर में पेड़ काट ही देते। उसे साफ करते। उसे कंधे पर उठाए मशा निकलता। मैं उसके पीछे और मेरे पीछे परश्या।

पुजारी के खेत के निकट जामुन का पेड़ है। उसके नीचे आकर हम पेड़ को चीरते। उसके भीतर का हिस्सा नारियल की तरह सफेद होता है। खाने के लिए बेहतरीन। खूब खाते। इसी जामुन के पेड़ के नीचे सूअरों को भी भूनकर खाते।

प्रहलाद बाप तथा बड़ार भीमशा भागीदारी में सूअर पालते थे। गाँव की सीमा पर गाँव के स्त्री-पुरुष शौच करते। सूअर उसे खाकर जीते। इतने सूअर हो गये थे कि लोगों को ठीक से हगने भी नहीं देते थे। बैठते ही पीछे खड़े हो जाते। भिनभिनाती मक्खियाँ और सूअरों से लोग परेशान हो जाते। निंगा सूअर का सूखा मैला इकट्ठा करता तो प्रहलाद सूअर की चरबी का घी बेचता।

बड़ार भीमशा लाठी से रस्सी इस कदर बाँधता कि अच्छा-खासा फन्दा बन जाता। हम सूअरों को भगाते हुए निकलते। सूअर हमारी वांछनीय दिशा में नहीं

भागते। शौच को बैठी स्त्रियाँ हमें गालियाँ देतीं। मैले को पैरों से रौंदते हम सूअरों के पीछे भागते। अन्त में भीमशा की दिशा में हम सूअरों को ले जाते। फन्दे में एकाध फँस जाता। फँसने के बाद वह बहुत चिल्लाता। दलित बस्ती के छोटे बच्चे तमाशा देखने इकट्ठे होते। सूअर को फँसने के बाद प्रहलाद उसके चारों पैर रस्सी से बाँधता। बड़ार भीमशा सूअर के अंडकोश निकालता।

प्रहलाद बाप महीने-दो-महीने में एक सूअर तो पकड़ता। सूअर फाँसते समय काफी दौड़-धूप होती। लिंबा छलाँगें लगाता। उंब-या लाठी लिये दौड़ता। तुका कुत्ता लिये आता। निंगा हाथों में पत्थर लेकर खड़ा होता। हम पीछे दौड़ते। प्रहलाद, बापू कुत्ते को 'छू' करते। हाथों में पत्थर लेकर पत्थरों की वर्षा से सूअर गिर जाता। कुत्ता जाकर पकड़ लेता। हम भागते जाते। सूअर उठकर शरीर पर आता। पर तब तक उसे पकड़ा जाता, बाँधा जाता। निंगा सूअर को कंधे पर लेकर निकलता। हम दो-तीन लड़के जलावन इकट्ठा करते। प्रहलाद नमक-मिर्च ले आता। दशरथ सबके पीछे आता। निंगा सूअर की गरदन पर पत्थर मार-मारकर उसकी जान लेता। भुनते समय चर्र-चुर्र की आवाज होती। खाल जलने के बाद प्रहलाद उसे घिस-घिसकर धोता। भीतर की अँतड़ियाँ फेंक दी जातीं। दशरथ तथा बापू मांस को नमक-मिर्च लगाते। हमें नहाये बगैर भीतर आने नहीं देते। प्रहलाद दाँतों में कड़ियाँ डाले तकिये पर बैठता।

मैला खाने वाले सूअर। डर के मारे भागने वाले सूअर। घायल होकर गिरने वाले सूअर। प्रतिकार करते सूअर। पैर टूटने से मरकर गिरे हुए सूअर। भुने हुए सूअर। लपकती ज्वालाओं में उन्हें भूनते समय उनकी बाहर निकल आयी आँखें और मैं। तब मुझे चेहरा, दाँत, पेट, अँतड़ियाँ, खून—सब कुछ गन्दे लगते।

प्रहलाद मुझे बीड़ियाँ लाने भेजता। अगली बार सूअर खाने के लिए मिलेगा, इस आशा से मैं चुपचाप उसके आदेशों का पालन करता था।

प्रहलाद गर्भवती सूअरी का बहुत खयाल करता। घर के पीछे उनके लिए टट्टी बनाता। सूअरी जब पिल्ले जनती है तो वह अपने ही पिल्ले को खाती है। तब मुझे देवकी की याद आती। मसामाँ कहतीं, "मैंने तुम्हें मारा नहीं, जिलाया है।" और तब वह देवकी की कहानी कहतीं।

देवकी अकेली थी। रामाप्पा के बाग में काम करती थी। शादी नहीं हुई थी। दरिद्र अवस्था। अन्य स्त्रियों के वह गर्भ गिराती। संकटग्रस्त औरतें देवकी के यहाँ आतीं। गर्भ निकाल फेंकतीं। इज़्ज़त जिन्दगी से बड़ी होती है। गर्भवती स्त्री को वह पेट के बल सुलाती। उसकी कमर पर खड़ी होकर धीरे-धीरे रौंदती। कुछ विशेष वनस्पतियाँ खाने के लिए देती।

एक बार स्थिति यह हुई कि देवकी को ही गर्भ रह गया। तड़के में बच्चा हुआ। सवेरा होने से पूर्व ही उसने उस बच्चे को घूरे में गाड़ दिया। अपने ही पिल्ले को खाने वाली सूअरी और देवकी में अन्तर ही क्या था? देवकी के पास गाँव की धानव्वा अकसर आती। धानव्वा–देवाप्पा की जवान लड़की। धानव्वा का पति पिछले वर्ष बिजली गिरने से गुजर गया। धानव्वा पिता के घर ही रहती थी। पिता बहुत विचित्र व्यक्ति था। धानव्वा को गर्भ रह गया और वह देवकी के यहाँ चक्कर काटने लगी।

धानव्वा–देवाप्पा की बड़ी लड़की। अब उसका पुनर्विवाह होना मुश्किल ही था। उसे पिता से ही गर्भ रह गया। धानव्वा देवकी के हाथ-पैर जोड़ती। दिन अधिक बीत गये थे। देवाप्पा बेशर्मी से कह रहा था कि पेड़ लगाया, फल क्यों न खाऊँ?

पिता-पुत्री। पेड़-फल। बीज-धारणा। धानव्वा को अपनी झोंपड़ी से गुजरते हुए मैं रोज़ देखता। कभी-कभार वह मसामाँ के पास आकर बैठती, रोती।

□

हम नदी पर मछलियाँ पकड़ने जाते। कभी धोती को पानी में फैलाकर मछलियाँ पकड़ते तो कभी बेंत की टोकरी से। कभी पानी को रोक लेते। कभी काँटा डालकर मछली पकड़ते। पर इस पद्धति से जल्दी ऊब जाते। रात में साइकिल के फटे-पुराने टायरों को जलाकर उस प्रकाश में मछलियाँ काटते। गरमी के दिनों में नदी का पानी सूख जाता। गड्ढों में पानी दिखता। नदी के पाट में कई स्थानों पर गहरे गड्ढों में पानी होता।

ऐसे समय हम शेर की शाखाएँ काट लाते। गड्ढों के पानी में शेर की शाखायें डुबोते।...दूध पानी में मिलाते। पानी को हिलाते। पत्ते पानी में घुले जाते और फिर गढ़े के भीतर से एक-एक मछली छटपटाती हुई ऊपर आती। मर जाती। मरी हुई मछलियाँ चाँदी की तरह चमकतीं। इन मछलियों को हम समेटते। हाथों से मछलियों की गंध निकलती। मछली बड़ी हो तो उसे पत्थर पर पटकते। खून निकलता। मछली मर जाती।

सभी मछलियाँ एक स्थान पर इकट्ठी की जातीं। सब में समान बँटवारा होता। फिर पत्थर पर मछलियाँ घिसते। उन्हें काटते, उनका पेट साफ करते। भीतर की गंदी चीजें (अँतड़ियाँ वगैरह) निकाल उन्हें पानी में फेंकते। अन्य मछलियाँ उन्हें खाने के लिए ऊपरी आतीं। मछलियों की गंध से साँप-केकड़े भी बाहर निकलते।

मछलियाँ पकड़ने के बाद हम बच्चे नदी के किनारे बैठक करते। बरतन ओर तेल मैं ले आता। मिर्च मणिक ले आता। आप्या प्याज तथा माचिस ले आता। महाद्या, बाब्या जलावन इकट्ठा करते। मछली की तरकारी बनाकर हम खा लेते। बाद में जली हुई बीड़ियाँ पीते।

□

मसामाँ के पति की यह कहानी। तीसरा प्रहर था। लहुण्णा विट्ठल कांबले को पीठ पर लादे हमारे घर आया। विट्ठल कांबले को भीतर खाट पर सुलाया गया।

विट्ठल कांबले तथा मसामाँ आज कई वर्षों बाद एक-दूसरे को देख रहे थे। इसी विट्ठल कांबले ने मसामाँ का मंगलसूत्र तोड़ दिया था। उसके दूध पीते बच्चे को छीन लिया था। घर से बाहर निकाल दिया था। दूसरी शादी की थी। उससे बच्चे हुए थे। कई वर्ष बीते। मृत्यु-शय्या पर गिरा यह आदमी आज अपनी परित्यक्ता पत्नी की खोज में क्यों आया है? किस गलती की सजा दे रहा था वह खुद को? दाम्पत्य जीवन के ये सम्बन्ध क्यों कर बिखर जाते हैं? ज़िन्दगी की सिलवटें तितर-बितर क्यों हो जाती हैं? सिलवटें खोलकर किसी साड़ी या कपड़े को देखना ठीक है। पर ज़िन्दगी की सिलवटों को खोलना...

विट्ठल कांबले ने दूसरी शादी की। रोटी के लिए देश को पीठ पर लिये घूमता रहा। शायद किसी ने उसे जहर दे दिया था, या किसी ने जादू-टोना किया था। पता नहीं क्या हुआ? कई इलाज हुए। ओझा, डॉक्टर हो गये पर स्वास्थ्य में कोई फर्क नहीं आया। किसी ने कहा, "मसामाँ जैसी स्त्री को तूने ज़िन्दगी से उठा दिया। उसी का है यह परिणाम।" इसीलिए मृत्यु के पहले पश्चाताप व्यक्त करने आया है, मसामाँ की दहलीज पर। ताज्जुब कि मसामाँ कह रही थीं कि वह अपने पति को तंदुरुस्त करेगी। वह रोज मालिश करतीं। गरम पानी से नहलातीं। दूध-घी खिलातीं। भूतकाल में प्राप्त यातनाओं को भूलकर सेवा करने लगतीं। संतामाय ने अनेक देवताओं की मनौती माँग ली। पर विट्ठल कांबले तंदुरुस्त नहीं हो सका। काका रोज धीरज जतलाते। दादा बातचीत करते। अन्य लोग भी आते-जाते, देखते, हिम्मत दिलाते। आखिर में सभी हार गये।

भंगाराव्वा—मसामाँ की सास, विट्ठल कांबले की माँ—लगातार रो रही थी। हम उसकी तरफ इकट्ठा होते। "तुम सब मेरे घर में जन्म लेते तो मेरा घर भर जाता। मेरा घर टूट गया। मैंने लोगों की कहा-सुनी पर विश्वास किया।" कहती और रोती। विट्ठल कांबले हम सबकी ओर शून्यवत् देखता। विट्ठल कांबले हमारे यहाँ गुजर जाता तो लोग और भी अफवाहें उड़ाते। यही सोचकर उसे बासलगाँव भेज दिया गया।

तीसरे दिन विट्ठल कांबले की मृत्यु का समाचार आया। कल ही तो टिटहरी शोर मचाते हुए गुजरी थी। आज सच हुआ। संतामाय क्रियाकर्म के लिए चली गई। दादा ने अपनी हमाली टिकट के लिए दे दी। मसामाँ ने उस दिन कुछ नहीं खाया।

लगातार रो रही थीं। दादा आये। उन्होंने उन्हें समझाया। काका आये। उनका चेहरा भी उदास था। मैं नागी से और नागी मुझसे कह रही थी, "माँ का पति गुजर गया है।"

संतामाय क्रिया-कर्म से लौटीं। क्रिया-कर्म की विधि ठीक हुई। संतामाय कह रही थीं कि लोग मसामाँ की प्रतीक्षा कर रहे थे, पर मसामाँ गई नहीं...विट्ठल कांबले चला गया। एक छटपटाहट खत्म हुई। चंदया-लक्ष्या अनाथ हो गये।

चंदया व लक्ष्या की याद मसामाँ को नहीं आती होगी क्या? किराये का पुराना घर बदलना हो तो हम कितने भावुक हो जाते हैं। यहाँ तो ज़िन्दगी को ही बदला गया था। चंदया-लक्ष्या को मसामाँ ने जन्म दिया था। उन्हें दूध पिलाया था, उन्हें पाला-पोसा था, उनको वात्सल्य से चूमा था, पर क्या वह उन्हें भूल गईं? छोटा-सा घाव हो गया हो तो उसकी स्थायी निशानी बनी रहती है। चंदया-लक्ष्या को माँ की याद नहीं आती होगी क्या? माँ के अभाव में वे कैसे जीते होंगे? उन्हें माँ को देखने की इच्छा नहीं होगी क्या? हम माँ की गोद में खेल चुके हैं। आज भी उनकी आँखों के सामने ही खेल रहे हैं। माँ नहीं दिखायी देतीं तो हम उदास हो जाते हैं। उनके बगैर हमें कुछ भी अच्छा नहीं लगता। वह कहीं जा रही हों तो हम उनके पीछे-पीछे निकलते हैं। माँ हमें मारती हैं, माँ हमें प्यार करती हैं; पर चंदया-लक्ष्या माँ किसे कहते होंगे? उन्हें स्कूल कौन भिजवाता होगा? किनके पास वे जिद करते होंगे? हमउम्र लड़के चंदया-लक्ष्या से कैसी छेड़खानी करते होंगे? मैं, नागी, निरमी किस तरह मजे में खेलते हैं। मसामाँ हमारे खेल को देखती हैं।

उस दिन हम खेल रहे थे। मसामाँ दरवाजे के पास बैठी थीं। भंगाराव्वा आयीं। दादी आयीं, इस खुशी में हम थे। हमने खेल बन्द कर दिया। माँ भी उठकर भीतर चली गईं। भंगाराव्वा के साथ दो जवान भी थे। भंगाराव्वा ने माँ से कहा, "ये तेरे बच्चे, चंदया-लक्ष्या।" मसामाँ कसमसाती दोनों को बाँहों में लिये रोने लगीं।

दूध पीता लक्ष्या और चार साल का चंदया अब काफी बड़े हो चुके थे मानो समय ही आकार धारण कर चुका था। मसामाँ का हृदय विशाल हो चुका था। कितने वर्षों के बाद मसामाँ अपनी संतान से मिल रही थीं। मसामाँ चंदया-लक्ष्या को चूम रही थीं। मुझे गुस्सा आ रहा था। इन परायों के साथ मसामाँ इतना क्यों प्यार कर रही हैं? हमारे प्रति उनका प्यार कम तो नहीं हुआ न? चंदया, लक्ष्या, मैं, नागी, निरमी, वनी एक ही माँ के। एक ही गर्भ में, एक ही खून से पले हुए। पर आज हम एक-दूसरे के लिए कितने अजनबी बन गये हैं!

□

मैं और परश्या जंगली खजूर तोड़ने निकले थे। रास्ते में शोभी दिखलायी दी। उसके

सिर पर पानी का घड़ा था। मैं और परश्या जान-बूझकर फैलकर चलने लगे। रास्ता बड़ा सँकरा था। शोभी ने हम दोनों से हटने के लिए कहा। परश्या शायद इसी प्रतीक्षा में था। वह फ़िज़ूल की बातें करने लगा। शोभी चिढ़ गई। कहने लगी, "दलितों को बड़ी मस्ती आ गई है। मैं पीने का पानी ले जा रही हूँ। देखते नहीं! अगर तुम्हारा स्पर्श हुआ तो?"

हम चुपके-से निकल गये। हम उदास हो गये और चिढ़ भी गये। शोभी ने हमारी दुखती नस को पकड़ा था। शोभी रोज़ खेत को जाती। उस दिन हम दोनों ने सोचा, आगे कभी उसे रास्ते में रोकेंगे। मैं भीतर-ही-भीतर भयभीत था। मेरी हिम्मत नहीं हो रही थी पर शोभी ने स्कूल में भी हमारा अपमान किया था।

उस दिन बस्ती की एक गली में दो बच्चे खेल रहे थे। कहीं कोई नहीं था। शोभी जा रही थी। उसके सिर पर रोटियाँ थीं। इसी मौके की प्रतीक्षा में परश्या था। अचानक परश्या ने शोभी का हाथ पकड़ा। मैं परेशान पर मन में प्रतिशोध की भावना थी, "हम अछूत हैं? हमारे स्पर्श से पानी अपवित्र हो जाता है ना, तो फिर नदी क्यों नहीं अपवित्र होती? हमारे स्पर्श से अगर आदमी अपवित्र हो जाता है, तो क्यों नहीं हुई तू पीली-काली? क्यों नहीं तेरे सिर पर की रोटियाँ सड़ गईं? हमें अछूत कहती हो तो दो इन प्रश्नों के उत्तर? जब तक उत्तर नहीं दोगी, हाथ नहीं छोड़ूँगा!" मैंने व परश्या ने शोभी को रोक रखा था। शोभी पर हम बलात्कार करना चाह रहे थे। 'हमें अछूत कहकर वह अपमानित करती है'—इसी का हम प्रतिशोध लेना चाह रहे थे। हमारे सामने शोभी वर्ण-व्यवस्था बनकर ही खड़ी थी। उसके पैर, उसकी जाँघें, उसकी बाँहें, उसका चेहरा।

हम शोभी को रोके हुए जरूर थे, पर इस स्थिति में हमें कोई देख ले तो? शोभी गाँव में जाकर सवर्णों से कह दे तो? तो हमारी हालत क्या हो जायेगी? हमारी बहनों का क्या होगा? ऐसे समय दलित बस्ती क्या कहेगी? लहुण्णा से सुनी बातें याद आयीं। जैसे किसी दलित युवक ने सवर्ण स्त्री की ओर तिरछी नजर से देखा था। उस स्त्री ने घर जाकर यह कह दिया। सवर्ण स्त्री की ओर आँख उठाकर देखने की हिम्मत दलित करें? यहाँ तो किसी की ओर भी देखना अपराध था। पूरा गाँव इकट्ठा हुआ। बस्ती पर धावा बोल दिया गया। उस युवक को खींचकर बाहर लाया गया। बेतहाशा पीटा गया। कुछ ही दिनों बाद बस्ती के सभी दलित युवकों पर झूठे अदालती केस किये गये। अंततः उन युवकों को एक-एक साल की सजा हुई। सजा भुगतकर वे अपने गाँव आये तो उनमें से प्रत्येक की पत्नी को एक-एक संतति हो चुकी थी। सवर्ण होते ही हैं ऐसे। पता नहीं यह किस गाँव की कहानी है। पर लहुण्णा जब सुनाते तो मैं भीतर से टूटने लगता।

□

मसामाँ घर पर ही बैठी रहतीं। भूख से बेहाल होतीं तो चाय पीतीं। तीन माह में एक बार काका को वेतन मिलता। कपड़े तथा अन्य छोटी-मोटी चीजों में ही वेतन ख़त्म हो जाता। तलाक-वलाक का केस हो तो काका को दस-बीस रुपये मिलते। किसी ने फाँसी लगाकर आत्महत्या की हो, खून हुआ हो तो काका पुलिस को सूचना दे देते। जाति-बिरादरी की लाश हो तो पंचनामा कर लाश लौटा देते। ऐसे समय हवलदार, काका और पुलिस काफी रुपये ऐंठते। घर की हालत खस्ता हो गई थी। मसामाँ गुस्से से कहतीं, "कुएँ में गिरकर अब किसी को मर जाना चाहिए। इससे चार पैसे तो आ जायेंगे।"

काका ने मसामाँ के नाम पर दो एकड़ खेती कर दी थी। खाने वाले इतने। अनाज उगता कम। हमारी खस्ता हालत की कोई प्रतिक्रिया काका पर नहीं होती। "गाँव के पटेल की रखैल होकर भी भुखमरी की हालत मुझ पर आ गई है। मेरी ज़िन्दगी तुमने बरबाद की!"—मसामाँ चिल्लातीं।

मसामाँ, नागी, निरमी खुले में नहातीं। मेरे सामने ही कपड़े बदलतीं। पहनतीं। माँ और बहनों का नंगा शरीर देखना पड़ता। साड़ी पहनते समय मसामाँ की जाँघ दिखती। बहनों की छातियाँ भर रही थीं। गौना होने से पहले नागी की शादी तय कर दी गई थी।

यह शादी काका ने धूमधाम से कर दी। पूरे गाँव को भोज दिया। दलितों की बस्ती को भी मीठा-तीखा खाना दिया गया। शादी बस्ती में ही की गई। शादी पर पूरी बस्ती उपस्थित थी। शादी से पहले पंच बैठे। पंचों के निर्णयानुसार काका ने बस्ती को खाना दिया। काका गाँव के प्रमुख थे, इस कारण बस्ती ने अधिक खींचा-तानी नहीं की।

नागी का पति कुमार नरसिंह गिरजी मिल, सोलापुर में अस्थायी मजदूर था। उसकी माँ शान्ता केले बेचती। इसके पूर्व कुमार की पत्नियाँ भाग चुकी थीं। नागी से वह काफी बड़ा था। नागी के विवाह का निर्णय बहुत सोच-समझकर नहीं लिया गया था, क्योंकि 'बिसाध' लड़की को वर मिलना मुश्किल था। नागी छोटी थी, पर कुमार तो दो बच्चों का बाप लगता। कुमार की यह तीसरी शादी थी। हमउम्र पत्नी टिकती नहीं, इसलिए इस छोटी गुड़िया को उसने स्वीकृति दी थी। तीसरा विवाह अपशकुन माना जाता है, इसलिए तीसरा विवाह पहले गुड़ियों से किया गया और फिर नागी से। मतलब नागी उसकी चौथी पत्नी थी।

नागी ससुराल गई, पर भाग आयी। उसका अभी गौना भी नहीं हुआ था। पर

भाग आयी। शायद कुमार नपुंसक था। भगवान् जाने सही क्या था!

उस दिन मैं और कुमार केले से भरे ठेले पर सोये थे। चार पहियों वाला वह ठेला। कुमार नींद में बड़बड़ा रहा था। उसके मुँह से शराब की दुर्गन्ध आ रही थी। वह रोज़ ताश खेलता। काम पर नहीं जाता। वास्तव में काम से उसे निकाला गया था। नींद में कुमार ने अपनी टाँगें मेरी टाँगों में फँसा दीं। स्त्री को जैसे बाँहों में कसा जाता है, वैसे ही वह मुझे नजदीक लेने की कोशिश करने लगा। मैं कुछ समझ नहीं पा रहा था। यों ही पड़ा रहा। फिर धीरे-धीरे मैं उसकी पकड़ से मुक्त होता गया। सवेरे मुझे और कुमार को शान्ता बुआ जगाने लगीं। उन्हें ठेला चाहिए था। कुमार उठा। मैं उसकी ओर देख रहा था। उसका अण्डरवियर एक खास जगह भीग गया था। सवेरे चाय पीकर कुमार घर से बाहर निकल जाता और रात में ही वापस आता। मुझसे रोज़ कहता, "आज तुम्हें फिल्म दिखलाने ले जाऊँगा"।

तब तक मैंने फ़िल्म नहीं देखी थी। दोपहर को मैं शान्ता बुआ के साथ निकलता ठेले को ठेलते हुए। इस बहाने बाहर घूमने का मजा मिलता। पहली बार मैं सोलापुर जैसे बड़े शहर में आया था। शान्ता बुआ 'केले...केले' चिल्लातीं। केले लेने वाली औरतें मेरे सम्बन्ध में पूछताछ करतीं, मुझे अच्छा लगता।

काम के बहाने कुमार घर से बाहर निकल जाता। पता नहीं दिन-भर कहाँ घूमता। उसके लौटने के पहले ही उससे उधारी वसूल करने वाले लोग घर का चक्कर काटते। शान्ता बुआ को तंग करते। वह चिढ़ जातीं। फलवाले थोक व्यापारी के साथ उनके झगड़े होते। धन्धे में नुकसान होने लगा। बाजार में प्रतिष्ठा कम होने लगी। परिणामतः एक दिन शान्ता बुआ ने केले बेचना छोड़ दिया। वह थैला लिये सड़क पर रद्दी चुनने का काम करने लगीं।

कुमार और शांता बुआ ज़िन्दगी से उठ गये। काँच और काग़ज़ के टुकड़े रोज इकट्ठे करना, बेचना और फिर चूल्हा सुलगाना। कुमार एक पैसे की कमाई नहीं करता था। मैं उस दिन शान्ता बुआ के साथ काग़ज़ इकट्ठे करने गया था। कूड़े के डब्बे में हाथ डालता। कूड़े का मंथन करता। काग़ज़ के टुकड़े निकालता, शान्ता बुआ को देता। किसी काग़ज़ में शौच बँधा हुआ होता। कुछ काग़ज़ बहुत ही गंदे होते। मिठाई के काग़ज़ देखकर मुँह में पानी आ जाता। कोरा काग़ज़ मिल जाता तो बेहद खुशी होती। मैं काग़ज़ चुनता। पढ़ता। शान्ता बुआ चिल्लातीं, "क्या पढ़ रहे हो, इधर लाओ।"

गंदी चीज़ों से भरे हुए काग़ज़ और हमारी भूख। शाम को इन्हें पलड़े में तौलते समय सोचता कि दूसरे पलड़े में अगर हमारी भूख डाली जाये तो फिर देखें, कितने किलो वज़न होगा हमारी भूख का। भूख का भी वजन होना चाहिए। पेट का भी वजन होना चाहिए। खुद का भी वजन होना चाहिए। दिन-भर इकट्ठी रद्दी का वजन ज्यादा

है या आदमी की भूख का?

सवेरे संतामाय उठीं।

रात में कोई शराबी संतामाय के बिस्तर में घुस गया था। सुना कि संतामाय के चिल्लाने से वह भाग खड़ा हुआ। हर अमावस्या, पूर्णिमा को ऐसा ही होता है—ऐसा शान्ता बुआ कहतीं। कहतीं, भूत आता है। उसके भी बिस्तर में घुस गया था एक बार। मैं सुनकर चकरा जाता। संतामाय के पास कुमार तो नहीं गया? शायद शान्ता बुआ के पास भी वही गया होगा।

□

मेरी हाई स्कूल तक की पढ़ाई चुंगी और चपलगाँव—इन दो गाँवों में हुई। रोज़ पैदल आता-जाता। इस बार चपलगाँव के बोर्डिंग में रखा गया। कारण इतना ही था कि जब मैं चुंगी में था, तब स्कूल नहीं जाता था, शरारतें करता। बोर्डिंग के कारण अब यह सब बन्द हुआ। घर के लाड़ भी बन्द हो गये। भिन्न-भिन्न गाँवों के विविध बच्चे वहाँ थे। अब तो सवेरे की चाय भी बन्द हो गई।

बचपन में दादा के नमाज के संस्कार मुझमें थे। बाद में संतामाय की अम्बाबाई और लक्ष्मी के संस्कार भी हुए। काका के पोथी-पुराणों ने तो पागल बना दिया था। बोर्डिंग में आने के बाद यह सब धीरे-धीरे कम होता गया। आस-पास सभी दलित छात्र थे। उनके कारण बौद्ध धर्म के प्रति अधिक आत्मीयता महसूस होने लगी।

चपलगाँव में अध्ययन के सिवा और कुछ भी कर नहीं सकता था। प्राइमरी स्तर पर गणित तथा चित्रकाल के प्रति जो आकर्षण था, वह भी कम हो गया। अलबत्ता अंग्रेजी पक्की हो गई। कक्षा में मेरी गिनती बुद्धिमान लड़कों में होती। संतामाय मुझे अपनी गोद में लिये सोतीं। बचपन से मैं उनकी गोद में ही सोता रहा हूँ। अब बोर्डिंग में आ जाने के कारण संतामाय को सूना-सूना सा लगता।

एक बार मैं उनके स्वप्न में चला गया, इसलिए वह मुझे मिलने आयीं। हन्नूर-चपलगाँव में पाँच कि.मी. का अन्तर है। साठ पैसे बस का टिकट था। पर इतने पैसे भी पास में न होने के कारण वह पैदल ही चपलगाँव आयी थीं। मेरे लिये वह पुरानी चप्पल ले आयी थीं। वे चप्पलें उन्हें हन्नूर के बस स्टैण्ड पर झाड़ू लगाते समय मिली थीं। वे चप्पलें उन्होंने नागी, निरमी को नहीं दीं। मुझसे कहा, "चप्पल पहनो।"

एक का अँगूठा टूटा हुआ था। मैंने पैर डाले। ठीक आये। पर वे किसी स्त्री की थीं। मैंने पहन लीं। दोनों गाँव में निकले। संतामाय अँगूठा ठीक करा लेना चाह रही थीं। स्टैण्ड के पास चमार बैठा था। उसके पास गये। उसने नकार दिया; क्योंकि वह संतामाय को जानता था कि वह महारिन हैं। मैं चप्पल चुपचाप पहने रहा। अन्य

मित्र 'लेडीज चप्पल' कहकर चिढ़ाते। पर उनके पैरों में चप्पलें कहाँ थीं?

जब मैं दसवीं में पढ़ता था, तो एक बार स्कूल के मैदान में मुझे तीस रुपये मिल गये। पीरजादा नामक मित्र ने देख लिया। कहने लगा, "हम दोनों आधे-आधे बाँट लेंगे। अक्कलकोट जायेंगे, फ़िल्म देखेंगे।"

मैं बहुत देर तक सोचता रहा। पर मेरी हिम्मत नहीं हुई।

पीरजादा कहता, "तू मुझे केवल दस रुपये दे। तुझे रुपये मिले हैं, इसलिए तू बीस ले ले।"

अन्त तक हम दोनों कुछ भी तय नहीं कर सके। वास्तव में मुझे यह सब गलत लग रहा था। मेरी ईमानदारी मुझे कचोट रही थी।

स्कूल की घण्टी बजी।

कक्षाएँ शुरू होने के पहले स्कूल के मैदान में सामूहिक प्रतिज्ञा तथा राष्ट्रगीत होता था। राष्ट्रगीत अथवा श्रद्धांजलि के समय सभी शिक्षक एक ही पोज में खड़े हो जाते थे। प्रार्थना के बाद वे तीस रुपये मैं हेडमास्टर को दे आया। उन्होंने मेरी पीठ थपथपाई। स्कूल के लाउडस्पीकर पर मेरी ईमानदारी का अभिनन्दन किया गया। मैं कक्षा में गया। हिरेमठ सर पढ़ा रहे थे। उस वर्ष खेल की स्पर्धा में हमारी कक्षा हार चुकी थी। उन्होंने पढ़ाना बन्द कर दिया और सबको सम्बोधित करते हुए बोले, "हम खेल की स्पर्धा हार चुके हैं। कोई बात नहीं, पर लिंबाले की ईमानदारी से हमारी कक्षा की विजय हुई है।"

वह ख़ुशी मुझे मूल्यवान लगी।

शनिवार-रविवार को मैं गाँव निकल जाता। फिर सोमवार को ही वापस आता। गाँव में घूमता-फिरता। अस्पृश्यता से चिढ़ होती। शिक्षा के कारण स्वाभिमान उभर रहा था। जातीयता से मन खिन्न होता। गाँव में शिवराम का होटल था। वहाँ अछूतों के लिए बाहर अलग से कप-सॉसर रखे हुए होते। मैं कई बार उन कप-सॉसरों को देखता। रास्ते में घूमते समय भी पूरी स्वतन्त्रता नहीं थी। इन स्थानों पर अछूतों की उपेक्षा होती, अपमान होता। गाँव के स्त्री-पुरुष जहाँ हगते थे, वहाँ हमारा निवास था। इस गाँव के प्रति कोई प्रेम मुझमें नहीं था। हाँ, भय जरूर था और आतंक भी। जन्म के पूर्व ही अछूत का लेबल लग गया था। जब गर्भ में था, तभी अछूत स्त्री का गर्भ कहकर मुझसे जाति चिपकाई गई थी। मृत्यु के बाद भी अछूत का शव कहकर अछूतों की श्मशान-भूमि में चार अछूतों के कन्धों के सहारे ही तो जाना है।

हम गाँव में स्वाभिमान से घूमते। इस कारण गाँव के युवक खार खाते। उन्हें नहीं चाहिए था हमारा स्वाभिमान। स्वाभिमान में एक अलौकिक ताकत होती है—इसका अहसास मुझे हो रहा था। हम थोपी गई शूद्रता में जलकर राख नहीं होना

चाहते थे। छटपटाते थे। शिवराम के होटल के बाहर रखा गया कप-सॉसर हमें हमारी जाति का अपमान लगता। पुरानी पीढ़ी उस अपमानित कप-सॉसर में चुपचाप चाय पीती। रामबाप शिवराम के होटल में जाता, बाहर के आले में रखा कप-सॉसर उठाता। उसी आले में जर्मन का एक गिलास रखा हुआ होता। ऊपर से पानी दिया जाता। रामबाप पानी पीता, चाय पीता। कप-सॉसर धोकर वहीं रख देता। जमीन पर पैसे रख देता अथवा ऊपर से देता। हाथ में पैसे देना अपराध था। मैं रामबाप से बातचीत करता। रामबाप कहता, "अपनी जाति ही निम्न है। पीढ़ी-दर-पीढ़ी यही चल रहा है। हम कर क्या सकते हैं? गाँव के ख़िलाफ चलकर यहाँ कैसे जी सकते हैं?"

कभी तो गाँव के ख़िलाफ जाना ही होगा। कितने दिन मौन होकर जियें? कितनी पीढ़ियों को इस प्रकार की ज़िन्दगी जीनी होगी? कभी तो इन सबको नकारना होगा।

मैंने और परश्या ने सोचा कि शिवराम पर कानूनी कार्रवाई की जाये। पर उसके होटल में चाय पीने के लिए पैसे नहीं थे। दादा को भी हमाली नहीं थी। दादा के पास दस पैसे थे। उनकी सभी जेबों की तलाशी ली। बीड़ी के लिए उन्होंने दस पैसे बचाकर रखे थे। मैं ज़िद कर रहा था। दादा से पैसे लिये। मैं और परश्या शिवराम के होटल की ओर आँधी की तरह चले।

ऊपर से पानी परोसा गया। परश्या ने कप-सॉसर धोया। मैंने ज़मीन पर पैसे रख दिए। फैम्या ने पैसे लिये। ऊपर से चाय डाली। उस चाय को लेकर हम दोनों सीधे पुलिस स्टेशन पहुँचे। हवलदार खैनी खाते बैठा था। पुलिस चौकी में जाने का यह पहला अवसर। मेरे बदन पर फटी बनियान और नीचे फटा टॉवेल लपेटा हुआ था। परश्या चौकी के दरवाजे पर खड़े होकर पूछ रहा था, "मे आय कम इन, सर?" मैं परश्या के पीछे थरथराते हुए खड़ा था। हवलदार पागलों की तरह हमें देख रहा था। हवलदार शायद हमारी बात को समझ नहीं पाया, इसलिए चिल्लाया, "क्यों बे मूर्खो?"

परश्या और मैं भीतर घुस गये। परश्या ने सारी स्थिति स्पष्ट की। कप-सॉसर सामने रखे। हवलदार ने कप-सॉसर और हम दोनों को बारी-बारी से देखा। उसकी नज़र में हम और सॉसर, दोनों एक सरीखे थे। शिवराम के होटल में हवलदार की उधारी थी। हवलदार हमें ही दबाने लगा। कहने लगा, "तुम्हें अन्दर कर दूँगा।"

हमारे इस साहस का पता घर वालों को नहीं था। हम दोनों परेशान हो गये। बेकार में बेवकूफी हो गई। हम क्या रोज़ वहाँ चाय पीने जाते थे। घरवालों को पता चल जाये तो क्या होगा? शिवराम तो हमारी जान ले लेगा। लोग क्या कहेंगे?

"हमें भी पकड़ो तथा शिवराम को भी!" मैं रुआँसी आवाज में कहने लगा।

परश्या भाग जाने की तैयारी में था। मुझे मुख्यमन्त्री, प्रधानमन्त्री के पते मालूम नहीं थे। उन्हें कैसे लिखा जाये, यह भी मालूम नहीं था। मैं पूरी शक्ति से कहने लगा, "हम मुख्यमन्त्री, प्रधानमन्त्री को प्रार्थना-पत्र भेज रहे हैं।" हवलदार थोड़ा-सा परेशान हुआ। शिवराम को बुलवाया गया। शिवराम पुलिस चौकी में आने वाला है, यह सुनकर हम और भी परेशान हो गये।

शिवराम के आने के बाद हवलदार ने उसे सबकुछ वही कहा जो हमने उसे बताया था। शिवराम चिढ़ गया, "आज बीस वर्ष हुए, सारी दलित बस्ती इसी प्रकार से चाय पीती है। इन्हें ही क्या हुआ? इन्हें अगर होटल के भीतर लूँ तो मेरे अन्य ग्राहक टूट जायेंगे।"

हमारी ओर वह घूर-घूरकर देख रहा था। मेरी तो घिघ्घी बँध गई। शब्द निकल नहीं रहे थे। शिवराम ने चौकी में चाय मँगवायी। मुझे और परश्या को उसने अच्छे कप-सॉसर में चाय दी और गालियाँ भी देने लगा, "बेवकूफो, मेरे घर आओ। मैं अपनी थाली में तुम्हें खिलाऊँगा।"

हम दोनों चौकी के बाहर आये। इस सम्बन्ध में किसी से कुछ न कहा जाये—हमने सोचा। जो कुछ हुआ, उसे भूल जाने का हमने निर्णय लिया। हम दोनों बस्ती की ओर निकले। पर गाँव तथा बस्ती एक हो चुके थे। आश्चर्य कि दलित भी हमारी ओर नहीं थे। शाम को काका आये। काफी चिढ़े हुए थे, "शरण्या, किस पर केस किया है? तुझे क्या पड़ी थी? तेरा सिर मैं साँप की तरह कुचल दूँगा! खुद को समझता क्या है?"

मैं खामोश बैठ रहा। काका निकल गये। संतामय मुझे लिये बैठी कह रही थीं, "अब पहले जैसी स्थिति नहीं है। मेरी पीढ़ी ने तो इससे भी अधिक जुल्म सहन किये हैं।"

"उन दिनों गाँव में कोई जानवर मर जाता था तो पूरा गाँव दलितों से चिढ़ जाता। बस्ती को परेशान करता। पूरी बस्ती के दलितों को खम्भे से बाँधकर जानवरों की तरह पीटते, 'तुम लोगों ने ही जहर देकर हम लोगों के जानवर को मारा है।' ऐसे आरोप लगाते। औरतें-बच्चे रोते। सारे पुरुष पीटे जाते। बस्ती को बहिष्कृत किया जाता। खेतों में मज़दूरी नहीं दी जाती। पैसों के बावज़ूद दुकान से सामान नहीं दिया जाता। सभी ओर से उन्हें परेशान करते। दलित कसम खाते, छटपटाते।"

"गाँव के लोग जब दलितों को बहिष्कृत करते तब सातू बाप गाँव का काम करता। वह गाँव में घूमता। दलितों को परचून की दुकान से सामान लाकर देता। मृत जानवरों को अकेला खींचता, छीलता, फाड़ता और सबके घरों पर मांस पहुँचाता। अब समय बदल गया है।"

संतामाय की बातें सुनकर मैं भीतर-ही-भीतर कसमसाता। अत्याचारों के कारणों

का पता ही नहीं चलता। संतामाय की बातें बेचैन करतीं। लगता, यह एक ऐसी मार है, जिसके खिलाफ बोलना भी मना है। किसान हमें खेत की सीमा पर भी नहीं घुसने देते। बकरियाँ चराने हेतु जवान दलित औरतें जंगल में गईं कि किसान चिढ़ते। कहते, 'हमारे खेतों की ओर न जाओ। हमारे जानवरों को घास की जरूरत होती है। तुम चोर हो। तुम खेत पर मत आओ। तुम्हारी बकरियाँ हमारी फसलें नष्ट करती हैं।' और किसान दलित स्त्रियों का अपमान करते। गंदी गालियाँ बकते। पीटते। कभी-कभार किसी का आँचल खिसका देते और कभी किसी को खड़ी फ़सल में खींच ले जाते।

संतामाय मुझे अन्याय की कहानियाँ सुनातीं। उनकी आँखों से टपकने वाले आँसू मुझे महाकाव्य की तरह लगते। उनकी एक-एक कहानी मुझे महायुद्ध की चिंगारी का एहसास दिलाती। जिस भूतकाल को हम जी चुके हैं, वह कितना भयावह है, इसका एहसास मुझे होने लगा। मेरी व्यथा मुझ तक सीमित नहीं है। वह व्यथा आज की नहीं है। इस अन्याय की जड़ें हजारों वर्षों के इतिहास में फँसी हुई हैं। मेरा दुख बुद्ध द्वारा देखा गया दुख है। मैं आज उसी दुख को झेल रहा हूँ। इसके बावज़ूद मेरे भीतर का बुद्ध जाग क्यों नहीं रहा है?

मेरे नाना, दादा, पड़दादा इस कोठी की रक्षा करते रहे हैं। पाटील जब तहसील जाते तो इस कोठी की रक्षा वे रात-भर करते रहते पर इन बेवकूफ़ों के मन में एक बार भी यह विचार नहीं आया कि कोठी में खाट पर सोयी पटेल की पत्नी का चेहरा कभी देख लें। इसके बावजूद उन्होंने अपनी बहू-बेटियों को रात के अँधेरे में इन कोठियों के अधीन कर दिया। इन कोठियों के निर्माण में अपनी ही बलि दे दी। उनकी जूठन पर जीने में ही अपनी ज़िन्दगी को सार्थक मानते रहे। मेरा यह इतिहास!

□

हमारे घर के पीछे दामुअण्णा का शराब का धन्धा चलता था। उनके यहाँ की शराब खत्म हुई कि ग्राहक हमारे यहाँ आते और हमारे यहाँ की शराब पसन्द नहीं आती तो वे दामुअण्णा के यहाँ जाते। ग्राहक को जितने प्यार से सँभाला जाये, उतना ही फ़ायदा होता है। मसामाँ जबान से बहुत मीठी थीं। दामुअण्णा की सास रत्नाबाई जब हन्नूर आतीं तो हमारे घर भी आतीं। रत्नाबाई के लड़का नहीं था। चारों लड़कियाँ उनमें से दो हन्नूर में ही ब्याही गई थीं। बड़ी लड़की पार्वती मुम्बई गई थी। उसके एक लड़का था, छरहरे बदन और गोरे रंग का। बुद्धिमान। नाम जुम्मा। अपनी कमाई से पार्वती ने चार एकड़ जमीन खरीद ली थी।

पार्वती का बेटा जुम्मा स्कूल जाता। खर्च सँभालकर पार्वती ने कुछ पैसे बचा रखे

थे। पर अचानक क्या हुआ कि लाल स्याही से लिखा पत्र दामुअण्णा को मिला और सब रोने लगे। स्टोव के फटने से पार्वती जलकर मर गई, ऐसी खबर थी। सही कारण क्या था, नहीं मालूम। कौन जायेगा मुम्बई? किनके पास थे पैसे? मुम्बई जाने की बात ये लोग सोच भी नहीं सकते। पार्वती का खून हुआ या दुर्घटना हुई? निकट का प्रदेश थोड़े ही है। अब जाकर फायदा भी क्या है? दामुअण्णा मुम्बई जाकर जुम्मा को ले आये।

जुम्मा चौथी कक्षा में पढ़ने वाला लड़का था, दस-ग्यारह साल का। माँ की मृत्यु के बाद अनाथ हो गया था। दामुअण्णा ने उसके विवाह का निर्णय ले लिया। दामुअण्णा-रत्नामाय ने यह बात मसामाँ से कह दी। लड़का देखने में खूबसूरत था और उसकी माँ ने काफी बचाकर भी रखा था। बड़ा होने के बाद कमाकर खाएगा, ऐसा सोचा गया। बहन वनी से जुम्मा की सगाई हो सकती है, ऐसा विचार हुआ। दामुअण्णा, रत्नामय, काका तथा मसामाँ में चर्चा हुई। सबको प्रस्ताव ठीक लगा। जुम्मा की तुलना में वनी बड़ी लगती थी। पर माँ यह सब कहाँ सोच सकती थीं। किसी-न-किसी तरह लड़की की सगाई हो रही है ना! बस।

जुम्मा-वनी की शादी हो गई। वनी दिन-ब-दिन बड़ी हो रही थी पर जुम्मा अभी भी निक्कर में था। जुम्मा ने स्कूल छोड़ा। वह देहात में रम नहीं पा रहा था। जुम्मा मुंबई भाग गया, हमेशा के लिए। जहाँ प्रत्येक व्यक्ति भूख की खोज में भटक रहा है, वहाँ जुम्मा को कौन खोजेगा?

□

नारायण पाटील का कुआँ। पिछले वर्ष दलितों ने इसे बनाया है। घोंडुण्णा, दत्तू, देवप्पा, सिद्धया, त्रिमूक, विष्णु, मसा, मनु, मल्या, शिवलिंग, नामदेव आदि ने इस कुएँ का काम ठेके पर लिया था। यहाँ दलितों ने पसीना बहाया था। यहीं पर उन्होंने बारूद बिछायी थी। इस धरती को फोड़कर उन्होंने पानी निकाला। पर आज यह कुआँ दलितों के लिए खुला नहीं है। उसका पानी वे नहीं पी सकते।

मैं, माणक्या, तुलश्या कुएँ के किनारे खड़े थे। पानी में हमारी छाया तैर रही थी। हम बेर खाने आये थे और प्यास लगी थी। मैं ऊपर खड़ा रहा। माणक्या व तुलश्या भीतर जाकर पानी पी आये। अन्त में मैं भी गया। कुएँ पर माणक्या-तुलश्या पहरा दे रहे थे कि कोई हमें देख तो नहीं रहा है। भयभीत होकर या चोरी से ही हमें अपनी प्यास बुझानी पड़ती थी। इस पानी पर भी बिरादरी का हक था। मेरी अँजुली के स्पर्श से पानी में अनेक लहरें उठीं। धरती के पेट में शायद खलबली मच गई। इस कुएँ से अपनी प्यास बुझाते हुए हमें किसी ने देखा नहीं, यह हमारा भाग्य। अगर देख लेते तो बेतहाशा पीटे जाते। ऐसा क्या है हमारे स्पर्श में? हमारे स्पर्श से पानी अपवित्र

हो जाता है, अन्न अपवित्र हो जाता है, घर अपवित्र हो जाता है, कपड़े अपवित्र हो जाते हैं, पनघट अपवित्र हो जाता है, श्मशान-भूमि अपवित्र हो जाती है, होटल-ढाबा अपवित्र हो जाता है। ईश्वर, धर्म और मनुष्य भी अपवित्र हो जाता है।

पिछले शनिवार की मुझे याद आ रही है। शनिवार-रविवार को स्कूल की छुट्टी थी, इसलिए हम लोग गाँव गये थे। रास्ते में साथियों के साथ झगड़ा हो गया। वे मुझे अकेला छोड़कर आगे निकल आये। मैं अकेला रह गया। शिवाप्पा तेली के खेत में विश्राम के लिए बैठ गया।

शिवाप्पा खेत में काम कर रहा था। उसकी पत्नी रोटी लेकर आयी थी। उसके सिर पर रोटी की टोकरी थी, बगल में छोटा बच्चा था। सिर पर रखी टोकरी उतारने में सहायता के लिए उसने मेरी ओर देखा। दूसरों की सहायता करना मेरा फर्ज था। मैंने सहायता की। यह देखकर वह कोसने लगा। शिवाप्पा की पत्नी मेरा पक्ष लेने लगी। मैंने उसकी सहायता की थी न। शिवाप्पा और चिढ़ गया, "अछूत है यह, अछूत। अछूत संता का पोता!"

शिवाप्पा की पत्नी को इसका पता नहीं था। सुनकर उसका चेहरा फीका पड़ गया। वह रुआँसी-सी हो गई। आँखों में पानी आ गया। मेरे स्पर्श से रोटियाँ अपवित्र हो गई थीं, वह अपवित्र हो गई थी, उसका बच्चा भी अपवित्र हो गया था। मुझे गालियाँ देने लगी। शिवाप्पा और अधिक बिगड़ गया। पैर का जूता निकालकर उसने मेरी ओर फेंका। मैं गाँव की दिशा में भाग निकला।

□

मैं मैट्रिक उत्तीर्ण हो गया। प्रथम श्रेणी मिल गई थी। मैं, चंदया और शिरौले प्रथम श्रेणी में उत्तीर्ण हुए। सभी ओर हमारी प्रशंसा हो रही थी। इस खुशी में मैं, संतामाय, दादा शराब पीते रहे।

दादा का मामा वार्शी में हवलदार था। दादा वार्शी हो आये। वहाँ भी पैसे नहीं मिले। दादा के मामा ने आश्वासन दिया कि अगले वेतन पर वह रुपये दे देगा। पर उस वक्त तक कॉलेज में प्रवेश बन्द हो गया तो? मैं परेशान हो गया। कॉलेज जाने की बहुत उत्सुकता थी।

उस दिन मैं और संतामाय साहूकार के यहाँ गये, रुपयों के लिए। साहूकार अपनी धुन में था। मैं और संतामाय दूर खड़े थे। संतामाय की चोली फटी हुई थी और उसके स्तन दिखलायी दे रहे थे। साहूकार की नजर वहीं थी। पैसों के लिए उसने मजबूरी व्यक्त की परन्तु उसकी आँखें मेरे कलेजे में विष की तरह धँस रही थीं। 'इस सेठ-साहूकार की माँ-बहन की साड़ी-चोली ऐसे ही नाजुक स्थलों पर फट जानी

चाहिए और उन्हें मैं ताकता हूँ,' मेरे जलते मन ने कहा। ग़रीबी से घृणा हुई। ऐसे अपमानों से मैं छटपटाता, चिढ़ता।

□

महाविद्यालयी शिक्षा के लिए मैं सोलापुर गया। दयानन्द महाविद्यालय में प्रवेश मिल गया। देहाती हाई स्कूलों की तुलना में यहाँ की दुनिया ही निराली थी। नया परिवेश। नया उत्साह।

दयानन्द महाविद्यालय में निंबाले नामक क्लर्क था। संयोग देखिये कि मेरे प्रवेश के समय वही खिड़की पर था। उसने मेरे नाम की एंट्री कर ली। जाति-बिरादरी पूछी। मैंने हिन्दू-अछूत कहा तो उसने आश्चर्य से कहा, "लिंबाले उपनाम महारों में भी होता है।"

मैंने कहा, "हाँ।"

मुझे मेरी जाति से डर लग रहा था। वास्तव में पिता के धर्म पर, उनकी जाति-बिरादरी पर, किसी पर भी मेरा हक नहीं था। मैं हिन्दू-महार से सुविधाएँ ले रहा था। मैं महार नहीं हूँ। मेरे शरीर में एक सवर्ण का रक्त है—शिख से नख तक। भीतर के इस रक्त को क्या मैं निकाल बाहर कर सकता हूँ? मुझे अपने शरीर से घृणा हो रही है। मैं जो जी रहा हूँ, वह वेदना मेरी अपनी है। उतनी ही वह इस पूरी बस्ती की है। गाँव के बाहर की इस बस्ती का दुख मेरा अपना है। इस बस्ती का जीवन मेरा अपना है। ज़मींदारों की इन कोठियों ने मुझे घायल कर दिया है।

मनुष्य जन्म से ही जाति-बिरादरी लेकर कैसे आता है? जन्म से वह शूद्र कैसे हो जाता है? जन्म से वह गुनहगार कैसे हो सकता है? कहते हैं, यहाँ के ब्रह्मा ने अपने पैरों के भीतर से एक विराट् शूद्र समाज को जन्म दिया है। उस समाज ने शूद्रों का जीवन जीया है। भूख मिटाने के लिए किसी ने चोरी की, किसी ने जोगवा माँगा, तो किसी ने मृत जानवरों को खींचा। हजारों वर्षों से जिनकी रोटी छीन ली गई है, वे अगर रोटी के लिए चोरी करते हों तो वह अपराध कैसे हो सकता है? अगर वे तृप्त होते तो क्यों करते चोरियाँ? क्यों सहते क्रूर पुलिस के अत्याचार?

कॉलेज में मेरी छटपटाहट बढ़ती गई। जंगल की आग की तरह यह छटपटाहट फैलती गई। मेरे एक तरफ एक आन्दोलन जड़ पकड़ रहा था। 'अन्याय' नामक शब्द अब एक नया अर्थ दिये जा रहा था। एक विराट् एहसास से हम जाग रहे थे।

कमरे में हम चार पार्टनर थे—चंदया, मैं, दुपारगुडे और डोलारे। अपनी सत्तर पीढ़ी की दरिद्रता लिये हम चारों कॉलेज में प्रवेश ले चुके थे। चंदया का मामा निवृत्ति डाकघर में नौकरी करता था। उसने चंदया को अपने कपड़े दिये। चंदया ने उसमें

से एक शर्ट और एक पैंट मुझे दे दिये थे। चंदया और मैंने एक मामूली दर्जी से उन्हें अपने योग्य बनवा लिया था। इस प्रक्रिया में कुछ मज़ेदार बातें होतीं। कपड़े पर पुरानी इस्तरी के भी निशान होते और हमारे द्वारा लगायी गईं इस्तरी के भी निशान होते। शर्ट-पैंट पर दो-दो इस्तरियों के निशान दिखते। बड़ा विचित्र लगता। पर नंगेपन को छिपाने के लिए कपड़े जरूरी थे।

कॉलेज की दुनिया में हमारी ग़रीबी फबती नहीं थी। ग़रीबी का दुख बड़ा गहरा होता है। यह दुख ही आदमी को अमर्यादित बनाता है। दुख मनुष्य को मनुष्य के रूप में खड़ा कर देता है। जिसके दुख की जड़ें जितनी गहरी होती हैं, वह मनुष्य उतने ही दृढ़ चरित्र का होता है। दुख और दरिद्रता को झेलते हुए हम शिक्षा ग्रहण कर रहे थे।

जेब में चाय को भी पैसे नहीं होते थे। परिस्थिति के कारण हम अन्तर्मुख हो जाते। 'मेरे जैसे अनेक दलित मित्र हैं, यह दुख मेरा अकेले का नहीं है' यह एहसास बढ़ता।

शेवंता की ससुराल सोलापुर में थी। अभावग्रस्त झोंपड़-पट्टियाँ और फटेहाल लोग! इन झोंपड़ियों के पड़ोस में स्थित बंगलों में शेवंता बर्तन माँजती। जवाँ उम्र की यह शेवंता बुढ़िया हो गई थी। उस बंगले की पचास वर्ष की बुढ़िया जवान और प्रसन्न लगती। शेवंता के चेहरे की मुस्कराहट, उसका तेज किसने छीना है? इस सूरजमुखी फूल की प्रसन्नता को किसने चुराया है?

रास्ते में मैं जब कभी शेवंता से टकरा जाता तो वह दस पैसे देती। कहती, "रास्ते पर मिले हो, यहाँ चाय कैसे पिलाऊँ? यह दस पैसे ले लो और मेरे नाम पर चाय पी लो।" शेवंता के चेहरे पर मैं इतिहास पढ़ता। वह निकल जाती। मैं हॉस्टल लौटता।

हॉस्टल में विभिन्न गाँवों के छात्र थे। उनकी आदतें भी अलग-अलग थीं। हम सब उनमें रमते। मैं और चंदया नंगे होकर प्रत्येक कमरे का दरवाजा खटखटाते। उनकी दिक्कतें पूछते। हमारा नंगापन हॉस्टल का बेहतरीन मनोरंजन था। सब खिलखिलाकर हँसते। नहाई हुई औरत के खुले बालों की तरह यह हास्य होता।

मैं और चंदया साइकिल पर गाँव जाते। दोनों आधा-आधा किराया देते। उस दिन दादा स्टैण्ड पर नशे में घूम रहे थे। लोग उनकी हँसी उड़ा रहे थे। संतामाय स्टैण्ड पर तम्बाकू खा रही थीं। मैंने साइकिल स्टैण्ड पर खड़ी की। मेरे आने का समाचार दादा को मिला। उन्होंने अपना नाटक ख़त्म किया। मैं मायूस हो गया था। बेकार ही गाँव आया। खुली आँखों से यह सब देखना पड़ता है। मेरी अनुपस्थिति में ये लोग ज़िन्दगी जी लेते हैं। अब इनको ऐसे जीते हुए देखा नहीं जाता। कॉलेज और हॉस्टल ही ठीक

है। सोचा, लौट चलें। जैसे आए, वैसे निकल जायें। संतामाय ने मुझे निकट लिया। मुझे चूमा। तब तक दादा चाय लेकर आये। नशे में उनकी आँखें लाल हो चुकी थीं। घुटना फट चुका था। मैं और चंदया ने आधी-आधी कप चाय ले ली।

दादा सड़क पर बस की तरह खड़े हो गये। जोर से चिल्लाए, "मेरा बाघ आया है रे...।"

सड़क पर पड़े दो-तीन कंकड़ उठाये। मैं कुछ समझ नहीं पा रहा था। संतामाय उठ खड़ी हुईं। उन्होंने कंकड़ छीन लिये, "क्या नाटक कर रखा है रे? लड़का घर आया है।"

दादा ख़ामोश हो गये। कप-सॉसर ले आये। संतामाय शिकायत कर रही थीं, "आजकल यह ऐसा ही कर रहे हैं।" मैं दादा को रोक नहीं पा रहा था।

मैं मसामाँ के पास गया। चाय के कप की तरह उसने शराब का कप दिया। पी ली। काका और उनकी दोस्त कम्पनी गाँजा पीती थी। उन्होंने मेरे हालचाल पूछे।

दादा चोरी से शराब पीने जाते। संतामाय शिकायत करतीं, झगड़तीं। गोंधली जमात के चार-पाँच लोगों के साथ काका गाँजा पीते। चन्दू पुजारी जोर से कश लगाकर दादुन्या को सौंप देता। दादुन्या पाण्डुरंग को देता। एक चिलम चार-पाँच लोगों में घूमती। काका के हाथ में जब चिलम आती तो वह चिलम की नली पर लपेटे कपड़े को निकालते। पानी में भिगोते। चिलम को पानी पिलाते। गरम चिलम ठण्डी होती। कपड़ा भिगोकर फिर चिलम पर लपेटते। चिलम के मुँह पर उँगलियाँ रखकर बन्द-खुला करते हुए दम मारते। मुझे भी एक दम देते। मसामाँ कहतीं, "उसे मत दो।"

काका कहते, "लेने दो।"

मुझे खाँसी आती। कोरे धर्माण्णा 'धुआँ निगल' कहता। चन्दू पुजारी 'ओम' कहते हुए दम मारता।

सभी की नशीली नज़रें। लाल चिलम। मुँह से निकलता धुआँ। मसामाँ द्वारा दी गई गाली। सारा वातावरण ही विचित्र लगता।

मैं बहुत दिनों बाद गया था, इसलिए संतामाय ने अण्डे की सब्जी बनायी थी। मैं, दादा और संतामाय खा रहे थे कि आखिरी बस आ गई। दादा ने थाली हटा दी। हमाली के लिए निकल भागे। मैंने और संतामाय ने खाना खा लिया। संतामाय पान-तम्बाकू खाती थीं। कहने लगीं, "नागी के चाल-चलन ठीक नहीं हैं। पटेल के बेटे के साथ जाती है।"

दादा, संतामाय और मैं स्टैण्ड के पीछे खुले मैदान में सो गये। नागी का भविष्यकाल मुझे परेशान कर रहा था। पति लापता, नागी जवां। अब तो...

प्रातः जगा। पैर के पास बैठी कुतिया भौंकने लगी थी। मैंने उठकर देखा। एक

लड़की की आकृति अँधेरे में धीरे-धीरे गायब हो रही है। भौंकती हुई कुतिया उसके पीछे गई। वह नागी थी। नागी की आवाज सुन कुतिया वापस आ गई। मैं उठ बैठा। थोड़ी देर बाद पटेल का नन्दू धीरे-से निकल गया। उस दिन मैं खुद को कैसे रोक सका, आज तक मैं समझ नहीं पाया हूँ।

मैं और चंदया गाँव जा रहे थे। नागी पटेल के नन्दू के साथ बातचीत करती खड़ी थी। नागी को मैं घर बुला लाया और पीटने लगा। गुस्से से मैं लाल-पीला हो चुका था। मैं गाँव के खिलाफ ही लड़ रहा था। स्वाभिमान से धधक रहा था पर नागी मुझे अपमानित करना चाहती थी।

अड़ोस-पड़ोस के लोग इकट्ठे हुए। मसामाँ को नागी का यह आचरण गलत नहीं लग रहा था।

महादेवी ने मसामाँ से पूछा, "शरणू, इसे पीट क्यों रहा है?"

मसामाँ गुस्से से बोलीं, "नागी उसे सोने नहीं देती, इसलिए वह पीट रहा है।"

मसामाँ का और मेरा झगड़ा शुरू हो गया। काका बीच-बचाव कर रहे थे। मैं मसामाँ की ओर लपका। इच्छा हो रही थी, उसे भी क्रूरता से पीटूँ। मसामाँ रो रही थीं। काका भी चिढ़ गये। कहने लगे, "तुझे क्या करना है? मेरी बेटी है, कैसे भी जीने दे। तू हमारा कोई नहीं है।"

मुझे काका से द्वेष हो गया। मैं सोलापुर निकल आया।

□

शिवाजी मोरे खाने का डब्बे ले आता। शिवाजी मुझे भाई की तरह लगता। गाँव की खबरें सुनाता। किनमें झगड़े हो रहे हैं, कौन मर गया है, किसके यहाँ प्रसूति हुई है, मजदूरी मिली है या नहीं, घर का सन्देश—कई बातें मालूम हो जातीं।

उस दिन शिवाजी ने कहा, "बाला की पत्नी भाग गई है।" मुझे बड़ा बुरा लगा। बाला की पत्नी मुम्बई की थी। बाला मुम्बई गया था, कुछ कमाने-धमाने की इच्छा से और वहीं शादी कर आया। वास्तव में बाला ने अपनी पत्नी को फँसाया था। उसकी पत्नी मराठा जाति की थी जबकि बाला महार, अछूत। पर उसने अपनी जाति छिपायी थी। 'मैं मराठा हूँ। गाँव में मेरी जमीन और कोठी है,' आदि झूठी बातें कहकर उसने उसे फँसाया था। शादी करके गाँव लौटते समय अंदाप्पा के गन्ने के खेत की ओर इशारा करते हुए उसने कहा, 'यह मेरी खेती है, और गन्ना भी।' मारवाड़ी की बैलगाड़ी को अपनी बतलाते हुए उसने कहा, "यह मेरी बैलगाड़ी।" और अन्त में उसे झोंपड़े में लाकर खड़ा कर दिया। झोंपड़े में वह जैसे ही आयी, रोने लगी। बाला को गालियाँ देने लगी। पर बस्ती की औरतों ने बाला की इस स्त्री को धमकी दी। फिर वह

चुपचाप जीने लगी।

बाला के माँ-बाप बहू-बेटे को झोंपड़ी में छोड़ बाहर सोने जाते। एक दिन तड़के ही उठकर बाला की पत्नी शौच के लिए गई। बाल्या घर में ही सोया था, आराम से—सूर्य की किरणें निकलने तक। माँ ने उसे जगाया तब उसे पता लगा कि पत्नी पास में नहीं है। फिर...फिर क्या था, बाला की पत्नी मिली नहीं। घर के पिछवाड़े में मिला वह लोटा, जो वह ले गई थी शौच के लिए।

हॉस्टल में सभी दलित छात्र। हॉस्टल छावनी की तरह लगता। मेरे भीतर एक प्रचण्ड संघर्ष आकार धारण कर रहा था। मैंने नमस्कार करना छोड़ दिया। 'जय भीम' कहने लगा। 'अम्बेडकर' कहना मैंने छोड़ दिया। 'बाबासाहब' कहने लगा। मेरी तरुणाई को एक नया अर्थ प्राप्त होने लगा। शरीर-भर का पूरा रक्त लावा की तरह उबल रहा था। विचार अराजकता और विध्वंस में बदल रहे थे। बाबासाहब की प्रतिमा देखता तो लगता कि सात जनम की माँ से भेंट हो गई है। अन्याय, अत्याचारों के समाचारों से जल रहा था। बेचैन हो रहा था।

मेरी एक मुँहबोली बहन थी। उसका नाम था सुमन। गल्ले की दुकान पर काम करने जाती। पति ठेला खींचता। दो बच्चे थे। सुमन नाक-नक्शे से आकर्षक थी। उसके कई लफड़े थे। पति एकदम भोला-भाला। वह किसी पुरुष के साथ भाग जाती। मैं समझा-बुझाकर वापस ले आता। एक बार वह किसी होटल के नौकर के साथ भाग गई। दूसरी बार किसी और के साथ। पाँच-छः महीने बाद पति के यहाँ वापस आती। एक बार एक ट्रक ड्राइवर उसे ले गया। दोनों बच्चों को ठेले पर बैठाकर पति ठेला खींचता। मुझे देखकर रुक जाता, नमस्कार करता। बच्चे मुझे मामा-मामा कहते। उनकी नन्ही हथेलियों पर रखने के लिए मेरे पास पैसे नहीं होते थे। इन बच्चों के माथे पर षष्ठी देवी ने पता नहीं क्या लिख रखा था! क्या इनका भविष्य कोई पढ़ सकता है? बचपन में मैंने सुना था कि जन्म के पाँचवें दिन षष्ठी देवी आकर नवजात शिशु के माथे पर उसका भविष्य लिख जाती है। माथे पर की चमड़ी हटा देने से क्या वे अक्षर दिखाई देंगे अथवा यह सब कुछ झूठ है?

□

चंदया और मैं सोनू के घर जाते। सोनू यानि चंदया की नानी। झाड़ू वाली। वह रोटियाँ लाकर देती। उसके घर में रोटियों से भरी टोकरी होती। कई दिनों के टुकड़े। सूखे, फफूँद से भरे हुए, दुर्गंध-भरे। वह कहती, "खाना खाओ।"

टुकड़ों की टोकरी हमारे सम्मुख रखती। हम भूखे होते। मैं और चंदया खाते। टुकड़ों पर आई फफूँद को रूमाल से पोंछते और खाते।

सोनू नानी के पड़ोस में जनाबाई नामक झाड़ वाली थी। हम सोनू के घर पहुँचते तो उससे बातें करते। गपशप होती शादी, नौकरी आदि विषयों पर। मैं अकसर कहता, 'मैं दहेज नहीं लूँगा। अन्तरजातीय विवाह करूँगा।' जनाबाई की बहन की एक बिन ब्याही लड़की थी। जनाबाई को मैं पसन्द आ गया। उसने अपनी भानजी को मुझे बताने का निर्णय ले लिया।

उस दिन दोपहर को एक मित्र के कपड़े पहनकर मैं गया। साथ में चंदया भी था। मुझे खुशी हुई। होने वाली पत्नी के दर्शन की अपेक्षा थी। जनाबाई अपनी बहन की लड़की को लेकर आने वाली थी। मैं और चंदया जब गये तब जनाबाई झाड़ू बना रही थी। सोनू नानी नहीं थी। सोनू का लड़का चंदया का चाचा था। वह शराब पिये बैठा था। हम उसके पास जाकर बैठ गये। चंदया अपने काका से गपशप करने लगा। दारू की दुर्गन्ध आ रही थी। सोनू आयी। चंदया ने जैसे ही जनाबाई से पूछा कि लड़की क्यों नहीं आयी, तो वह गुस्से से कहने लगी, "हम खानदानी लोग हैं। हमारा ख़ानदान बारहमाशी है। हमें ख़ानदानी लड़का ही चाहिए। हमें ऐसे-वैसे लड़के नहीं चाहिए। लड़का ठीक है तो क्या हुआ! पर है तो अक्करमाशी।" 'मैं अक्करमाशी हूँ', इसका पता उसे लग चुका था। जनाबाई की बातें कलेजे को छेद रही थीं। मानो भरे चौक में किसी ने चाबुक ही मार दिया हो।

वहीं चंदया का चाचा मयाप्पा बैठा था। उसे सब पता चल गया। उसने जनाबाई से कहा, "हमारे बौद्ध धर्म में अक्करमाशी-बारहमाशी नहीं है। मैं दूँगा इन्हें अपनी लड़की।" मयाप्पा के वे शब्द मुझे सम्बोधि प्राप्त बुद्ध के शब्दों से भी अधिक सार्थक और मूल्यवान लगे।

उस दिन शिवाजी मोरे मुझे बुलाने आया। कुछ खास व्यक्तिगत सन्देशा होता तो शिवाजी मुझे अलग ले जाता। शिवाजी मेरे लिए पत्रकार ही था। मेरा सन्देश घर पहुँचाता। घर का सन्देश मुझे पहुँचाता। हम सब भगवान की तरह शिवाजी की प्रतीक्षा करते। शिवाजी की साइकिल की घण्टी सुनायी देती तो हमारी बेचैनी कम हो जाती। उस दिन शिवाजी मुझे अलग ले जाकर धीरे-से कहने लगा, "पटेल के चन्दू के साथ नागी की शादी हो गई है। तुलजापुर जाकर वे शादी कर आये हैं।"

मैं चिंतामग्न हुआ। ठीक हुआ। पर यह शादी क्या स्थायी है? भविष्य में नागी का क्या होगा? क्या दोनों सुख से रह सकेंगे? इस शादी को लेकर गाँव में कैसी प्रतिक्रियाएँ हुई होंगी?

अगले सप्ताह संतामाय मुझसे मिलने आयीं। नागी की शादी को लेकर वह कुछ भी नहीं बोल रही थीं। मैं गाँव न पहुँचूँ, इसीलिए वह आयीं थीं।

संतामाय बूढ़ी स्त्री। हमेशा तम्बाकू खाने वाली। साड़ी-चोली हमेशा फटी हुई।

संतामाय को हॉस्टल के कमरे में कैसे ले जाऊँ। संतामाय अगर गोरी, बेहतरीन कपड़ों में होतीं तो मैं कमरे पर ले जाता। मुझे संतामाय से लाज आ रही थी। सामने से जब कॉलेज के दोस्त दिखते तो मैं संतामाय से दूरी रखकर चलता जैसे कि यह दरिद्र स्त्री मेरी कोई लगती ही न हो। संतामाय मुझसे पूछताछ कर रही थीं, मैं बोल नहीं रहा था। संतामाय यदि थाली होतीं तो मैं उन्हें अपने भीतर छिपा लेता।

संतामाय को मैं कलावती बुआ के घर ले गया। कलावती बुआ यानि निवृत्ति मामा की पत्नी। हम जब भी उनके यहाँ जाते, हँसकर स्वागत करती। हमसे वह कभी ऊबती नहीं थीं। कलावती बुआ के कुल सात लड़कियाँ थीं। लड़का नहीं हुआ, इसलिए बुआ-मामा, दोनों नाराज रहते। संतामाय बुआ के घर एक दिन रहकर चली गईं।

दूसरे दिन मैं बुआ के घर गया। बुआ अपनी लड़कियों को दहलीज पर लिये बैठी थीं। मैं भी उनमें घुल-मिल गया। बुआ ने मुझे कभी पराया नहीं समझा। सुमन खेल रही थी। उसने बुआ से पूछा, "माँ, संतामाय मुसलमान हैं क्या?"

उसका प्रश्न ठीक ही था क्योंकि संतामाय माथे पर बिन्दी नहीं लगाती थीं। पर बुआ को सुमन पर गुस्सा आया। संतामाय को मुसलमान कहने का अर्थ दादा के साथ उनके सम्बन्धों की चर्चा करना। बुआ ने सुमन को पीटा। इसमें सुमन की क्या गलती थी?

□

आरक्षण की सुविधाएँ बंद होने वाली हैं—ऐसी अफवाहें सुनकर मैं घबराता। आरक्षण रद्द करना है तो फिर हमें 'दलित स्थान' मिल जाना चाहिए। आरक्षण की सुविधाएँ हैं, इसलिए तो मुझ जैसे लोग पढ़ पा रहे हैं। इस उम्र में जानवरों की रखवाली करना और माँ-बाप की जिम्मेदारियों में हाथ बँटाना जरूरी होता है। पर मैं उस समय कॉलेज में पढ़ रहा था। दादा और संतामाय रात-दिन मेहनत-मजदूरी कर रहे थे। किताब के प्रत्येक पन्ने पर उनके श्रम, भूख और आशा को मैं देखता। संतामाय का जोगवा और दादा की हमाली को भूल नहीं पा रहा था। गाँव में किसी ने माँ-बहनों से छेड़खानी की है—यह सुनकर अध्ययन में मन नहीं लगता। इच्छा होती कि कॉलेज की पढ़ाई छोड़ दूँ और फावड़ा लेकर निकलूँ, दादा और संतामाय की सहायता करूँ।

1978 में गाँव की दलित बस्ती से जब हम दोनों ग्रेजुएट हो गये तब हमारी उम्र के लड़के खेतिहर मजदूर के रूप में काम कर रहे थे। आरक्षण के विरोध में नारा लगाने वालों से यह प्रार्थना है कि वे पहले जातीयता को ख़त्म कर दें। वे ख़ुद अछूत का जीवन जीयें। गाँव के बाहर आकर झुग्गियों में रह लें। शराबी पिता के पैरों के निकट

भूख से छटपटाते हुए अध्ययन करें और तब यह शिकायत न करें कि अन्याय हो रहा है। सवाल यह है कि मनुष्य के रूप में हमें स्वीकार क्यों नहीं किया जाता? इसी कारण तो सवर्ण हमें शत्रु लगते हैं। लड़के मुझे 'अरे', 'अबे' कह कर सम्बोधित करते हैं और मैं उन्हें 'आप' कहता हूँ। मेरी जिह्वा के आस-पास मनु के अगणित कानून चिपकाये गये हैं। पत्नी को पीटने वाला हाथ अलबत्ता यहाँ कमजोर पड़ जाता है।

गरमियों की छुट्टियों में जब मैं गाँव आता तो बहुत ऊब जाता। झोंपड़ी के आस-पास की गन्दगी असह्य हो जाती। ऊसर गाँव में मन नहीं लगता। मैं उदास हो जाता। कभी-कभार शराब पीने जाता। नागी-चन्दू अब वैवाहिक जीवन जी रहे थे। चन्दू के पिता ने उसे घर से बाहर कर दिया था। चन्दू हमारे ही घर पर रह रहा था। खाना अलबत्ता वह अपने घर जाकर खा लेता। नागी के लिए दो-चार रोटियाँ चुराकर ले आता। नागी गर्भवती थी। निरमी पाँच-छः महीने में बड़ी हो जायेगी। उसके विवाह का भी प्रश्न था। संतामाय मेरे विवाह के लिए आग्रह कर रही थीं।

मैं जब सोलापुर के लिए निकलता तब संतामाय की आँखें भर आतीं। मेरे लिए तेल चुपड़ी चपातियाँ बनातीं। दादा हमाली के पैसे बचाकर मुझे जेब-खर्च के लिए देते। निरमी, वनी बस में घुसकर जगह घेर लेतीं। मैं खिड़की के पास बैठता। संतामाय, मसामाँ खिड़की के पास ही बाहर खड़ी होतीं। बस में भीड़ होती। दादा ऊपर सामान चढ़ाते। कंडक्टर टिकट देता। संतामाय मुझे वास्तविकता का एहसास दिलातीं। शराब का ग्राहक पहुँचा है, इसलिए मसामाँ निकल जातीं। दादा नामपट्ट बदलते। पानी डालते। हमाली के पैसे माँगने बस में आते। मेरे पास आकर रुक जाते।

"नीचे उतरो, समय हो गया है!" कंडक्टर चिल्लाता। दादा मुझे बिदाई देते। कहते, "हमारी फिक्र मत किया कर, अध्ययन कर। किसी बात की कमी महसूस नहीं होने दूँगा।"

बस के यात्री मेरी तथा दादा की ओर देखते रहते। मुझे शर्म आती। हमाल के नाती के रूप में लोग मुझे पहचानते। कंडक्टर जल्दी सीटी दे दे, बस निकले, ऐसा लगता। फटेहाल अवस्था में खड़ी संतामाय, निरमी, वनी बस के हिलने की प्रतीक्षा में होतीं। अवरुद्ध कण्ठ के कारण आँखें भर आतीं। कंडक्टर सीटी देता। बस निकलतीं।

दादा, संतामाय, निरमी, और वनी के हिलने वाले हाथ बहुत देर तक मेरा पीछा करते रहते।

□

मराठवाड़ा विश्वविद्यालय को डॉ. बाबासाहब आम्बेडकर का नाम दिया जाये, इसलिए दलित पैंथर का बहुत बड़ा मोर्चा महाराष्ट्र विधानसभा पर निकाला गया था। इस

मोर्चे के लिए महाराष्ट्र से हजारों पैंथर आ चुके थे। सोलापुर से एक हजार पैंथर मुम्बई के लिए निकले।

विराट् मोर्चा सूर्य की तरह दिख रहा था। संघर्ष और संघटना का एहसास हो रहा था। हमारे मोर्चे पर पुलिस की लाठियाँ बरसीं। मुम्बई में हो-हल्ला हुआ। अनेक कार्यकर्ताओं की धड़-पकड़ हुई। हमारे तो बुरे हाल हुए। सभी ओर से पुलिस का कड़ा नियन्त्रण था।

दूसरे दिन मैं रानी लक्ष्मीबाई सब्जी मण्डी पर गया। वहाँ चंदया-लक्ष्या थे। मुंबई मैं पहली बार आया था। चंदया-लक्ष्या को ढूँढ़ते मण्डी में रुका। पर मैं उन्हें कैसे पहचानता?

पिता की मृत्यु के बाद चंदया-लक्ष्या रोजगार की तलाश में मुंबई चले गये थे। उनके विवाह भी हो गये थे। चंदया बाप बन चुका था। वे भायखला में रहते थे। रानी लक्ष्मीबाई मण्डी में वे दोनों ठेला खींचते। हमाली करते। मैंने उन्हें बचपन में ही देखा था। वही चेहरा स्मृतिपटल पर था। ठेला खींचने वाले प्रत्येक की ओर उसी दृष्टि से मैं देख रहा था; पर पहचान नहीं पा रहा था। एक-दो से पूछताछ भी की। पर कुछ पता नहीं लग रहा था। चंदया-लक्ष्या से भेंट नहीं हो सकी। भेंट होती तो क्या वे पहचान सकते? क्या भाई की तरह व्यवहार करते?

उम्र के पच्चीस वर्ष अब बीत गये हैं, पर मैं अपने भाइयों को पहचान नहीं पाता। पिता को भी नहीं। वे सारे जीवित हैं। संयोग से अगर हम सब एक ही बस से सफर करते तो भी शायद एक-दूसरे को नहीं पहचान पाते। यह यात्रा ही विचित्र है। हमारी आँखों पर पट्टी बँधी हुई है। हम भूल-भुलैया में हैं शायद! धृतराष्ट्र-गांधारी की तरह। कर्ण-कुन्ती की तरह। एकलव्य-अश्वत्थामा की तरह। रणभूमि पर पिता, चाचा, बहन, भाई, माँ—सब हैं; 'सब हैं' इसका एहसास भी है, फिर भी हम लड़ रहे हैं। खुद से ही, शत्रु समझकर क्योंकि हमारे जीवन के सूत्र नियति के हाथों में हैं। हम पराजित हैं; फिर भी लड़ रहे हैं अगली पराजय के लिए। किसी और के गुलाम न बनें, इसलिए।

□

शिवाजी मोरे उस दिन फिर एक सन्देशा ले आया था। संतामाय चंदया की बहन का हाथ मेरे लिए माँगने वाली थीं। चंदया और मैं पहली कक्षा से बी. ए. तक वर्ग मित्र थे। एक थाली में खाने वाले, एक लोटे का पानी पीने वाले, एक ही बिस्तर पर सोने वाले। चंदया की माँ मुझ पर कितना स्नेह जतलातीं। मित्र की बहन पत्नी रूप में मिलेगी, इसकी मुझे कितनी ख़ुशी हुई! पर दूसरे दिन शिवाजी ने विपरीत

खबर दी। कलेजे को छेदने वाली थी वह खबर। चंदया के माँ-पिता ने मुझे नकारा था। मैं अक्करमाशी था न! यहाँ के मनुष्य, मनुष्य की अपेक्षा रूढ़ियों पर अधिक प्रेम करते हैं।

यहाँ की संस्कृति से मैं द्वेष करता हूँ। रूढ़ियों से चिढ़ता हूँ, पर सिवा द्वेष और चिढ़ने के मैं कर भी क्या सकता हूँ? इन सारी स्थितियों को चुपचाप झेल लेता हूँ। इस अपमान को भी पी गया। विवाह मुझे बेमानी-सा लगने लगा। किसी लड़की को देखने जाने का अर्थ था तेजाब शरीर पर छिड़क लेना। इच्छा ही नहीं होती थी। बजाय इसके, ज़िन्दगी-भर अविवाहित रहना ठीक लगता। चंदया की दादी तुकाव्वा 'आराधिका' थीं। ईश्वर को संतति समर्पित करने की परम्परा केवल पिछड़ी जातियों में ही है। अम्बाबाई, यल्लाम्मा, लक्ष्मी, खण्डोबा—ये महार-मातंगों के आराध्य दैवत। मसोबा, मरीआई, खोकल्या आई, सटवाई—नामों की सूची बढ़ाई जा सकती है। किसी के संतति नहीं हो रही हो तो ईश्वर से मनौती माँग लेते। अम्बाबाई से मनौती माँगी। लड़की हुई तो उसका नाम अम्बाबाई रख दिया और लड़का हुआ तो अम्बादास और फिर बाद में इन बेटे-बेटियों को 'आराधक' के रूप में अम्बाबाई को अर्पित कर देते हैं। लक्ष्मी से मनौती माँगी। बेटी हुई तो नाम लक्ष्मी और बेटा हुआ तो नाम लक्ष्मण। लक्ष्मी को पोतराज के लिए बेटे को छोड़ दिया जाता है। खण्डोबा पर भी बेटे-बेटियाँ छोड़ने का इधर रिवाज़ है। बेटे को 'वाध्या' तथा बेटी को 'मुरली' कहा जाता है। यल्लामा के 'जोगत्या' और 'जोगती' होते हैं। मैंने कभी ब्राह्मण पोतराज या लिंगायत वाध्या को देखा नहीं है। दलितों में ही ये रूढ़ियाँ क्यों? भगवान के नाम पर छोड़े गये स्त्री-पुरुषों के विवाह नहीं होते। उनका विवाह तो ईश्वर से हो जाता है ना! देवदासी अपनी मर्जी के पुरुष के साथ जी सकती है। देवदासी की संतान को 'अक्करमाशी' कहते हैं। उन्हें 'बलुतं' का अधिकार नहीं होता। ईश्वर के नाम पर भीख माँगकर उन्हें जीना पड़ता है।

'आरधिका' का अर्थ है—अम्बाबाई की 'साधिका' भक्तिन। उसे तुलजापुर ले जाकर गुरु बना देते हैं। गुरु हाथों में परड़ी-पोथी देता है। उससे शपथ ले लेता है—'सच कहो, झूठ न बोलो, बेईमानी न करो'। और वह स्त्री आराधिका के रूप में जीने लगती है। संतामाय के हाथ में भी परड़ी है। चन्दा माँ की सहेली सटवा माँ के हाथ में भी परड़ी है। चंदया का चाचा, ग्यानबा मामा के हाथ में भी परड़ी है। परड़ी पीढ़ी-दर-पीढ़ी आगे चलती जाती है।

हमारी दलित बस्ती जैसे तुलजापुर हो आती है, वैसे चिवरी की लक्ष्मी को भी जाती है। मैं एक बार अम्बाबाई के विरोध में बोल गया तो संतामाय लाल-पीली हो गई थीं। उन्होंने मुझे शाप दिया था कि 'तू अम्बाबाई के खिलाफ बोलता रहा, तो

तेरा कभी ठीक नहीं होगा। तेरे बदन में कीड़े पड़ जायेंगे और उसी हालत में तू मरेगा'।

दलितों की हमारी इस बस्ती में आराधकों के तीन घर हैं। पाँच-छः पोतराज हैं। संभुबाप का पहला लड़का आप्पाशा पोतराज था पर वह मर गया। भगवान् के नाम पर छोड़ हुआ आदमी भी मर जाता है। आप्पाशा मर गया, इसलिए संगू को पोतराज बनाया गया पर संगू ने सिर के बाल काट दिये। भगवान् के बाल काट दिये, इसलिए उसको बहुत अपमानित किया गया। संगू को दौरे पड़ने लगे। उसको जब दौरे पड़ते तो लोग कहते, 'लक्ष्मी उसको छल रही है।'

चिवरी की यात्रा को हम प्रतिवर्ष जाते। चिवरी के पहाड़ पर जाते समय संतामाय के शरीर में देवी आती। वह चिल्लातीं, भागतीं। देवी के मन्दिर में जाकर दर्शन करने तक वह कहीं भी रुकती नहीं थीं। तेजी से भागतीं। उनके पीछे दादा, निरमी और मैं भागते। हम थक जाते।

चिवरी की लक्ष्मी का मन्दिर अनेक छोटे-बड़े पहाड़ों के बीच में है। यह पहाड़ी प्रदेश यात्रा के दिनों भीड़ से भर जाता है। सभी ओर बैलगाड़ियाँ। हजारों पोतराज डफली बजाते घूमते रहते हैं। उनका रँगा हुआ चेहरा और 'दौड़ो...दौड़ो...' के उनके नारे भयावह लगते। मन काँपने लगता। हजारों मुरगियों, बकरियों और बैलों की यहाँ बलि दी जाती। देवी के सम्मुख ख़ून का कीचड़ तैयार होता। मन्दिर के प्रांगण में पोतराज डफली बजाते आते और उनकी इस ताल पर दस-बारह औरतें बदन में देवी आने से नाचती रहतीं। उनकी वह विद्रूप हँसी, चिल्लाना, घूमना, शरीर का फैलना, सब कुछ भयँकर लगता। कोई बाजा बजाने वाला अगर रुक जाता तो औरतें उसे परेशान करतीं कि वह बजाता रहे।

औरतें गाते-बजाते दंडवत प्रणाम करतीं। पोतराज के यहाँ संस्कार होते। देवी के मन्दिर में छोटे-बच्चों को नीचे फेंक दिया जाता। लोग उन्हें नीचे चादर में बराबर झेलते। यह भी एक प्रकार की मनौती होती। कुछ लोग बच्चों के बाल उतारने आते। कोई नाम रखने आते। अनेक मनौतियाँ यहाँ पूरी की जातीं। नई मनौतियाँ माँगी जातीं। सभी ओर चूल्हे जलते। बकरियों के छीले हुए शरीर बैलगाड़ी पर टँगे रहते।

चिवरी का पटेल यात्रा के पहले दिन प्रातः आकर अपनी खानदानी तलवार से बकरे की पहली बलि देता। उसके बाद ही अन्य बकरे कटते। पंक्ति में पड़े हुए बकरों के सिरों को देखना महा भयंकर लगाता। खाल निकालकर ज़िन्दा बकरे को देवी के सम्मुख चलाया जाता। नयी-नयी औरतें तेजी से दौड़ती हुई मन्दिर की ओर लगातार भागतीं। उनके पीछे उनके रिश्तेदार दौड़ते। देवी की भभूत लगाने के बाद ही वे होश में आतीं। अगर होश में नहीं आतीं तो उनके बदन में देवी नहीं, 'भूत'

है, ऐसा कहा जाता। दत्तू मामा की पत्नी के भी शरीर में देवी आती। जब कभी ऐसा होता तो दत्तू मामा पत्नी के पैरों को बाँधते और खूब पीटते।

कदेर के पटेल की रखैल बहुत खूबसूरत थी। गोरी थी। बाघ की जिह्वा की तरह। उसकी रखवाली के लिए पाँच-छह मुसटण्डे थे। उसके शरीर में देवी आती तो वह बहुत हो-हल्ला मचाती। उस हालत में जब वह घूमती थी तब उसके साथ डफली बजाना बहुत मुश्किल होता था। उसकी कमर पकड़ने वाले परेशान हो जाते। जब वह नाचती तो उसकी धोती खुल जाती। धोती खुल न जाये, इसलिए मुसटण्डे पटलियाँ बाँधने की कोशिश करते। पटलियाँ बाँधते समय मुसटण्डे जान-बूझ कर अपना हाथ काफी नीचे तक ले जाते—एकदम योनि तक। यह स्पर्श उसके ध्यान में आ जाता और वह घूमते हुए ही उस मुसटण्डे की गालियाँ देती।

यह कहानी दत्तू मामा हमें सुनाते। मटन पकता। हम सब बैलगाड़ी के नीचे बैठे रहते और वह कहानियाँ सुनाते और हम खूब हँसते।

लक्ष्मी की यात्रा सम्पन्न होते ही दूसरे दिन हम सब लोग वहाँ से निकल जाते। कोई भी नहीं रुकता। क्योंकि सबका यह विश्वास था कि दूसरे दिन वहाँ भूतों का मेला लगता है। रात में भूत-प्रेत इकट्ठे होते हैं। बेताल की पालकी निकलती है। बलि दिये गये जानवरों का वे रक्त चाटते हैं, नाचते हैं। अगर कोई मनुष्य दिखलायी देता तो उसकी गरदन नोचते हैं। इन बातों पर मैं कतई विश्वास नहीं रखता; तब संतामाय मुझसे एक घटना सुनातीं—

"एक बार तुझ जैसे ही तीन लोगों ने ठान लिया कि भूतों का मेला देखेंगे ही। वे वहाँ रुक गये। एक पेड़ पर जा बैठा, दूसरा मन्दिर में छिप गया और तीसरा मन्दिर के पीछे छिप गया। रात के बारह बजे भूतों की पालकियाँ आने लगीं। पहाड़ पर सभी ओर दीये-ही-दीये दिखने लगे। पेड़ पर चढ़ा आदमी डर के मारे नीचे गिर गया। मर गया। भूतों ने शोर मचाया। उन्हें आदमी की गंध आयी थी। उसे मारना चाह रहे थे। देवी ने कहा, 'पेट के पास का खाओ, पीठ के पास का नहीं।'

"मन्दिर में बैठा आदमी यह सुनकर डर के मारे मर गया; क्योंकि वह मन्दिर के पेट के पास था। मन्दिर के पीछे जो था, वह अलबत्ता बच गया।"

संतामाय यह कहानी ऐसे कहतीं जैसे उन्होंने यह खुद अभी-अभी देखा हो। मैं कहता, "मुझे पिस्तौल दो, मैं रुक जाता हूँ वहाँ।"

मेरे गाँव में भूतालसिद्धी के तीन मन्दिर हैं—दो धनगरों की बस्ती में, एक महारों की बस्ती में। ये तीनों त्यौहारों पर ढोल बजाते हैं। भूता पुजारी के शरीर में भगवान आते हैं। सारा गाँव इकट्ठा होता है। भूता पुजारी पूरा भविष्य उस अवस्था में बतला देता है। फसल, वर्षा, पाप-पुण्य, वस्तुओं के भाव, दुनिया की स्थिति आदि-आदि

भविष्य की बातें बतला देता है। दूसरे दिन भूता पुजारी को कोई तम्बाकू तक नहीं देता। साक्षात् भगवान का निवास जिसके शरीर में होता हो वह एक कप चाय का भी हकदार नहीं होता।

अमावस्या-पूर्णिमा को इस बस्ती में भूत-प्रेत-पिशाच बाधा के उपचार किये जाते हैं। जिन्हें पिशाच बाधा होती है वे दूर-दूर से हमारे गाँव में आते हैं। काफी देर तक ढोल बजाया जाता है। जिन्हें पिशाच बाधा होती है वे चिल्लाने लगते हैं। भूता पुजारी उलटी छड़ी मारता है। अमावस्या भयावह लगती।

चौपाल पर छोटे-छोटे बच्चे भूता पुजारी का खेल खेलते हैं। किसी एक के शरीर में भगवान आते हैं। वह भूता पुजारी की नकल पर नाचता है। दो लड़के उसकी कमर पकड़ते हैं। कुछ ढोल पीटने का अभिनय करते हैं।

मैं उस खेल को देख रहा हूँ। कहाँ वे शहर के क्रिकेट खेलने वाले बच्चे और कहाँ ये? यह पीढ़ी बरबाद क्यों हो रही है? शहर देहात में दो ध्रुवों का अन्तर क्यों है? कब सुधरेंगे हमारे देहात? गाँव की यह जाति-बिरादरी, यह वर्ण-व्यवस्था, ये अन्ध-श्रद्धालुजन; कब समझेंगे वे कि उन्हीं की उँगलियाँ उन्हीं की आँखों में डाली जा रही हैं। क्यों नहीं फटता पड़ोस का यह तालाब और क्यों नहीं बह जाता मेरा यह गाँव उसमें?

कोंडीबाप, मशा का दादा। हमारी महार बस्ती का निर्विरोध पंच अपना नाम भी पढ़-लिख नहीं सकता। शिवराम के होटल के बाहर स्थित कप-सॉसर लेकर चुपचाप चाय पी लेता है। सवर्णों द्वारा फुँकी हुई आधी बीड़ी पीकर उन्हें श्रद्धापूर्वक 'जोहार' कहता है। उसे क्या पता सत्ता-विकेन्द्रीकरण, पंचायत-राज? जिन्हें मत-पत्रिका भी पढ़नी नहीं आती वे शासन करने वाले कब बनेंगे? एक कप चाय पर यहाँ मत-पत्रिकाएँ सीलबन्द हो रही हैं। किस सत्ता के लिए? किस प्रकार के परिवर्तन के लिए?

□

मेरे गाँव में विट्ठल-सप्ताह बहुत ही बेहतरीन होता है। पँढरपुर की तरह हमारा गाँव वारकरियों से भर जाता। भारुड़, अभंग, गौलणी, करताल, मँजीरा, मृदंग के निनाद में गाँव डूब जाता। उस दिन शिवाजी मोरे ने मुझे सन्देश दिया। सप्ताह के अन्त में आने के लिए कहा। उस समय मेरे कमरे में पाँच-छः मित्र थे। उन्होंने भी इच्छा व्यक्त की गाँव आने की और हम सब इस सप्ताह गाँव की ओर साइकिल से निकले।

मेरे घर का मतलब था बस स्टैण्ड। स्टैण्ड पर स्थित बेंचों पर मैंने दोस्तों को बैठा दिया। चाय पिलायी। वे कहने लगे, घर ले चलो। पर मेरा घर था ही कहाँ!

पिता कोठी में रहते हैं। माँ झोंपड़ी में। मैं सड़क पर, स्टैण्ड के पीछे खुले में। नानी ने रसोई बना दी। एक थाली में हम पाँचों ने खाना खाया। नानी हमें सात दोस्तों वाली कहानी सुना रही थीं।

रात में हम भारूढ़ सुनते रहे पर दोस्त उसमें नहीं रम रहे थे। उन्हें नींद आने लगी। हम स्टैण्ड पर आये। संतामाय—दादा सो चुके थे। उन्हें जगाया। बस स्टैण्ड पर गुदड़ी फैला दी और दोस्तों से सोने के लिए कहा। स्टैण्ड पर काफी लोग थे। उनके मजाक चल रहे थे। अड़ोस-पड़ोस के गाँवों से सप्ताह के लिए वे लोग आये हुए थे। स्टैण्ड पर वे गपशप करते थे। मैं दोस्तों को लेकर लेट गया पर नींद किसी को भी नहीं आ रही थी। दोस्त सोनवणे लोगों को डाँट रहा था। चुप रहने के लिए कह रहा था।

लोग थोड़ी देर के लिए खामोश हो जाते, फिर जोर-शोर से बातें करते, हँसते। सोनवणे ने फिर डाँटा। बाद में वह गालियाँ देने लगा। थोड़ी देर बाद झगड़ा शुरू हो गया। उनमें से एक यात्री बड़ा तेज था कहने लगा, "तुम्हारा घर नहीं है क्या—यहाँ स्टैण्ड पर सो रहे हो? घर पर जाकर सो जाओ, आराम से। यह सार्वजनिक जगह है, हम बातें करेंगे ही। यह सरकारी जगह है।" संतामाय बीच-बचाव के लिए उठीं। फिर सब खामोश हो गये।

दूसरे दिन दोस्त सोलापुर चले गये। दोस्तों को असुविधा के लिए मुझे बहुत खेद हुआ। दरिद्रता का एहसास तीव्र होने लगा।

उस दिन संतामाय ने बहुत देर तक चूल्हा नहीं सुलगाया। बची हुई एक रोटी हम तीनों कैसे खाते? मुझे तो भूख लगी थी। संतामाय ने आटे का डिब्बा दिखाया। कहने लगीं, "आटा है, बाद में रोटी बनाऊँगी। तू खा ले। हमारी चिन्ता न कर।"

मैंने डब्बा उठाकर देखा। वजनदार लगा। लगा कि अनाज पीसकर लायी होगी इसलिए मैंने बची हुई रोटी खा ली। पेट-भर पानी पी गया। संतामाय बाहर निकल गई। मैंने आटे का डब्बा खोलकर देखा। भीतर आटा नहीं था। भीतर थे दो पत्थर। डब्बा वजनदार लगे, इसलिए पत्थर रखे गये थे।

□

निरमी विवाह योग्य हो गई थी। मेरी भी शादी करनी थी। पर शादी कैसे होगी? कौन सम्बन्ध जोड़ेगा हमसे? दारू पीने के लिए कोई आता तो माँ निरमी, वनी के लिए कहतीं, "इनका विवाह करना है। कहीं कोशिश कीजिये।"

दारू के नशे में लोग कुछ भी बोलते। भोली-भाली माँ बड़ी आशा से उन्हें एक कप दारू फोकट में दे देतीं। नशा अधिक होता, वे मुझे नज़दीक बुलाते। कहते, "तू

चिन्ता मत कर। तेरी शादी हम करेंगे। तुझे नौकरी दिलवायेंगे। हमारे कोई परिचित हैं। पर मैट्रिक पास होना जरूरी है।"

मैं उनसे कहता, "मैं बी. ए. हूँ। अब एम. ए. कर रहा हूँ।" पर शराबी नशे में कहते, "एम. ए. बी. ए. बहुत बेकार हैं। उसका कोई उपयोग नहीं है। तू केवल मैट्रिक पास होकर हमारे पास आ जा, बस।"

मसामाँ की एक सहेली थी, मातंग समाज की। पटेल से उसके एक लड़की हुई थी। वह डफली पर गाना गाती घूमती। मसामाँ, काका कहते कि उसके साथ तेरी शादी कर देंगे। पर कुछ हो न सका। दारू पीने के लिए कोई ग्राहक आता तो पूछतीं, "आपके गाँव में पटेल की रखैल के लड़के हैं क्या लड़की के विवाह के लिए?" लड़की का जनम जैसे हुआ, वैसा ही जनम किसी लड़के का हुआ होगा तो उसके साथ ही तो सगाई होगी। छोटे को छोटे ही मिलेंगे, दूसरे कौन?

ऐसे समय 'तुझे लड़की दे दूँगा' ऐसा कहने वाले शराबी म-याप्पा की याद आती। उसकी लड़की कैसी होगी, मैं सोचता। मयाप्पा कांबले जि. प. में सेवक था। उसके अरुण, हरि, राहुल और सुनील नामक चार लड़के तथा कुसुम नामक एक बेटी थी। मैं चंदया के साथ हमेशा सोनू के घर जाता। एक बार मयाप्पा कांबले सोलापुर आया था। उसके पास शराब के लिए पैसे नहीं थे। मैंने उसको दारू पिलायी। उसके पास वार्शी लौटने के लिए पैसे नहीं थे। टिकट के लिए पैसे भी मैंने ही दिये। 'वार्शी लौटने के बाद मनीऑर्डर करूँगा,' ऐसा उसने कहा। पैसे उसने नहीं भिजवाये। उलटे अगले सप्ताह वह फिर आया, सौ रुपये उधार माँगने के लिए।

"मेरी लड़की बड़ी हो गई है। उसकी शादी करनी है, पैसे नहीं है," उसने कहा। उसी दिन मुझे शिष्यवृत्ति के पैसे मिले थे। मैंने रुपये दे दिये।

अगले महीने फिर म-याप्पा कांबले के आने की सूचना मिली। मैं हॉस्टल से निकल गया। भटकता रहा। क्योंकि उसे शराब पिलाना, रुपये उधार देना, हर बार सम्भव नहीं था। पर दूसरे दिन वह बराबर टपका। मुझे लगा कि वह प्रतीक्षा कर लौट गया होगा; पर नहीं, वह मुझे मिला और मेरे विवाह की बात उसने निकाली। वह अपनी लड़की मुझे देना चाहता था। लड़की न देखते हुए ही मैंने 'हाँ' कर दी, क्योंकि मुझे कोई लड़की दे नहीं रहा था।

मेरा विवाह कुसुम के साथ तथा बहन निरमी का विवाह कुसुम के भाई के साथ निश्चित हुआ। 'शरण रण्डियों के पास जाता है, शराब पीता है; इसलिए कुसुम के साथ इसका विवाह न किया जाय'—ऐसा आग्रह उसका भाई कर रहा था। चंद्र्या के माँ-पिता ने भी उस विवाह का विरोध किया; क्योंकि हम अक्करमाशी हैं। हमारे साथ सम्बन्ध न किया जाये, ऐसा उनका कहना था। पर मयाप्पा कांबले ने किसी

की नही सुनी और शादी पक्की कर दी।

वार्शी वालों ने विवाह की निमन्त्रण-पत्रिका पर डॉ. बाबासाहब आम्बेडकर की तसवीर छापी तो काका ने शिव-पार्वती की तसवीर छाप दी। शादी हमारे गाँव में होने वाली थी। दीवारों पर 'जय भीम', 'नमोबुद्धाय' न लिखते हुए केवल 'ओम्' लिखा जाये, ऐसा काका का कहना था।

चौबीस फीट लम्बा चौपाल मैंने और निरमी ने गोबर से लीप दिया। सहायता के लिए कोई भी नहीं आया। हथेलियों पर फफोले पड़ गये। मैंने ही फरारे लगाए। बुद्ध, फुले, अम्बेडकर की तसवीरें लगायीं। शादी बौद्ध-पद्धति से हो, यह मेरा आग्रह था; तो काका हिन्दू-पद्धति का आग्रह कर रहे थे। गाँव वाले इकट्ठे हो गये। निर्धारित समय टल गया। देर से शादी हुई मैं मंगलसूत्र बाँधने की तैयारी कर ही रहा था कि भीड़ में से काका के गुरु आये और उन्होंने मंगलाष्टक शुरू किये। अक्षतों की अचानक वर्षा हुई। क्षण-भर में सारी भीड़ निकल गई। हाथ में माइक लेकर मैं तल्लीनता से बोलने लगा, "मेरी शादी अभी नहीं हुई है। हिन्दू धर्म से की गई शादी मुझे मान्य नहीं है। हम बौद्ध-पद्धति से विवाहबद्ध होने वाले हैं। इसलिए हम पर जिनका स्नेह है, वे यहाँ से लौटे नहीं।" मेरी विनती किसी ने नहीं सुनी। अतिथि विस्थापितों की तरह खड़े थे। काका, दादा, संतामाय, मसामाँ—कोई भी नहीं थे वहाँ। दादा स्टैण्ड पर हमाली कर रहे थे। मसामाँ घर पर ग्राहकों को शराब बेच रही थीं और मैं कुसुम के गले में पुष्प-हार डाल रहा था; हरि निरमी के गले में।

विवाह में कलावती बुआ ने मुझे स्टेनलेस स्टील का एक लोटा भेंट में दिया था। वह लोटा मुझे कितना महत्वपूर्ण लगता! जर्मन के बरतन तक जिनको प्राप्त नहीं हुए उन्हें स्टेनलेस स्टील का बरतन पहली बार मिला था।

संतामाय वह लोटा गुप्त सम्पत्ति की तरह कपड़े में बाँधकर बक्से में रख देतीं। जब घर पर कोई आता तभी उसे बाहर निकालतीं। उस लोटे में उसे पानी देतीं।

खाना खाते समय सुनी उस लोटे को पास में लिये बैठी थी। मुझे बड़ा गुस्सा आया। जर्मन के लोटे से पानी पीना छोड़ स्टील के लोटे से पानी क्यों पियें? मैंने वह लोटा उससे छीन लिया और बक्से में रख दिया।

शादी हुई, पर लड़की को वे ससुराल नहीं भेज रहे थे। सास कहती, "तुम्हारे घर का चाल-चलन ठीक नहीं है। घर में शराब का धन्धा है। दस तरह के लोग आते हैं। मेरी लड़की बिगड़ जायेगी। जब तुम्हारी नौकरी लग जायेगी, तब भेजूँगी। तब तक लड़की को विदा नहीं करूँगी।"

अब मेरी नौकरी कब लगेगी? नौकरी अगर नहीं मिली तो? हमारे घर के चाल-चलन ठीक नहीं है तो फिर शादी क्यों की? मैं काफी छटपटाता।

मसामाँ कहतीं, "तू उसे लेकर मत आ। पड़ी रहने दे। मायके में ही सड़ने दे।"

संतामाय कहतीं, "शादी हुई है ना। एक बार उसके पास सोकर आ जा।"

मैं वार्शी जाता। ससुर हर बार शराब पीकर झगड़ता। सास गालियाँ देती, "तुम सड़े हुए लोग हो। हम लेगों ने तुम्हें शुद्ध किया है। सड़क पर तो पड़े हुए थे।"

मुझे घर से बाहर करते। सास बड़ी भयँकर औरत थी। हमेशा मुझे अपमानित करती। मुझे उन दोनों पर गुस्सा आता। मैं उन पर झल्लाता। अड़ोस-पड़ोस के लोग इकट्ठे होते। तमाशा देखते।

पत्नी को वे लोग भेज नहीं रहे थे। वार्शी जाता तो घर के बाहर सुलाते। मैं भड़क उठता। रात में सास को उठाता। रण्डी के यहाँ जाने के लिए पैसे माँगता। वह और चिढ़ती। मैं कसमसाता हुआ सोता। इच्छा होती कि सास को ही भगा ले जाऊँ।

मेरा साला दलित पैंथर का कार्यकर्ता था। चौक में वह गपशप मारता खड़ा था। पैंथर के कार्यकर्त्ताओं से उसने मेरी पहचान करा दी थी। हम सब 'मूवमेंट' पर बोलने लगे। इतने में दादा का मामा गुलाम हुसैन हवलदार वहाँ से गुज़र रहा था। उसने मुझे देखा। साइकिल रोकी। मुझसे बातचीत करने लगा। घर जाने के लिए कहा। चला गया।

पैंथर मित्र ने पूछा, "तुम्हारी इसकी जान-पहचान कैसी?"

मैं अनायास बोल गया, "वह मेरे रिश्तेदार हैं।"

पैंथर्स के मन में प्रश्न पैदा हुआ, "गुलाम हुसैन हवलदार मुसलमान है, लिंबाले का रिश्तेदार कैसे?" सभी खामोश हो गये।

शाम के समय मेरा ससुर काफी शराब पीकर आया और मुझसे झगड़ने लगा। सास भी उससे मिल गई। हममें झगड़ा शुरू हो गया। मेरी पत्नी परेशान हो उठी। अक्करमाशी-बारहमाशी उसकी समझ में नहीं आता। म-याप्पा कांबले कहने लगा, "मेरा लड़का दलित पैंथर का अध्यक्ष है। सभी ओर उसकी इज्जत है। उस मुसलमान को तुम अपना रिश्तेदार बतलाते हो। हमारी बेइज्जती हो रही है। हमने तुम्हारी असलियत को सबसे छिपाया था। थोड़ी इज्जत से जीओ। अगर सम्भव नहीं तो मेरे घर पैर न रखो।"

मुझे लगा कि मुझे कोई दाग रहा है।

मुसलमान रिश्तेदार हो नहीं सकता। उसका धर्म अलग। जैसे वह कोई अलग जानवर ही है। हमसे भिन्न जानवर। औलाद-औलाद में इतना फर्क?

कुसुम को लेकर मैं निकला पर म-याप्पा कांबले बीच में आया। कुसुम के हाथों की थैलियाँ उसने सड़क पर फेंक दीं और जबरदस्ती खींचकर वह उसे भीतर ले जाने लगा। कुसुम रोने लगी। 'शरण', 'शरण' कहकर मुझे पुकारने लगी। मैं दौड़ता गया

और ससुर की गरदन पकड़ ली। तब उसने कुसुम को छोड़ दिया। मैं पत्नी को लेकर स्टैण्ड पर गया। पर वहाँ मेरा साला साइकिल लेकर उपस्थित था। मैं यह सब सह रहा था, क्योंकि उस घर में मेरी बहन दी गई थी।

निरमी अपनी ससुराल में खुश थी। नागी को चन्दू से गर्भ रह गया था। नागी-चन्दू भी अब सुख से जी रहे थे। वनी साल-दो-साल में बड़ी हो जायेगी। उसके पति का पता ही नहीं है। शादी टूट ही गई थी। मैं उसके पति की खोज में उसके गाँव जाने की सोच रहा था और एक दिन निकला भी।

□

'होर्टी'—पुराने निजाम प्रदेश का देहात। इस गाँव में आज भी बिजली, बस या डाकघर नहीं है। नलदुर्ग के बाजार के दिन पोस्टमैन होर्टी के लोगों के पत्र बाँटता है। मैं जब पहुँचा तब परबत दादा खाट पर सोया था। मुझे देखा तो वह जग गया। वनी का पति वहाँ नहीं था। दस-बारह साल का वह लड़का पता नहीं कहाँ भाग गया था।

परबत दादा ने अपने चार और साथियों को इकट्ठा कर एक लँगड़े बैल को काटा था। मांस के लोथड़े-ही-लोथड़े। सभी ओर खून के छींटे। मक्खियों की भिनभिनाहट। मेरे लिये उसने बैल काटा था। इस बैल का मांस खत्म होने तक मैं तुम्हें वापस नहीं भेजूँगा, ऐसा वह कह रहा था। मैं आश्चर्यचकित हुआ। आखिर मैं कितना खाता?

बैल काटकर उसके हिस्से कर डाले गये थे। दलित-बस्ती के लोग आ-आकर अपना-अपना हिस्सा ले जा रहे थे। परबत दादा हिस्से बेच रहा था। रत्नामाय मांस पका रही थी। चालू लड़कियाँ मेरी ओर देखकर मुसकरा रही थीं। मैं पके मांस के टुकड़े खा रहा था।

कुछ दिनों बाद मैं वापस आने लगा तो मुझे विदा करने के लिए परबत दादा काफी दूर तक आया। वह लगातार कुछ कह रहा था। काफी दूर तक जाने के बाद घाटी की ओर इशारा करके वह रझाकार के समय की यादें दोहराने लगा—'उन दिनों होर्टी में मुसलमानों के घरों में जाकर हमने उन्हें पकड़ा। कुछ भाग गये। सबको पकड़कर इस मैदान में ले आये। बैल को काटते समय की छुरी तूने देखी है ना! उससे मैंने अपने हाथों से ग्यारह मुसलमानों की गरदनें धड़ से अलग कर दी थीं। एक पंक्ति में सबको सुलाकर गरदनें काटते और रात में उन्हें जला देते। मुसलमान औरतों का उपयोग गाँव वाले रण्डियों की तरह करते रहे।'

मुसलमान और हिन्दू, दोनों इसी देश में जनम ले चुके हैं। दोनों का ख़ून लाल। पर दोनों के धर्म भिन्न। धर्म भिन्न, इसलिए मनुष्य, मनुष्य के ख़िलाफ उठता है। धर्म के लिए मार-काट करता है, फ़साद करता है। धर्मयुद्ध करता है। पर मनुष्य

के लिए उसके पास थोड़ी-सी भी सहानुभूति नहीं है। मनुष्य, मनुष्य पर प्रेम क्यों नहीं करता? दोनों के बीच धर्म क्यों आता है? मनुष्य क्यों बन्दिस्त हो जाता है, रूढ़ियों और कर्मकाण्डों में?

□

टेलीफोन ऑपरेटर के रूप में मेरी नियुक्ति अहमदपुर में हो गई। अपनी शिक्षा मैंने अधूरी ही छोड़ दी। आर्थिक परेशानियों के कारण एम. ए. न करते हुए मैंने नौकरी स्वीकार की। संतामाय और दादा अब काफी वृद्ध हो चुके थे। मैं शादीशुदा था। मुझे अब अपने पैरों पर खड़ा होना ज़रूरी था।

टेलीफोन विभाग में मुझे ऑपरेटर की नौकरी मिल गई थी, अहमदपुर में अर्थात् मराठवाड़ा में। मराठवाड़ा 'नामान्तर आन्दोलन' से धधक रहा था। मुझे भय महसूस होने लगा। नामान्तर आन्दोलन में टेलीफोन एक्सचेंज को आग लगायी गई थी। पुलिस चौकी पर आक्रमण हुआ था। पुलिस फ़ायरिंग में दो लोग मर चुके थे। वहाँ के विधायक के घर पर भी पत्थरबाजी हुई थी। सभी ओर भयावह वातावरण था। खासकर मराठवाड़ा में स्थिति विस्फोटक थी। फ़साद शुरू हुआ था। दलित-बस्तियाँ दिन-दहाड़े जलायी जा रही थीं। ख़ून हो रहे थे। 'मराठवाड़ा बन्द' का आदेश भयावह लगता। महाराष्ट्र के सभी हिस्सों में 'लांगमार्च' निकल रहे थे। दैनिक पत्रों में आगजनी और धर-पकड़ की ख़बरें छप रही थीं।

मराठवाड़ा का यह आन्दोलन पूरे महाराष्ट्र में फैल रहा था। मेरे रक्त के एक-एक कण में एक आंदोलन आकार धारण कर रहा था। इस आन्दोलन के नये पत्ते सूर्य की तरह तेजस्वी थे। दलित-सवर्ण के बीच तीव्र द्वेष उभर रहा था। अन्ततः सरकार को नामान्तर का निर्णय पीछे लेना पड़ा। बापूराव जगताप, जोगेन्द्र कवाड़े का नेतृत्व प्रेरणादायी लग रहा था।

दलितों को मिलने वाली सुविधाएँ, शिक्षा के कारण उनमें उभरती अस्मिता व स्वाभिमान और इस नयी अस्मिता से जीने वाला दलित-समाज, आन्दोलनों के कारण उभरने वाला विद्रोही युवक, नौकरियों के कारण सुखी जीवन जीने वाला अछूत, धर्मान्तर के कारण थोपे गये कामों के प्रति उसकी अरुचि—इन विविध कारणों से सवर्ण हिन्दू चिढ़ गये थे। हजारों वर्षों से कुत्ते-बिल्लियों की तरह उनके पैरों के निकट गुलाम बनकर जीने वाला यह समाज उनकी बराबरी करने की कोशिश में था। स्वभावतः उसके इस परिवर्तन और अस्मिता को स्वीकार करने के लिए वे कतई तैयार नहीं थे। ऐसी स्थिति में मुझे अपनी जाति छिपाना ज़रूरी लगा।

लिंबाले कहने के बाद लोग मुझे लिंगायत समझते। लिंगायत मुझे झट से

नज़दीक लगते। मैं भी लिंगायत बस्ती में रहने लगा। शिव भजनों में रस लेने लगा। पहले ही सप्ताह में मैंने मित्रों को पत्र लिखा कि कृपया पत्र में 'जय भीम' न लिखा करो। मराठवाड़ा में तीव्र जातिभेद है। नामान्तर के झगड़े अभी जारी हैं। पटेल, जोशी आदि उपनामों के मित्रों से पत्राचार शुरू किया। डॉ. अम्बेडकर की तसवीरें, पुस्तकें बक्से में बन्द करके रख दीं। खाण्डेकर के उपन्यास या जासूसी उपन्यास पढ़ने लगा।

किसी दलित मित्र को अगर कहीं रास्ते में दूर से मैं देख लेता तो रास्ता काटकर दूसरे रास्ते से निकल जाता। अगर अचानक वह सामने आ जाता तो 'जय भीम' कहने के पूर्व ही मैं उसे नमस्कार कर अलग हो जाता। मुझे अगर कोई 'जय भीम' करता तो मैं केवल हाथ जोड़ता। सवर्ण मित्रों के साथ घूमते समय कोई 'जय भीम' कहता तो मैं खुद को उनमें पराया महसूस करता। अपनी असलियत के पर्दाफाश का भय महसूस होता।

मेरी खरी जाति का पता चल जाये तो लोग मुझे घर से बाहर कर देंगे, मुझे मारेंगे, मेरी पत्नी को सतायेंगे—यह सोचकर मैं भयभीत होने लगा। साथ में बहन बनी भी थी। मुझे अपनी इज्जत का डर लगता। नौकरी छोड़कर भाग जाने की इच्छा होती। मैंने स्थानान्तरण के लिए अर्जी दी, पर कोई लाभ नहीं हो सका।

मैं जाति छिपाकर जी रहा था। वह घर मुझे लाक्षागृह की तरह लगता।

दादा और संतामाय वनी को गाँव ले जाने के लिए आये। अब उसका विवाह ज़रूरी था। मैं वनी के लिए पति कहाँ और कैसे ढूँढ़ता? मैं अक्करमाशी। अलावा इसके लिंगायत कहकर जी रहा था। संतामाय दादा की दरिद्रता से मैं लज्जित था। संतामाय को पता था कि मैं जाति छिपाकर रहता हूँ, और मांस खाने की गुंजाइश यहाँ नहीं हैं शायद इसलिए वह हन्नूर से बैल का दो किलो मांस ले आयी थीं। मैं बचपन में टाँग की हड्डियाँ बड़े चाव से खाता था। वह उन्हें भी ले आयी थीं। यह सब देखकर मैं फ़्यूज की तरह उड़ गया।

मैंने तुरन्त घर के दरवाज़े और खिड़कियाँ बन्द कर दीं। संतामाय पर मैं चिढ़ गया। पर संतामाय मेरी पीठ पर हाथ फेरते हुए कहने लगीं, "अरे बेटे, तुझे यहाँ पर सब चीजें खाने के लिए नहीं मिलतीं, इसलिए मैं ले आयी। कौन देख रहा है? हम भी तेरे साथ लेते हैं।"

मैं परेशान! कोई देख ले तो? कुछ समझ में नहीं आ रहा था। रात में हम लोगों ने मांस खा लिया। हड्डियाँ मैं बाहर फेंक आया मानो आग से बाहर निकल आया। तनाव कम हुआ। सवेरे उठाकर देखता हूँ तो कुत्ते हड्डियों को चबा रहे थे। कुत्ते मानो मुझे ही फाड़कर खा रहे थे।

संतामाय-दादा की एक और तकलीफ हमें होती। पति की मृत्यु के बाद

संतामाय माथे पर बिन्दी नहीं लगाती थीं। मंगलसूत्र भी नहीं पहनतीं। इस कारण वह विधवा लगतीं। पर साथ में दादा पति की तरह रहते। पड़ोस की स्त्रियाँ पत्नी कुसुम से उन दोनों का रिश्ता पूछतीं। एक पड़ोसन ने तो संतामाय के लिए सिन्दूर भिजवा दिया। भूतकाल से हम लज्जित हो जाते। महारोगियों के चकत्तों की भाँति हम इस भूतकाल को छिपा रहे थे। मेरे उपनाम से मेरी जाति का पता नहीं लगता था, इसलिए लोग ससुराल का उपनाम पूछते। मैं ससुराल का नाम कांबले न बतलाते हुए भोंसले या पवार या कुछ कह देता।

दादा जब मुझसे मिलने आते तब पिता का आधार महसूस होता। उनमें और मुझमें धर्म कभी बाधा नहीं बना। कोई उनसे जाति पूछता तो वह कहते, 'लिंगायत'। मेरे लिए वह धर्म छिपाते। बस की यात्रा में माँ अपने लड़के की सही उम्र छिपा देती है आधे टिकट के लिए, उसी प्रकार वह मेरे लिये अपना धर्म छिपाते।

धर्म का बोझ कुली की तरह हम ढो रहे हैं। जाति-बिरादरी का यह बोझ हम पर क्यों लादा गया है? हम इसे क्यों नहीं निकाल फेंक सकते? जाति, धर्म, कुल, ख़ानदान—इन सारे कृत्रिम बन्धनों में हम मनुष्य और मनुष्यता को ही खोते जा रहे हैं।

जब मैं अहमदपुर में था, तब सीताराम गुट्टे नामक एक बढ़िया घर मालिक मुझे मिला। उसके घर में हमें किसी बात की तकलीफ़ नहीं थी। यों सीताराम गुट्टे बहुत ही गुस्सैल आदमी था। उसकी पत्नी को हम घर के सभी सदस्य भाभी कहते। वह बहुत ममतामयी थी। मैं गुट्टे जी के बाड़े में रहने गया। उसने कभी जाति-वृत्ति नहीं जतलायी। धीरे-धीरे मैं भीमनगर जाने लगा।

रोज़ अनेक पत्र आते। बहुत दिनों बाद हन्नूर का पत्र आया। पता चला कि चन्दा माँ गुजर गईं। कुसुम और मैं उस दिन रोते रहे।

डॉ. बाबासाहेब की जयन्ती उत्साह से मनाने का निश्चय हुआ। जयन्ती की मीटिंग का निमन्त्रण मुझे मिला। मैं गया नहीं। क्योंकि इसके एक दिन पूर्व ही कुछ लोग मुझसे मिलने आये थे। बातचीत हुई। उनका नेता कह रहा था, "लिंबाले साब, अपन सब बारहमाशी। आपको शायद पता होगा कि निचली बस्ती के वे लोग अक्करमाशी हैं। इसी मीटिंग में आप उनकी ओर से मत बोलिएगा। अध्यक्ष हमारे गुट का ही होना चाहिए, अक्करमाशी नहीं।"

इस विराट् मूवमेंट को अगर यह पता चल जाये कि मैं भी अक्करमाशी हूँ तो? इस समाज को पता चल जाये कि मैं जारज संतान हूँ तो? क्या मैं यहाँ भी नकारा जाऊँगा? क्या मैं अकेला ही हो जाऊँगा?

डॉ. बाबासाहेब आम्बेडकरजी का जुलूस निकला। दगड़ू वाघमारे जोर-जोर से

नारे लगा रहा था। बनसोडे गुरुजी, धँसवाडीकर गुरुजी और कदम मामा जुलूस में घूम रहे थे। यह जुलूस विशुद्ध महारों का था। विशुद्ध ख़ानदानी महार। और मैं? इस पूरे जुलूस में मैं भ्रष्ट जारज ख़ून वाला। मुझे हल्केपन का एहसास हो रहा है। 'भीम जनमा सोमवंशी कुल में' जैसी गीत-पंक्तियाँ सुनकर मैं छटपटाता हूँ। डॉ. आम्बेडकर भी पूर्ण महार जाति के नहीं हैं। वे भी महारों में सोमवंशी कुल के। इन सबमें मैं कहाँ हूँ? चक्रवात में फँसा मैं।

जुलूस आगे निकला। स्त्रियाँ सबके पीछे थीं। आवेश में वे नारे लगा रही थीं। जुलूस के कारण मैं भी पूरे आवेश में था। ख़ून में तूफान उभर रहा था। दो स्त्रियाँ अलबत्ता काफी चिन्तित लगीं। एक को भूत-प्रेत की बाधा हुई थी। नदी के पास कोई भूत उसे परेशान करता। रात में उसके साथ सम्भोग करता। वह नींद में परेशान हो जाती, चिल्लाती। पर भूत उसे छोड़ता नहीं था। उसे बेहाल करता। भूत की इस शरारत से वह चिढ़ गई थी। ओझा से गण्डा-डोरा बँधवा चुकी थी पर कोई फायदा नहीं था।

जयन्ती का जुलूस आगे-आगे निकला। दलित युवक तनावग्रस्त थे। नामान्तर के झगड़े अभी ख़त्म नहीं हुए थे। इस जुलूस पर कोई पत्थर तो नहीं बरसायेगा, इस विचार से मैं भीतर-ही-भीतर परेशान था। क्योंकि कल ही एक खबर पढ़ी थी कि ऐसे ही किसी जुलूस पर कहीं कीचड़ उछाला गया था। खबर में कहा गया था कि डॉ. बाबासाहब अम्बेडकर की प्रतिमा की अप्रतिष्ठा की गई थी। कारण इतना ही कि बाबासाहब की प्रतिमा दलितों के आत्मतेज का प्रतीक बन गई है।

मेरे ससुर गुज़र गये। कुसुम अन्तिम क्रिया-कर्म के लिए गई। मेरे जीवन का एक संत और एक खलनायक—मिट्टी के नीचे चला गया। शराब के नशे ने उसे मार डाला।

□

मेरा स्थानान्तरण लातूर नामक कस्बे में हुआ। अहमदपुर के स्नेहीजनों को छोड़ लातूर आना मुझे ठीक नहीं लग रहा था। पर नौकरी? लातूर आ गया। नये शहर में फिर निवास का प्रश्न? जाति-बिरादरी शत्रु की तरह बाधा बन रही थी। लातूर इतना बड़ा शहर। इतनी कोठियाँ, बँगले, चालें; पर मुझे कहीं कोई घर किराये पर नहीं मिल रहा था।

'मुसलमान और महारों को हम घर किराये से देना नहीं चाहते,'—ऐसा स्पष्ट कहा जाता। इस शहर को क्या आग लगा दें? इतना बड़ा शहर, पर मुझे एक कमरा तक नहीं मिल सकता? प्रत्येक शहर जातिवादी। प्रत्येक गाँव जातिवादी। प्रत्येक घर जातिवादी। प्रत्येक मनुष्य जातिवादी। जाति ने यहाँ के लोगों को भीतर से इतना

तोड़ दिया है कि कहीं पर 'मनुष्य' ही शेष नहीं है।

घर-घर में तुलसी का पौधा दिखता। बैठक में राम-शंकर की तसवीरें दिखतीं। ये लोग मुझे पराये लगते। ये बस्तियाँ भी परायी लगतीं। गले में लिंग अथवा जनेऊ पहने हुए लोग मुझे अपने नहीं लगते। मेरे शरीर पर साफ-सुथरे कपड़े हैं। मैं रोज साबुन से नहाता हूँ। टूथपेस्ट से दाँत साफ करता हूँ। मुझमें कहीं पर भी अस्वच्छता नहीं है। फिर भी मैं अछूत क्यों? गन्दा सवर्ण आदमी यहाँ अस्पृश्य होता है तथा शुद्ध चरित्र का, साफ रहन-सहनवाला अछूत अस्पृश्य। जाति-बिरादरी के रेवड़ों से बना हुआ यह शहर। अपनी जाति की बस्ती में ही प्रत्येक व्यक्ति निवास चाहता है।

लातूर में मुझे कहीं पर मकान नहीं मिला। अनेक मित्रों को मैंने घर ढूँढ़ने के लिए कहा। पर शहर में मकान मिलना सम्भव ही नहीं था। अन्त में निराश होकर मैं 'भीमनगर' में चला गया। वहाँ सँडास नहीं, बाथरूम नहीं। स्त्रियाँ खुले में नहातीं, खुले में पेशाब करतीं। भीमनगर में प्रवेश करते समय या वहाँ से निकलते हुए मैं शर्म महसूस करता। सवेरे और शाम सड़कों पर औरतें शौच के लिए बैठी होतीं। उनमें से गुजरते हुए मैं बहुत संकोच का अनुभव करता। इस बस्ती में अधिकतर रिक्शा चलाने वाले मजदूर और कुली ही रहते हैं। प्रत्येक का उदर उसके हाथ पर। उदर ही उसके लिए सब कुछ। पेट की आग बुझाना ही उनके लक्ष्य की सीमा।

इस बस्ती से मुझे जुगुप्सा होती। इस बस्ती के संस्कारों से मैं दूर जाना चाह रहा था। मैं दलित-ब्राह्मण हो चुका था। पर सवर्ण तो मुझे अपने पैरों के निकट भी नहीं आने दे रहे थे। भीमनगर या मुसलमानों की बस्ती—इनमें से किसी तीसरे स्थान पर मुझे जगह मिल ही नहीं सकती थी। तीसरा पर्याय ही नहीं।

लातूर के भीमनगर का मतलब है—श्मशान-भूमि। इस स्थान को मारवाड़ी श्मशान-भूमि कहा जाता है। पूरे शहर की लाशें यहाँ जलायी जाती हैं। सड़क पर स्थित इस श्मशान-भूमि की दीवार पर किसी ने छप्पर डाल दिया है, किसी ने चार टीन। ऐसे ही चार टीन के तथाकथित मकान में मैं रह रहा था। घर के पीछे हमेशा शव जलाये जाते। शवों का जलना शुरू होता कि मकान की टीनों में धुआँ गुज़रता। कभी-कभी दो-दो, तीन-तीन शव जलते। जलते शवों की दुर्गन्ध पूरी बस्ती में फैल जाती। खाना खाते समय किसी आत्मीय जन की आर्त्त और करुण आवाज सुनायी देती। घर के पीछे की यह श्मशान-भूमि मुझे चैन से सोने नहीं देती थी। मैं बेचैन हो जाता। खोपड़ी चटकने की आवाज से जी घबरा जाता। मानसिक शान्ति ही नहीं थी। मेरी लड़की हमेशा बीमार रहने लगी। अस्मिता को जब बहुत बुखार चढ़ जाता

तो मैं श्मशान-भूमि के पैर छूता। जगह ठीक नहीं, घर बदलना चाहिए; पर घर कहाँ मिलेगा?

रात्रि के बारह-एक बज चुके हैं। मुझे नींद नहीं आ रही है। सिर फटा जा रहा है। भीमनगर गहरी नींद में होगा शायद। श्मशान-भूमि में शायद किसी की चिता जल रही है। पर मैं तो जीते-जी जल रहा हूँ। ऐसी एकांत रात्रि में मैं न हस्तमैथुन कर सकता हूँ और न रण्डियों की कोठियों की ओर जाने की सोच सकता हूँ। मैं देह के परे जा चुका हूँ। मध्यरात्रि के समय जैसे सिद्धार्थ बाहर निकल चुका था वैसे।

मैं रोज़ बूढ़े व्यक्तियों को देखता हूँ। बीमारी से ज़र्ज़र। रोज की अंत्ययात्राएँ। बाजों की आवाज़। शवों का जलना। रिश्तेदारों का रोना। मुझे सिद्धार्थ का गृह-त्याग याद आने लगा है। शाम के समय टीन की छत पर बैठ जाता हूँ। श्मशान-भूमि में चिता मन्द गति से जल रही है। ससुर को भी ऐसे ही जलाया गया होगा। चन्दामाय मिट्टी में घुल-मिल गई होंगी।

इस भीमनगर में नींद लेने वाले अनेक लोग हैं। झोंपड़ियों को स्पर्श करती हुई यह सड़क। दूर से दिखलायी देने वाला वह घूरा। इस सुनसान मध्यरात्रि में मैं प्रतीक्षा कर रहा हूँ किसी प्रेषित की, किसी देवदूत की। कम-से-कम श्मशान में स्थित कोई शरारती भूत तो आ जाये। पर ऐसा कुछ भी नहीं होता; सिवा कुत्तों के भौंकने की आवाज के।

मध्यरात्रि में पेशाब को उठी हुई वह पड़ोसन मुझे देखकर संकोच के साथ खड़ी है, इसका मुझे एहसास हो जाता है। मैं नीचे उतर आता हूँ। घर के भीतर दरवाजा बन्द कर लेता हूँ। घर—एक आदिम गुफा। मैं कसमसा रहा हूँ। निदान प्रातःकाल में एक कोई स्वप्न दिखलायी दे। मायादेवी को जैसे स्वप्न दिखा था, सिद्धार्थ के जन्म के समय।

□

हन्नूर से पत्र आया है। प्रमिला और इन्दिरा की शादियाँ तय हुईं; अक्कलकोट में एक ही घर में दोनों को दिया गया है। दोनों बहनें अब एक-दूसरे की जेठानियाँ-देवरानियाँ बनकर ससुराल में जायेंगी। मुझे खुशी हुई कि चलो, दोनों की शादियाँ तय तो हुईं। इन्दिरा दूसरी कक्षा में पढ़ रही थी और प्रमिला आठ-नौ वर्ष की थी। इसी उम्र में वनी का विवाह होकर टूट गया था।

मुझे अहिल्यामाय और रामबाप का किस्सा याद आ रहा है। अहिल्यामाय और रामबाप की माँ ने जब दोनों गर्भवती थीं, तभी तय कर दी थीं। एक के लड़का दूसरी के लड़की हो जाये तो यह शादी करनी ही पड़ती थी। दोनों को लड़के या लड़कियाँ

हो जायें तो विवाह का इकरारनामा टूट जाता था। गर्भवती स्त्री के पेट को कुंकम लगाकर विवाह सम्पन्न करने की यह पद्धति बड़ी ही विचित्र लगती है।

प्रमिला और इन्दिरा की सास मालन। यह मुसलमान औरत। स्वामी ड्राइवर उस पर फ़िदा हो गया। स्वामी ड्राइवर ने बड़ी कोशिश से मालन को उसके पूर्व पति से तलाक दिलवाया। स्वामी ड्राइवर लिंगायत। इस स्वामी से मालन के दो लड़के हुए। एक गुरुसिद्ध—प्रमिला का पति—चौदह-पन्द्रह वर्ष का था। दूसरा बसवण्णा—इन्दिरा का पति—दस बारह वर्ष का। मालन के मुसलमान पति से एक लड़की थी—चाँदबी नामक।

यह लड़की मज़दूरी करके अपने शराबी पति का घर सँभालती है। स्वामी ड्राइवर की सोना नामक एक लड़की सोलापुर में वेश्या-व्यवसाय करती है।

प्रमिला और इन्दिरा की शादी निश्चित करते समय माँ मुसलमान और बाप लिंगायत कहा गया था क्योंकि स्वामी ड्राइवर और हमारे काका दोनों लिंगायत। पर मसामाँ महार और मालन मुसलमान। मसामाँ मुसलमान से हुई हैं, ऐसा कहा गया था। दादा को बाप के रूप में बताया गया। दादा तो मुसलमान था ही।

शादी के तुरन्त बाद कुछ कर्मकाण्ड हेतु प्रमिला-इन्दिरा को ससुराल अर्थात् अक्कलकोट ले जाया गया। उनके साथ वनी भी थी। प्रमिला-इन्दिरा की ससुराल के सम्मुख ही दारू का अड्डा था। दारू बेचने वाले मालिक में और वनी में दोस्ती हो गई। दो दिन बाद वनी, प्रमिला, इन्दिरा वापस आये हमेशा के लिए। क्योंकि मसामाँ महार जाति की हैं, दलित हैं, इसका उन्हें पता चल गया था। नयी-नयी शादी इस तरह टूट गई, गुड़िया की शादी की तरह। इन्दिरा अब तीसरी में पढ़ रही थी और प्रमिला जलावन इकट्ठे करती घूम रही थी। दोनों के माथे सफेद-सफेद थे।

□

अक्कलकोट में शराब बेचने वाला व्यक्ति वनी की ओर आकृष्ट हुआ था। उसने वनी का पता पूछ लिया था। उसका उपनाम था इण्डे (जंगम)। शराब, अफीम और गाँजा बेचना, यही उसका व्यवसाय था। चाकू से खेलने वाला। अनेक बार जेल हो आया था। पुलिस की ब्लैक लिस्ट में उसका नाम था। पहली पत्नी का ख़ून कर चुका था। आयु में वनी से काफी बड़ा। शराब के ग्राहक के रूप में वह हमारे घर आया। शराब पी। काका को पिलायी। नशे में उसने अपनी इच्छा व्यक्त की। काका तुलजापुर गये और इण्डे के साथ वनी की शादी लगाकर आये। मैं बस्ती की चौपाल पर गया था। चौपाल पर मसाण्णा और अंकुशाण्णा चमड़ा सीते बैठे थे। चन्नू पटेल की गाय का बछड़ा मर गया था। बछड़ा मर जाने के कारण गाय दूध नहीं दे रही थी। उसका

वात्सल्य फूट के आ नहीं रहा था। बड़ी परेशानी थी। गाय दूध नहीं दे रही थी। गाय दूध दे, इसलिए बछड़े का प्रतिरूप तैयार किया जा रहा था।

बछड़ा मर जाने के बाद उसका चमड़ा निकाल लिया जाता है। सुखाया जाता है। गाय का दूध रुक गया हो तो वह दूध दे, इसलिए अंकुशाण्णा और मसाण्णा दोनों उस मृत बछड़े के चमड़े को फिर से सी रहे थे। भीतर भूसा भरकर पैरों के स्थान पर लकड़ियाँ बाँधी गई थीं। जैसे कोई थैला सीया जाता है, वैसे प्रतिरूप सीया जा रहा था। ऊपर से बछड़े का चमड़ा, भीतर भूसा तथा लकड़ियाँ।

इस प्रतिरूप को गाय के सामने खड़ा कर दिया जाता है। उसे देख गाय रँभाती हैं। प्रतिरूप को वात्सल्य से चाटती है और उसका वात्सल्य फूट पड़ता है। जानवरों तक में प्यार होता है, ममता होती है। गाय उस प्रतिरूप को बछड़ा समझकर प्यार करती है। पर बछड़े के स्थान पर होगा उसका प्रतिरूप निर्जीव। मनुष्य उसको फँसाकर दूध निकाल ले जाता है। धीरे-धीरे गाय के सामने के प्रतिरूप निकाल दिया जाता है। मनुष्य भी एक ऐसा ही निर्जीव प्रतिरूप!

किसी गर्भवती स्त्री का नवजात शिशु अगर मर जाये तो क्या उस मृत शिशु की चमड़ी उधेड़कर उसमें रुई और चिंदियाँ भरकर उस चमड़े को फिर से सीकर और उस माँ के पास दूध के लिए सौंपा जा सकता है? ऐसा जब हो तभी शायद गाय के करुण स्वर को ये लोग समझ पायेंगे।

परश्या, महाद्या, मारत्या, अशोक की शादियाँ हो गई हैं। प्रत्येक के बाल-बच्चे हो गये हैं। चम्पा की भी शादी हुई है। मेरे पीछे कितने मौसम चले गये। बह गये। जल गये। मनुष्यों का यह ऋतुचक्र। ऋतुसंहार। भोंसले गुरुजी, गंगोड़ा गुरुजी अब थक गये हैं। मुल्ला गुरुजी कुछ ही दिनों में रिटायर हो जायेंगे। क्या कालचक्र को थोड़ी देर के लिए रोका जा सकता है?

मनुष्य नाम का एक पेड़। पेड़ पर उम्र रूपी पत्ते। दिन-ब-दिन मुरझाने वाले मृत्यु रूपी आँधी में मनुष्य रूपी पेड़ भी टूट जायेगा। सातू बाप के वंश की अन्तिम उत्तराधिकारी संतामाय अब काफी थक गई हैं। दादा भी। मनुष्य के जनम के बाद श्मशान उसे छूने के लिए उनका सतत पीछा करता रहता है। मृत्यु का यह खेल अपने पर न उलटे, इसलिए मनुष्य भी जीवन मैदान में सतत दौड़ता रहता है, गिरता रहता है।

मारुति की माँ हौसा गुजर गई है। लक्खूबाप के पूरे बाल सफेद हो गई हैं। उसे बीड़ी के लिए मैंने दस पैसे दिये। उसने भरपूर आशीर्वाद दिया। लक्खूबाप अब भानामती क्यों नहीं करता? भानामती द्वारा अमीरों की तिजोरी के पैसे अपनी झोंपड़ी

में क्यों नहीं ला सकता? क्यों नहीं आदेश देता किसी भगवान को कि वे शोषक सेठों की गरदनें तोड़ दें? उसकी मन्त्र-विद्या उसे भूखा क्यों मारती है?

□

दुर्वासा जब अपने लड़के को लेकर मुझे बुलाने के लिए आया तब मुझे काफी आश्चर्य लगा। मैंने सोचा, सम्भवतः इसने दूसरी शादी की होगी। पाँच वर्ष पूर्व की यादें ताजा हो उठीं। दुर्वासा का विवाह उसकी बहन की लड़की के साथ हुआ था। दोनों कुछ महीनों तक हँसते-खेलते रहे। परन्तु कुछ ही दिनों बाद दुर्वासा की पत्नी पर भीमाण्णा नामक सेठ-साहूकार ने कब्जा कर लिया। गाँव और बस्ती में हो-हल्ला हुआ। दुर्वासा ने अपनी पत्नी और भीमाण्णा को रंगे हाथ पकड़ लिया और दरवाजा बाहर से बन्द कर लिया। उसी समय अपनी बहन को सन्देशा भेजा, 'तेरी लड़की कुएँ में गिरकर मर गई है।'

दुर्वासा की बहन और जीजा जी रोते हुए आये तो उसने दरवाजा खोलकर असलियत बतला दी।

उस वक्त दुर्वासा अपनी पत्नी के कान, स्तन और नाक काटने के लिए चाकू लिये तैयार था। सगी बहन की वह लड़की। पर सबने बीच-बचाव किया। दुर्वासा गुस्से से थरथरा रहा था। इस घटना को आज पाँच वर्ष हो गये। दुर्वासा की पत्नी ने भी मुझे सन्देशा भेजा। मैं आश्चर्यचकित हुआ। दुर्वासा अब अपनी पत्नी के साथ मजे में जी रहा है, मुझे बड़ी ख़ुशी हुई।

मैं घर की ओर निकला तो लड़ाई-झगड़े की आवाज़ दूर से ही सुनायी दे रही थी। नागी रो रही थी, मसामाँ गुस्से से लाल-पीली हो रही थीं। चंदू चुपचाप बैठा था। चन्दू ने दूसरी शादी की थी। पर वह मान नहीं रहा था। मसामाँ चिढ़ गई थीं। नागी का भविष्यकाल उसके सामने था। मसामाँ चन्दू ने कड़े स्वर में पूछ रही थीं और वह ख़ामोश था। अन्त में मसामाँ ने कहा, "अरे वह तलवार इधर ले आ। देखें, यह कितनी देर सच को छिपाता है।" नागी रो रही थी। चन्दू आखिर मान गया कि उसने शादी की है। मैं बाहर से ही सब सुन रहा था। भीतर जा नहीं सका। चुपचाप वापस आ गया।

दादा, संतामाय और मैं ख़ाना खा रहे थे। इतने में गोंधली समाज का पाण्डुरंग भागता आया। उसकी पत्नी के पेट में दर्द हो रहा था। संतामाय ने थाली सरका दी और प्रसूति के लिए निकल गईं।

छुट्टियाँ ख़त्म हो रही थीं। पत्नी कुसुम प्रसूति के लिए वार्शी रुकी थी। उसके यहाँ भी जाना था। लौटते हुए सोलापुर में एक दिन रुकने की इच्छा थी। मैं शाम

की बस से निकलने की तैयारी करने लगा।

मैं लौटने वाला था, इसलिए सब इकट्ठे हुए। संतामाय, दादा, काका, मसामाँ, नागू, चंदू, वनमाला, प्रमिला, सुनन्दा, श्रीकांत, इन्दिरा—सभी बिदाई के लिए इकट्ठे हो गये। बस चलने में देर थी। हम सबमें केवल चन्दा माँ नहीं थीं। उनका अभाव हम सभी महसूस कर रहे थे।

बस आयी। मैं बैठ गया। दादा मेरे पास आये, "सोच-समझकर पैसे खर्च किया कर।" उन्होंने कहा। कंडक्टर के पास गये, "मेरा नाती है। टेलीफोन में साहब है।" उन्होंने कंडक्टर से कहा। कंडक्टर ने सीटी दे दी। बस चली। मैं क्षण-क्षण घर से दूर-दूर जा रहा था।

□

सोलापुर उतर गया। एक पुराने दोस्त से भेंट हो गई। उसने होटल में चाय पिलायी। घर चलने का आग्रह किया। मैं उसके आग्रह को टाल नहीं सका। 'माने'—मेरा मित्र, देहात का। भयावह दरिद्रता से संघर्ष करते हुए यहाँ तक पहुँचा है। अब वह किसी बैंक में नौकरी कर रहा है। उसके आचार-विचारों में क्रान्तिकारी परिवर्तन हुआ है। अपनी माँ को वह गाँव से शहर ले आया है। उसकी शादी भी हुई है। झोंपड़ी में रहने वाला यह आदमी आज प्रस्थापित हो गया है। थोड़ी-बहुत पढ़ी-लिखी उसकी पत्नी। घर काफी ढंग से उसने सजाया है। मेरी पुस्तक प्रकाशित हुई है, इसका उसे कुछ पता नहीं था। वह जनम से दलित था, पर दलित-साहित्य उसने पढ़ा नहीं था।

माने की माँ बड़े संकोच से मुझसे बातें कर रही थी। माने की यह माँ फटी-पुरानी साड़ी पहने गोबर-उपलियाँ इकट्ठी करती घूमती। नौ गज की साड़ी पहनने वाली हीरामावशी छह गज साड़ी पहने खड़ी थी। चोली की जगह ब्लाउज पहने थी। केश-रचना भी बदल चुकी थी। माने अब साहब हो चुका था। साहब की माँ को साहब की माँ की तरह ही रहना चाहिए न!

सवेरे मैं वार्शी के लिए निकला। निकलते समय नजर अचानक लॉज पर गई। एक नया विश्व-दर्शन हो रहा था। चंदया और उसकी पत्नी लॉज में रुके थे। इसी शहर में चंदया की दो बहनें हैं। पर वह झोंपड़ियों में रहती हैं। चंदया के पास अब पैसे थे। जब पैसे नहीं थे तब की बात भिन्न थी। अब नौकरी है, सुशिक्षित पत्नी है। अब वह मध्यवर्गीय हो चुका है। अब वह लॉज पर ही उतरेगा। बहन के पास क्यों जायेगा?

बार्शी की बस पकड़ी। लातूर जाना ज़रूरी था। छुट्टियाँ ख़त्म हो रही थीं। अनेक समस्याओं से मैं घिर रहा था। आँधी की तरह घूम रहा था, अपने ही बीच। मेरे साथ नीली टोपी वाला एक प्रौढ़ व्यक्ति भी यात्रा कर रहा था। शायद वह रिपब्लिकन वाला

हो। उसे बैठने के लिए मैंने जगह दी। सम्भवतः मेरी जाति को वह भाँप गया था।

□

बार्शी स्टैण्ड पर ही पता चला कि कुसुम के लड़का हुआ है। लड़के का नाम 'अनार्य' रखने का निश्चय मैं पहले ही कर चुका था। छुट्टियाँ बढ़वा लीं। हन्नूर को पत्र द्वारा सूचित किया।

उम्र के सत्ताईसवें वर्ष में मैं अनेक जिम्मेदारियाँ लिये जी रहा हूँ। अठारह वर्ष की आयु के पूर्व ही पत्नी तीन बार गर्भवती हुई। एक खेल चल रहा है सी-सॉ का। जीवन की भी ऐसी ही स्थिति है। चढ़ाव-उतार। यह कितनी ऊँचाई कि ऊपर देखूँ कि सिर पर की टोपी नीचे गिर जाती है और यह कितनी गहराई कि नीचे देखूँ कि आँखों में अँधेरा छा जाता है।

आज रमज़ान की ईद है। दादा की ईद। दादा ने बुधवार के बाजार में शर्ट-टोपी खरीदी होगी, उधार। मसजिद में नमाज पढ़ने गया होगा। संतामाय किसी मुसलमान के घर शूरखुमाँ माँगने गई होंगी।

दादा की मृत्यु के बाद उनका जनाना कौन उठायेगा? मुसलमान कैसे आयेंगे? दादा का क्रिया-कर्म क्या मुसलमान करेंगे? फिर दादा को कहाँ दफनाया जायेगा? दादा के शव का क्या होगा? उनकी श्मशान-भूमि कहाँ है? संतामाय, मसामाँ की मृत्यु के बाद उनके क्रिया-कर्म के लिए क्या लोग इकट्ठे होंगे? व्यवस्था का यह चक्रव्यूह ऐसा क्यों रचा गया है? इस नीति-अनीति को किसने बनाया है? क्यों बनाया है? मेरे जनम को ही अगर अनैतिक घोषित किया गया हो तो मैं किन नीतियों का पालन करूँ?

□□

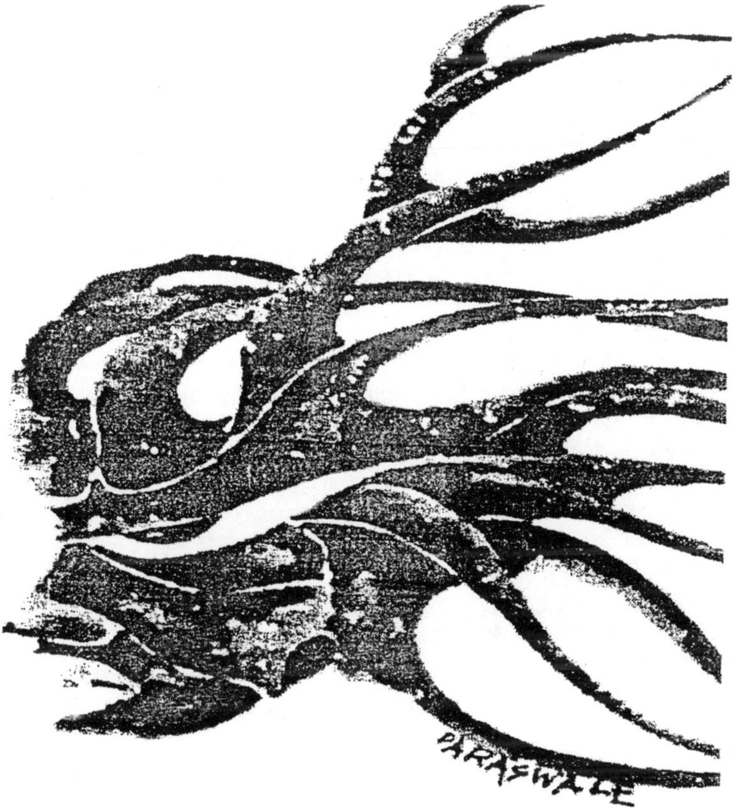
PARASWALE

परिशिष्ट

मैंने लिखना कब शुरू किया, कैसे लिखा, क्यों लिखा, क्या लिखा इसकी जब कभी मैं खोज करने लगता हूँ तो मुझे अपने पर आश्चर्य होने लगता हैं। मेरे लेखन के मूल में मेरी परिस्थितियाँ रही हैं। परिस्थितियों ने ही मुझे बनाया और मेरे लेखन को भी। इसी कारण मुझे और मेरे लेखन को समझने के लिए मेरी परिस्थितियों को समझ लेना अनिवार्य है।

कक्षा पाँचवीं-छठी में जब था, तब मैंने लिखना आरंभ किया। संभवतः तब मेरी आयु ग्यारह-बारह वर्ष की रही होगी। छोटों द्वारा बड़ों के अनुकरण जैसा यह लेखन था। प्राथमिक कक्षा की आयु में मैंने जो लिखा, वह केवल बारहखड़ी लिखने जैसा था। मैंने लेखन की शुरुआत कब की, इसका संकेत देने के लिए मात्र इस लेखन का महत्त्व है।

मेरा जन्म एक छोटे से गाँव में हुआ। मेरे गाँव में प्रतिवर्ष गरमी के दिनों में मेला लगता था। इस मेले के बहाने गाँव में पौराणिक विषयों पर नाटक खेले जाते। हम ये नाटक देखते और इन नाटकों के महत्वपूर्ण प्रसंगों का नाट्यीकरण करते। हममें से कोई एक भीम होता, कोई दुर्योधन, कोई द्रौपदी। हमें जैसा सूझता, वैसे संवाद हम कहते। हमारे से भी छोटी आयु के लड़के-लड़कियाँ प्रेक्षक हो जाते। बाद के काल में मैं आस-पास के देहातों में खेले जाने वाले नाटक देखने जाने लगा। ऐसे नाटकों के दृश्यों, गीतों, और संवादों का गहरा प्रभाव मन पर होता। ये नाटक हमें खेलने के लिए विषय देते।

गाँव में मेला लगता और हमारी बस्ती में अंबेडकर जयन्ती मनाई जाती। इसका भी मन पर गहरा असर होता। अंबेडकर जयन्ती के कार्यक्रम के लिए आसपास के देहात से भीमगीत गायन स्पर्धा के लिए स्पर्धक आते। स्पर्धाएँ होतीं। भीमगीतों का असर मन पर होता। हमारी बस्ती की भीमगीत गायन पार्टी के साथ मैं भी दूसरे गाँवों में जयन्ती के लिए जाता। अंबेडकर जयन्ती के कारण भीमगीतों की पंक्तियाँ होठों पर होतीं। इस कारण भीमगीत कहने-लिखने की इच्छा होती। मेले में मंचित नाटक

और अम्बेडकर जयन्ती के गीत—इन दोनों के परिणामस्वरूप मेरे मन में अक्षरों और शब्दों के प्रति आकर्षण पैदा हो गया।

गाँव में दो पार्टियाँ अदल-बदल कर ग्राम पंचायत पर चुन कर आतीं। उनमें स्पर्धा होती। गाँव के दो मन्दिर उन्होंने बाँट लिये थे। एक पार्टी विट्ठल मन्दिर में तो दूसरी महादेव मन्दिर में पोथी वाचन आयोजित करती। सावन मास में दोनों मन्दिरों में पोथी-वाचन का कार्यक्रम होता। जिस मन्दिर में पोथी ढंग से पढ़ी जाती, वहाँ मैं जाता। 'रामायण', 'महाभारत', 'मार्कण्डेय पुराण', 'नवनाथ कथासार', 'पाण्डव-प्रताप', 'शिवलीलामृत', 'भगवत गीता' आदि ग्रंथ अदल-बदल कर पढ़े जाते। एक व्यक्ति इन ग्रंथों में लिखी पंक्तियों को सस्वर पढ़ता, दूसरा उसका भावार्थ बतलाता। गाँव के इन मन्दिरों के कारण मेरा परिचय पौराणिक साहित्य से हुआ। कथानक के कारण पौराणिक साहित्य के प्रति आकर्षण बढ़ता गया। सवर्ण मन्दिरों के भीतर हमारे आस-पास गाँववालों के जूते-चप्पलों का ढेर होता। जूतों की और हमारी जगह एक थी।

सावन माह बड़ा प्यारा लगता, क्योंकि माह-भर कथा सुनने की सुविधा हो जाती। बाद के माहों में दादा कहानियाँ सुनाते, बदले में उनके पैर दबाने पड़ते। काका भी कहानी कहता परन्तु उसकी पीठ दबानी पड़ती। बाद-बाद में वह उन्हीं कहानियों को दोहराता। मैं नई कहानियाँ कहने का आग्रह करता। मेरे आग्रह को सुनकर का:का मुझे कहानियों की पुस्तकें पढ़ने के लिए लाकर देने लगे। 'बेताल पच्चीसी', 'सिंहासन बत्तीसी', 'तोता-मैना' जैसी पुस्तकें पढ़ने को मिलीं। सातवीं-आठवीं कक्षा तक ये सभी पुस्तकें मैं पढ़ चुका था। कक्षा के अध्ययन की अपेक्षा मुझे किताबें पढ़ने में अधिक आनन्द आने लगा। पौराणिक साहित्य के वाचन के कारण मेरे बाल-मन पर हिन्दू धर्म तथा हिन्दू देवी-देवताओं का प्रभाव जबरदस्त रूप से बढ़ गया। मेरा बचपन शरारतों की अपेक्षा ईश्वर भक्ति में लग गया। वन में जाऊँ, तप करूँ और ईश्वर को प्रसन्न कर लूँ, ऐसी इच्छा होने लगी। मैं दिन में कई बार ईश्वर का नाम स्मरण करता। ईश्वर सर्वशक्तिमान है, उसी ने अपना भाग्य तथा समाज व्यवस्था में स्थित स्थान निश्चित किया है, ऐसी धारणा बनने लगी।

हमारे गाँव में सातवीं कक्षा तक ही स्कूल था। माध्यमिक शिक्षा के लिए पड़ोस के गाँव में मुझे जाना पड़ा। मैं स्कूल नियमित नहीं जाता, इसलिए मुझे छात्रावास में रखा गया। मेरे जीवन को नई दिशा देने वाले कारखाने के रूप में मै इस छात्रावास की ओर देखता हूँ। प्राथमिक स्कूल में मेरे मन पर हुए देवधर्म, कर्मकाण्ड आदि के संस्कार छात्रावास की भट्टी में जलकर खाक हो गए। इस छात्रावास में अनेक गाँवों के भिन्न-भिन्न जाति के लड़के इकट्ठे रहते। मेरे कमरे में मेरे गाँव के सवर्ण लड़के

भी रहते थे। इस कारण हमारे बीच स्थित मानसिक अंतर नष्ट हो रहा था और धीरे-धीरे हमारे बीच स्थित सामाजिक अंतर भी नष्ट होने लगा। छात्रावास में हम इकट्ठे रहते, कक्षा में इकट्ठे बैठते। गाँव लौटने पर अलबत्ता मैं गाँव के बाहर और वे गाँव में, ऐसा विभाजन हो जाता। मैं गाँव में घूमने जाता तो महार, दलित, अछूत कहकर मेरी ओर हीन नजर से देखा जाता। 'ये गाँव में क्यों घूम रहा है, छुआछूत हो जाएगी' ऐसा कह गाँव की औरतें मुझ पर बरसतीं। मन में भयावह डर लेकर ही मैं गाँव में घूमता। गाँव के सवर्ण लोगों की कुत्सित नजरों से मैं व्यथित हो जाता। मैं अपनी जाति के प्रति तीव्र अपमान महसूस करने लगा। मैं जाति व्यवस्था को गालियाँ देने लगा। 'यह विश्व ईश्वर ने निर्माण किया है और उसी ने हमें अस्पृश्य किया है' ऐसी मेरी भावना होने लगी और इसी कारण मेरे मन में ईश्वर का अस्तित्व तेजी से हटने लगा। इस आयु में आलंकारिक भाषा में निबन्ध लिखने की इच्छा होती। आलंकारिक भाषा में लिखा साहित्य पढ़ते समय अच्छा लगता। हाईस्कूल की आयु में धर्म और ईश्वर का आकर्षण कम होकर सेक्स से सम्बन्धित आकर्षण बढ़ने लगा। इसी कारण शेवंता के प्यार में डूब गया। यह एक ओर का प्रेम था। उसकी शादी जल्दी ही हो गई। कहानी-उपन्यासों में वर्णित प्रेम और प्रेमभंग का अनुभव मैं नहीं ले पाया। वास्तव में वह किशोरावस्था में भिन्न लिंगी के प्रति होने वाला प्रेम या आकर्षण था, उसके कारण बाद के वर्षो में मैं काल्पनिक प्रेम कविताएँ लिख सका, बस, इस तथाकथित प्रेम की इतनी ही उपलब्धि रही।

हाईस्कूल के कालखण्ड में भयावह अकाल (1972 का महाराष्ट्र का महाभयंकर अकाल) का सामना करना पड़ा। इस अकाल के कारण देहातों में भयावह स्थिति पैदा हो गई। देहात पूर्णतः ध्वस्त हो गए। अनेक परिवार विस्थापित हो गए। जानवर बेहाल थे। खेती उजड़ चुकी थी। सभी ओर भयावह शोकाकुल स्थिति थी। देहात की सभाज व्यवस्था की कमर ही टूट गई। शासन ने अकाल निवारणार्थ अनेक प्रयत्न किए। गाँव-गाँव में अकाल राहत कार्य शुरू हुए। इन राहत कामों पर सभी वर्ण और जाति के लोग आते। आज तक जो घर के बाहर नहीं निकले थे, उन्हें सड़क पर आना पड़ा। सबको मिलकर काम करना पड़ता था। एक ही प्रकार का काम। एक ही टैंकर का पानी पीना पड़ता था। सबको अकाल-राहत केंद्रों पर दी जानेवाली सुखड़ी (एक अन्न पदार्थ) खानी पड़ती थी। सरीखा काम, सरीखा वेतन। और एक ही प्रकार का अन्न एक ही बर्तन (टैंकर) का पानी। इस कारण अब तक समाज में स्थित विषमता पहली बार कांपने लगी। इस प्रकार प्रकृति ने प्रस्थापित समाज व्यवस्था में मानो विस्फोट कर दिया था। गाँव की रचना चरमराने लगी। हम लोगों को पहली बार स्वतंत्रता का अनुभव हुआ। अकाल की इस स्थिति में भ्रष्टाचार तेजी

से बढ़ गया। अकाल के कारण देहातों में दादागिरी, गुण्डागर्दी, व्यभिचार और व्यसनाधीनता बढ़ने लगी। अकाल के कारण बढ़ती इस गुण्डागर्दी, भ्रष्टाचार, व्यभिचार और व्यसनाधीनता ने प्रस्थापित व्यवस्था को और अधिक कुचल दिया। इस भयावह अकाल को लेकर कभी लिखने की इच्छा नहीं हुई। मुझे मेरी दरिद्रता की अपेक्षा अस्पृश्यता अधिक भयावह और अपमानजनक लग रही थी।

मैं मैट्रिक उत्तीर्ण होकर कॉलेज गया। हॉस्टल में प्रवेश पा गया। इस हॉस्टल में अधिकतर दलित छात्र थे। दलित छात्रों का स्वतंत्र संगठन था। कॉलेज में दलित छात्रों का अच्छा रुतबा था। इसी काल में मैं डॉ. बाबासाहब आम्बेडकरजी का साहित्य पढ़ने लगा। दलितों पर हुए अत्याचार-अन्याय के समाचार सुन–पढ़कर माथा भड़कता। जाति-व्यवस्था के विरोध में चर्चाएँ शुरू हुईं। मन में विद्रोह की भावना उत्पन्न होने लगी परन्तु पाठ्यक्रम में अलबत्ता दूसरी ही दुनिया थी। मध्यवर्गीय लेखकों द्वारा लिखे काल्पनिक साहित्य को पढ़ रहा था। ऐसे ही मध्यवर्गीय साहित्य पर मेरी साहित्यिक रुचि तैयार हो रही थी। अंबेडकरवादी विचारों के कारण मेरे भीतर का कार्यकर्ता तैयार हो रहा था तो दूसरी ओर काल्पनिक मनोरंजनवादी साहित्य के कारण मेरे भीतर का लेखक जाग रहा था। आंदोलन की अपेक्षा मैं साहित्य में अधिक रुचि ले रहा था। महाविद्यालयीन जीवन में मैंने अनेक काल्पनिक नाटक लिखे। ये नाटक व्यावसायिक रंगमंच पर खेले जाने वाले नाटकों की तरह थे। मुझ पर मध्यवर्गीय साहित्य का प्रचण्ड प्रभाव था। मैं सतत कल्पना की दुनिया में जीता। विचार करता। कल्पना करता, चिंतन करता और फिर कुछ नया सूझता। यह प्रक्रिया भीतर चल रही थी। मुझे बहुत कुछ सूझता। दिमाग झरने की तरह बहता। मैं भरपूर लिख रहा था परन्तु मेरे लेखन में मैं, मेरी वेदना, मेरा समाज और मेरे प्रश्न नहीं थे। मेरे लेखन में मेरी कल्पना थी और प्रस्थापित साहित्य से उधार ली हुई शैली थी। यह सारा लेखन कृत्रिम, झूठा और बेबुनियादी था, परन्तु इसका अहसास मुझे नहीं था।

मध्यवर्गीय समीक्षा का बड़ा जोर था। क्या लिखें, कैसे लिखें इसका फार्मूला तैयार था। छापने वाले तय थे। लिखने वाले भी तय थे। पढ़ने वाले भी तय थे। इस चक्रव्यूह के बाहर कोई निकल नहीं सकता था। मध्यवर्गीय लेखकों द्वारा लिखे साहित्य के जादुई जंगल में मैं भटक रहा था। काल्पनिक प्रेम-कविता, काल्पनिक नाटक लिख रहा था। लिखने हेतु संपूर्ण समीक्षा-शास्त्र पढ़ रहा था। लेखक सरस्वती का पुत्र होता है। उसे विशेष शक्ति प्राप्त होती है, वह शब्द–प्रभु होता है, देवदूत उसकी ओर से लिख लेता है, उसे सपने में सूझते रहता है, बादल उमड़ने-घुमड़ने लगे और जंगल में मोर नाचने लगे कि उसे सूझने लगता है। 'जो न देखे रवि, वह

देखे कवि' ऐसी उसकी प्रतिभा होती है। लेखक के लिए चिंतन की, कलात्मकता की, सौंदर्य दृष्टि की जरूरत होती है, ऐसा मैं पढ़ता और सुनता। कुल मिलाकर लेखन किसी भी ऐरे-गैरे का काम नहीं, ऐसा सिद्धान्त था। सर्वसामान्य मनुष्य इस क्षेत्र में पैर भी रख नहीं सकता। यह काल विशुद्ध और प्रखर अनुभूति की अपेक्षा कृत्रिम और झूठी कल्पना पर बल देने वाला था। मैं छटपटा रहा था। अपने सुर को पकड़ नहीं पा रहा था।

इन आरंभिक दिनों में मैंने समीक्षा से सम्बन्धित कई मराठी पुस्तकें पढ़ीं। इनमें मार्क्सवादी, यथार्थवादी और जीवनवादी–ये शब्द मुझे नजदीक के लगने लगे। कलावाद की अपेक्षा जीवनवाद मुझे अर्थपूर्ण लगने लगा। जीवनवादी समीक्षा और साहित्य मैं प्राप्त कर पढ़ने लगा। यथार्थवाद ने मेरी आँखे खोल दीं। कलावाद से मैं अलग हट गया। उच्चवर्गीय प्रगतिशील लेखकों ने जो दलित विषयक लेखन किया है, उससे मैं प्रभावित होने लगा। विभावरी शिरूरकर लिखित 'बलि', गोदावरी परुलेकर का, 'जब इंसान जाग उठा' पुस्तकों से साहित्य विषयक मेरी भूमिका ही बदल गई। जब मैं सवर्ण लेखकों द्वारा दलितों से सम्बन्धित लिखी गईं पुस्तकें पढ़ता तो मेरे मन में इन प्रगतिशील लेखकों के प्रति जबरदस्त आदर का भाव जागता। प्रगतिशील लेखक सवर्ण होते हुए भी दलितों के हक में लिखते हैं और अपने समाज के विरुद्ध भूमिका लेते हैं–इससे मुझे आश्चर्य होता। प्रगतिशील लेखक सनातनियों से न डरते हुए लेखन करते हैं, यह क्रांतिकारक घटना है–ऐसा मैं उन दिनों मानता था। मैं यथार्थवादी साहित्य की ओर आकर्षित होने लगा।

कॉलेज में पढ़ते समय मैं 'दलित पैंथर' संगठन में काम करने लगा। पैंथर के उभार का यह काल था। दलितों पर अन्याय-अत्याचार करने वालों के मन में दहशत पैदा करने का यह काल था। पैंथर्स के भाषणों की शुरुआत ही ईश्वर तथा धर्म को गालियाँ देने से होती। दलित पैंथर की बैठकों, सभाओं, मोर्चों और कार्यकर्ताओं के साथ चर्चा करने से मेरा नया जन्म हो रहा था। दलित साहित्य की चर्चा इन्हीं दिनों सुनने में आ रही थी। दलित साहित्य विषयक समाचार-पत्रों में समाचार छपते, पुस्तक समीक्षा आती, इन्हें मैं पढ़ता, परन्तु प्रत्यक्ष दलित साहित्य पढ़ने में नहीं आ रहा था। मुंबई, औरंगाबाद और नागपुर दलित साहित्य और आंदोलन के केंद्र बन चुके थे। पंजाब और कश्मीर के आतंकवादियों के प्रति आकर्षण बढ़ने लगा। मुझे भी हाथ में बंदूक लेकर दलितों पर अत्याचार करने वालों की लाशें गिरा देनी चाहिए, ऐसी संतप्त भावना बढ़ने लगी। भारत में दो देश है–एक भारत है तो दूसरा बहिष्कृत भारत है। बहिष्कृतों के लिए स्वतंत्र दलित-स्थान की निर्मिति होना चाहिए, ऐसे भड़कीले विचार मन में उठते और मैं बेचैन हो जाता। 'दलित साहित्य'

और 'दलित पैंथर' के आंदोलनों के कारण दलितों के स्वतंत्र अस्तित्व की तीव्रता महसूस होने लगी। हमारी बस्तियाँ अलग हैं, हमारे पनघट अलग हैं, हमारी श्मशान भूमि अलग है, हमारे नाम अलग हैं, यह 'अलगपन' का रसायन मन में उबलने लगा! 'मराठी साहित्य अपना साहित्य नहीं है, यह सवर्णों का साहित्य है, इस साहित्य के विरुद्ध मुझे प्रतिरोध करना चाहिए' ऐसी मानसिकता अब तैयार होने लगी।

उन दिनों नक्सलवादी आंदोलन जोरों पर था। नक्सलवाद को समझ लेने का मैंने प्रयत्न किया। मार्क्स, लेनिन, माओ, एंगल्स—इनके विचारों से प्रभावित हो रहा था। शरद पाटील, सुधीर बेडेकर के भाषणों को सुन रहा था। मार्क्सवाद की शक्ति समझ में आ रही थी तो दूसरी ओर डॉ. बाबा आढाव, यदुनाथ थत्ते आदि के कारण समाजवादी विचार निकट के लग रहे थे। दलित लड़कों के संपर्क में घूम-फिर रहा था। इस कारण प्रस्थापित समाज व्यवस्था के प्रति चिढ़ हो रही थी। दलितों की मुक्ति का विचार यह अंबेडकरी विचार है और अंबेडकरी विचारों से प्रेरित दलित आंदोलन मेरी साँस है—इस विचार पर मैं दृढ़ था। घर की भयावह दरिद्रता, कामकाज कर घर पर सहायता करने के बजाए कॉलेज में लिया गया प्रवेश और बेरोजगारी इससे मन क्षुब्ध हो उठता। बावजूद इस सबके मैं तब तक दलित लेखन की ओर मुड़ा नहीं था। मन में अशांति थी। फिर भी काल्पनिक प्रेम-कविताएँ लिख रहा था। समाचार-पत्रों में 'पाठकों के पत्र' स्तंभ में पत्र लिख रहा था। दैनिक पत्रों, साप्ताहिकों के लिए पुस्तक समीक्षा लिख रहा था। स्त्रियों की पत्रिकाओं के लिए स्त्री-स्वतंत्रता की कविताएँ लिख रहा था। धीरे-धीरे मेरे मन से काल्पनिक लेखन खत्म होने लगा और यथार्थवादी अनुभूति अधिक प्रखर रूप धारण करने लगी। भविष्य में तो मैं काल्पनिक लिख ही नहीं सका।

बी. ए. की डिग्री लेने के बाद भारत सरकार के टेलीफोन विभाग में मुझे टेलीफोन ऑपरेटर की नौकरी मिल गई। पहली नियुक्ति मराठवाड़ा के अहमदपुर तहसील में हुई। मेरा बचपन दलित बस्ती में गुजरा। इस कारण मैंने कभी अकेलापन महसूस नहीं किया। बाद में मैं छात्रावास में रहा। वहाँ पर भी दलित लड़के काफी संख्या में थे। कहीं भी मैंने अपने को असुरक्षित महसूस नहीं किया। कॉलेज के हॉस्टल में तो हम बहुसंख्यक थे। इस कारण मैं काफी बिंदास हो चुका था। अहमदपुर में सब कुछ अलग था। यहाँ मैं अकेला रहने लगा। ऑफिस में बहुसंख्यक सवर्ण थे। मैं जिस बस्ती में किराये का कमरा लेकर रह रहा था, वह सवर्णों की बस्ती थी। काम के बहाने जिनके संपर्क में आता, वे भी सवर्ण थे। मेरे चारों ओर सवर्ण थे। मेरे मन में अब डर, अविश्वास, संशय और असुरक्षा के बादल मंडराने लगे। मेरे चेहरे पर उसने अपना आसन जमा लिया। इन्हीं दिनों औरंगाबाद स्थित मराठवाड़ा

विश्वविद्यालय को डॉ. बाबासाहब अंबेडकर जी का नाम दिये जाने हेतु आंदोलन छेड़ा गया। महाराष्ट्र की विधान सभा ने इस प्रस्ताव को बिना किसी विरोध के पारित किया था। शासन के इस निर्णय के विरुद्ध मराठवाड़ा के सवर्णों ने अपना विरोध दर्ज किया। विश्वविद्यालय का नाम बदला न जाए इसलिए इस नाम के विरोधी सड़क पर उतर आए। मराठवाड़ा में दंगे शुरू हुए। दलितों की झोंपड़ियों जलाई जाने लगीं। जगह-जगह दलितों पर अन्याय-अत्याचार शुरू हुए। इस विरोध के खिलाफ दलित संगठित होने लगे। नामकरण के इस आंदोलन के कारण दलित समाज फिर से संगठित होने लगा तो दूसरी ओर सवर्ण समाज दलितों के विरोध में आक्रामक रुख अपनाने लगा। अहमदपुर में नामकरण के विरोधियों ने टेलीफोन एक्सचेंज की इमारत को जला दिया। अहमदपुर के तत्कालीन विधायक किशनराव देशमुख के घर पर पत्थरबाजी हुई। पुलिस ने फायरिंग की। तीन लोगों की मौत हुई। ऐसे शहर में मैं नौकरी हेतु दाखिल हुआ था।

नामकरण आंदोलन के समाचार रोज विस्तार से दैनिक पत्रों मे छपते। दलितों पर होने वाले अन्याय-अत्याचार को विशेष स्थान दिया जाने लगा। समाचार पत्रों का सामूहिक वाचन हो रहा था। समाचार पत्रों को पढ़कर लोगों की भावनाएँ भड़क रही थीं। दंगे तेजी से फैल रहे थे। यह सब पढ़-सुनकर मैं अधिक तनावग्रस्त हो जाता।

मेरे सहयोगी सुधीर गव्हाणे टेलीफोन ऑपरेटर की नौकरी करते हुए शिक्षा भी ग्रहण कर रहे थे। समाचार पत्रों में लिख रहे थे। इस कारण मेरा भी परिचय बढ़ रहा था। मैंने उन्हें अपने नाटकों की पाण्डुलिपियाँ पढ़ने को दीं। परन्तु उन्होंने वे पढ़ी नहीं। सुधीर गव्हाणे के कारण मेरा उत्साह बढ़ रहा था। जाति व्यवस्था की दहशत क्या होती है, इसका अनुभव मैंने अहमदपुर में किया। आप पर प्रत्यक्ष रूप से टूट पड़ने की, हल्ला बोलने की जरूरत नहीं होती। जातिवादी वातावरण ही ऐसा होता है कि आप उसके नीचे दब जाते हैं। विद्यापीठ नामकरण आंदोलन के दिनों में एक दलित के रूप में मैं भयावह मानसिकता से गुजरा हूँ।

सुधीर गव्हाणे सवर्ण होता हुए भी नामांतरवादी थे। अंबेडकर जयन्ती पर अतिथि के रूप में जाते थे। मैं मराठवाड़ा में आकर काफी अकेलापन महसूस कर रहा था। एक दिन सुधीर गव्हाणे दया पवार का काव्य संग्रह 'कोंडवाडा' पढ़ने के लिए आए। मैंने पढ़ने हेतु माँगा। उन्होंने दिया नहीं। दया पवार का नाम मुझे मालूम था। मैं 'कोंडवाडा' पढ़ने के लिए उत्सुक था। 'दलित साहित्य होता कैसे है?' 'दलित कविता कैसी होती है?' मैं यह जान लेना चाह रहा था। बाद में मैंने गव्हाणे से कहा, "ऐसी कविताएँ मैं भी लिख सकता हूँ।" इस पर वे खिलखिलाकर हँस पड़े। कहने लगे, "इसके लिए दलित होना पड़ता है।" मैंने झट से कहा, "मैं भी तो दलित हूँ।"

इस प्रकार अब तक मैंने अपनी जाति जो छिपाकर रखी थी, वह उजागर हो गई।

मैंने पहली दलित कविता लिखी। सुधीर गव्हाणे को वह बहुत अच्छी लगी। उनके साथ घूमता। वे लोगों को अब मेरा परिचय कवि के रूप में देने लगे। वे कभी भी किसी के सम्मुख मुझे कविता सुनाने के लिए कहते। मुझे संकोच होता तो वे ही मेरी कविता उत्साह से सुनाते। मेरी कविता मेरी अपनी जाति का आयडेंटिटी कार्ड ही थी। ढोकी नामक गाँव में सवर्णों ने पारधियों (एक विमुक्त जाति) की बस्ती ही जला दी थी और उनकी हत्या कर दी थी। यह ढोकी हत्याकाण्ड काफी चर्चित रहा। सुधीर गव्हाणे ने इस हत्याकाण्ड का वृत्तान्त साप्ताहिक मुम्बई दिनांक में लिखा था। उस रिपोर्टिंग में उन्होंने मेरी एक कविता की निम्न पंक्तियों का उपयोग किया—

साहित्य क्यों कहते हो इन शब्दों को
ये तो जल रहे इंसान हैं
चारों ओर से आग लगाई गई झोंपड़ी से
बाहर आने वाली वह आर्त्त आवाज
चार बदमाशों के हाथों
छटपटाने वाला आक्रोश
गुण्डों के आक्रमण में खोती हुई
करुण आवाज
चुल्लूभर पानी के लिए
व्याकुल आवाज
बतलाइए, बतलाइए गंधर्वो
ये किस प्रकार के सुर हैं।

सुधीर गव्हाणे के परिचित संपादक को मैंने अपनी कविताएँ भेज दीं। गव्हाणे ने मेरी कविताएँ 'अस्मितादर्श' को भिजवा दीं। कविताएँ स्वीकृत हो गईं।

मैं दलित कविताएँ लिख सकता हूँ- यह आत्मविश्वास मुझमें आया। फिर मैं दलित कविताएँ लिखने लगा। दलित साहित्य का विस्फोट महानगर में हुआ था, अब वह गाँव स्तर पर भी होने लगा। दलित समाज ज्ञान प्राप्ति के लिए प्रयत्नशीलता हुआ। किताबें छप रही थीं। मैं उन्हें खरीद कर या पुस्तकालयों में जाकर पढ़ रहा था। इसी कारण मराठी के एक व्यंग्य कवि ने लिखा, 'महानगरों में दलितों ने पुस्तकें महँगी कीं और बामनों ने मटन महँगा किया। जो कल तक पढ़ नहीं पा रहे थे, वे पढ़ने लगे और कल तक जो शाकाहारी थे, वे अब मांसाहारी हो गए।'

उस्मानाबाद में अस्मितादर्श लेखक-वाचक मेला था। मैं इस मेले में गया। पहली बार मैंने अनेक दलित लेखकों को नजदीक से देखा। उनसे बातचीत का प्रयत्न कर

रहा था। प्रतिवर्ष नियमित रूप से होने वाला अस्मितादर्श का मेला मुझ जैसे के लिए कार्यशाला ही थी। मैं अपने खर्च से अनेक साहित्य सम्मेलनों में जाने लगा। मंच पर कविताएँ पढ़ने लगा। नवोदित दलित कवि के रूप में मेरी पहचान बढ़ रही थी। आकाशवाणी पर भी मेरा कविता-पाठ हुआ। मेरा उत्साह बढ़ने लगा। मैं पूर्णतः अंबेडकरमय हो चुका था। एक दिन मेरे सपने में डॉ. बाबासाहब अंबेडकर का पुतला आया। मैं जग गया। पत्नी को जगाया। उसे कुछ समझ में नहीं आ रहा था। डॉ. बाबसाहब का पुतला सपने में आया, इससे मैं रोमांचित हो गया था। उस वक्त मेरी पत्नी 14-15 वर्ष की रही होगी और मैं 23-24 का। मेरी पत्नी चौथी कक्षा तक पढ़ी थी। उसे मैं अपनी कविताएँ पढ़कर सुनाता। ये कविताएँ वह कहाँ तक समझ पाती, पता नहीं, पर मैं पूरी भावुकता से उसे सुनाता और मैं ही टिप्पणी करता कि कविता ठीक बनी है।

कभी कोई कविता एक ही बैठक में पूरी हो जाती और कभी किसी कविता को पूरी करने में आठ-आठ दिन लगते। अपनी प्रत्येक कविता मुझे शुरुआत में अच्छी लगती। कविता को मैं बार-बार लिखता। मेरी कविताएँ अनेक पत्र-पत्रिकाओं में प्रकाशित होने लगीं। जिस दिन कविता छपकर आती, उस दिन मैं मानो हवा में तैरने लगता। यह दलित साहित्य के विमर्श का काल था। एक ही पुस्तक लिखकर दलित लेखक चर्चित हो जाता। दलित साहित्य में अभिव्यक्त जीवंत अनुभूति के सम्मुख यथार्थवादी साहित्य भी फीका पड़ने लगा। दलित लेखक प्रस्थापित साहित्य पर टूट पड़ रहे थे, तो प्रस्थापित लेखक दलित साहित्य पर आरोप लगा रहे थे। आरोप-प्रत्यारोप से दलित साहित्य का विकास हो रहा था।

शरद देशमुख सुधीर गव्हाणे के मित्र थे। गव्हाणे के कारण हम दोनों मित्र हो गए। शरद देशमुख कवि थे। महाराष्ट्र राज्य साहित्य संस्कृति मण्डल के अनुदान से उनका एक काव्य संग्रह 'ग्रासलेला सूर्य' प्रकाशित हो चुका था। मैंने अपना 'उत्पात' काव्य संग्रह प्रकाशित करने हेतु महाराष्ट्र राज्य साहित्य संस्कृति मण्डल के अनुदान के लिए भेज दिया। मुझे अनुदान मिला। इस अनुदान से मेरा 'उत्पात' काव्य संग्रह प्रकाशित (1982) हुआ। इस काव्य संग्रह पर अनेकों ने लिखा। संग्रह की मेरी कुछ कविताओं के अनुवाद भी हुए। कुछ कविताएँ पाठ्यक्रम में लग गईं। 'मैं एक अंबेडकर' और 'उत्पात' ये दो कविताएँ अधिक चर्चित रहीं–

मेरा पौरुष एसिड-एसिड
भोगना चाहता है यहाँ की प्रत्येक स्त्री को
जिसने नकारा है
मुझे अछूत कह कर

'उत्पात' संग्रह की ऐसी पंक्तियों पर कुछ पाठकों ने आक्षेप किया। पक्ष-विपक्ष में चर्चाएँ शुरू हुईं। इस संग्रह की चर्चा के मूल में एक कारण यह था कि इनमें से अनेक कविताएँ आत्मटीका से सम्बन्धित थीं। दलितों के भीतर स्थित गुटबाजी, स्वार्थ और बदमाशियों पर यहाँ व्यंग्य किया गया था। इस संग्रह के प्रकाशन के कारण तथा इस पर हुई चर्चाओं के कारण मैं अपने विचारों पर अधिक दृढ़ होता गया। 'उत्पात' में अनेक पौराणिक बिंबों-प्रतीकों की भीड़ लग गई है। भविष्य में मै इनसे बचने लगा। नई दृष्टि के साथ और नये रूप में मैं खड़ा होना चाहता था। 'स्व' को खोजने और तराशने का यह काल था। उस पर स्थित मध्यवर्गीय साहित्य और हिन्दू यथार्थ का प्रभाव मिटा देने का यह काल था। 'मध्यवर्गीय सफेदपोश मूल्यों को नकारते जाओ' डॉ. म. ना. वानखड़े का यह एक वाक्य हमारे लेखन को नई दिशा देने में समर्थ हुआ। मध्यवर्गीय मूल्य कौन से? मध्यवर्गीय मानसिकता का अर्थ क्या है? उसे नकारने का मतलब क्या है? इस पर हम लोग तफसील से सोचने लगे। 'ईश्वर, धर्म और देश से भी मनुष्य महान है।' बाबूराव बागुल के इस वाक्य ने हमारा ब्रेन-वॉश ही कर दिया। जनार्दन वाघमारे जी के 'अमेरिकन नीग्रो वाङ्मय' से सम्बन्धित लेखों ने हमारे भविष्य का रास्ता स्पष्ट कर दिया। नामदेव ढसाल की कविता में आई गालियों ने हमें मुक्त होकर लिखने का शास्त्र ही दे दिया। दलित पैंथर्स का आंदोलन अगर न हुआ होता और नामकरण का आंदोलन व्यापक और तीव्र न हुआ होता तो मैं दलित लेखक होता कि नहीं, मुझे संदेह है। दलित लेखक होना और दलितों के सम्बन्ध में लिखना ये दो भिन्न और स्वतंत्र विषय हैं। यहाँ से दलित साहित्य का स्वरूप और प्रयोजन किस प्रकार अलग है इसे सिद्ध करना और वैसे साहित्य का सृजन करना, इस दिशा में मेरी यात्रा शुरू हुई।

दलित पैंथर आंदोलन पर आधारित 'दंगल' नामक एक लघु उपन्यास मैंने लिखा। 'अस्मितादर्श' के दीपावली अंक में वह प्रकाशित हुआ (1983)। इस उपन्यास पर दलित टूट पड़े, क्योंकि इसमें दलित पैंथर में स्थित झगड़ों और उनके दहशत का पर्दाफाश किया गया था! इस कारण पैंथर कार्यकर्ता नाराज हो गए।

'आंदोलन के विरोध में लिखने वालों के हाथ-पैर तोड़ देने चाहिए!' ऐसी तीखी प्रतिक्रिया सुनने को मिली। लातूर के पैंथर कार्यकर्ताओं ने मुझे धमकी दी। एक बार दया पवार ने मुझसे कहा, "तुम बहुत बड़ा साहस कर रहे हो। 'दंगल' जैसा उपन्यास लिखने के लिए हिम्मत चाहिए।" 'दंगल' के कारण मुझे पैंथर्स का गुस्सा सहन करना पड़ा। साहित्य इतर माध्यमों की तरह समाज के प्रति जिम्मेदार होता है। उसका समाज पर परिणाम होता है। जाने-अनजाने, प्रत्यक्ष-अप्रत्यक्ष। साहित्य संवेदनशील होता है। 'दंगल' के बहाने मुझे तीव्रता के साथ इसका अहसास हुआ।

'दंगल' उपन्यास मैंने पूर्णतः बोली भाषा में लिखा था। दलितों की बोली और उनकी गालियों का प्रयोग मैंने पूरी तफसील के साथ यहाँ स्वीकारा था। दलित साहित्य बोली भाषा में लिखा जाना चाहिए। मानक भाषा अभिजनों की भाषा है, उसे नकारना होगा, ऐसी भूमिका लेकर लिखने का वह काल था। हमारे साहित्य की विशिष्टता स्पष्ट करने के लिए इस बोली भाषा और गालियों का सहज उपयोग हम लोग कर रहे थे। हमारी बोली आक्रामक थी। गाली-गलौज से भरी हुई थी। हमारी जिन्दगी के सन्दर्भ और तफसील मानक भाषा के नहीं थे। मानक भाषा पढ़ने वालों को हमारी भाषा गाली-गलौज वाली लगती। यह साहित्य कैसे पढ़ें, कैसे पढ़ाएँ आदि प्रश्न उठाए जाने लगे। इनकी पुस्तकें लड़के-लड़कियों के हाथों में नहीं जानी चाहिए, इसी प्रकार की सावधानी बरती जाने लगी। दलित लेखकों को चाहिए कि वे मराठी व्याकरण समझ लें, उन्हें शुद्ध लिखना चाहिए। सरस्वती के दरबार में गन्दगी नहीं फैलानी चाहिए, दलित साहित्य की बोली भाषा समझ में नहीं आती, दलित लेखकों को चाहिए कि वे आक्रामकता को छोड़ दें, अन्यथा समाज में बेकार ही तनाव पैदा हो जाएगा। दलित साहित्य में आवेश की नहीं, तटस्थता की जरूरत है। लेखक कार्यकर्ता नहीं होता, वह कलाकर होता है। दलित साहित्य को हम साहित्य के रूप में पढ़ते हैं, उसमें साहित्यिक मूल्य होना जरूरी है। यह प्रश्न प्रतिपक्ष में उठाए जाते। इसी कारण हमें हमारे शब्दों की ताकत का पता चलता। हम वाक्यों को शस्त्र की तरह उठाने लगे। दलित साहित्य सामाजिक परिवर्तन का हथियार है—ऐसी भूमिका लेकर हम चर्चा करने लगे। मैं जब कभी सार्वजनिक पुस्तकालयों में जाता तो अपनी ही पुस्तकें मँगवाकर देखता। मेरी पुस्तकों पर पाठकों ने प्रतिकूल फतवे दिए है, इसका अहसास होता। कभी आरंभ के पन्नों पर सूचना लिखी होती है, 'यह किताब गंदी है, कृपया इसे न पढ़ें।' दलित साहित्य की सृजन प्रक्रिया समझ लेते समय, इस तफसील को समझ लेना जरूरी है।

दया पवार का 'बलूत' और लक्ष्मण माने का 'उपरा' दोनों आत्मकथाएँ उन दिनों खूब चर्चा में थीं। इनके कारण मराठी साहित्य में आत्मकथा लिखने की एक लहर उठी। अनेक जाति-उपजाति के संवेदनशील व्यक्तियों ने अपनी आत्मकथाएँ लिखीं। मैंने जो जिन्दगी जी थी, वह इन सबसे भिन्न थी। मेरी इच्छा हुई कि मैं आत्मकथा लिखूं। उन दिनों मेरा स्थानांतरण लातूर में हुआ था। सूर्यनारायण रणसुभेजी के संपर्क में मैं आया। मेरे लेखन के वे प्रशंसक थे। आत्मकथा लिखने की इच्छा मैंने उनसे कही। उन्होंने कॉलेज से मराठी की कई आत्मकथाएँ मुझे उपलब्ध कराई। यह संभवतः 1980-81 का समय था। अंततः मैंने 'अक्करमाशी' लिख दी। गुलबर्गा (कर्नाटक) से प्रकाशित होने वाली मराठी त्रैमासिक पत्रिका 'अनुबंध' में वह छपी।

बाद में उसके कुछ अंश 'अस्मितादर्श' में क्रमशः प्रकाशित हुए। 1984 में पुणे के श्री विद्या प्रकाशन ने 'अक्करमाशी' को प्रकाशित किया। इसके प्रकाशन से मानो साहित्य जगत में एक बड़ा विस्फोट हुआ। चर्चाएँ शुरू हुईं। इस पर मराठी के शीर्ष साहित्यकारों और समीक्षकों ने लिखा। 20-25 के वर्षों बाद भी यह आत्मकथा चर्चा के केंद्र में है। पाठकों के आज भी पत्र आते हैं और मेरी पहचान 'अक्करमाशी' के लेखक के रूप में होती है। इसके मराठी प्रकाशन के कुछ ही वर्षों बाद इसका हिन्दी अनुवाद डॉ. रणसुभेजी ने किया। पहले इसे डॉ. महीप सिंह ने 'संचेतना' में क्रमशः छापा। बाद में प्रभात प्रकाशन, दिल्ली ने इसे प्रकाशित किया (1991)। हिन्दी में भी यह चर्चा के केंद्र में रहा। देश के अनेक भागों से मुझे पत्र आने लगे। 'अक्करमाशी' के कारण मेरे जीवन को एक नई दिशा मिल गई। आज तक जो अपमानित जीवन मैं जी चुका था, अब सभी ओर से मैं सम्मानित होने लगा।

दलित पैंथर का आंदोलन महाराष्ट्र के सामाजिक-राजनीतिक जीवन में रौद्र ताण्डव नृत्य ही था। इस विराट और विशाल आंदोलन ने, उसके विद्रोह ने प्रस्थापितों के मन में डर पैदा कर दिया था। पैंथर का संगठन देश के स्तर पर था, परन्तु पैंथर पर एक भी पुस्तक उपलब्ध नहीं थी। यह खाई भरने हेतु मैंने 'दलित पैंथर' नामक पुस्तक संपादित की। पुणे के सुगावा प्रकाशन ने इसे प्रकाशित किया (1989)। पैंथर-आंदोलन के एक महत्वपूर्ण सन्दर्भ ग्रंथ के रूप में आज भी इस पुस्तक को सराहा जाता है।

कर्नाटक के दु.नि. बेलगली जी ने 'अक्करमाशी' का कन्नड़ अनुवाद किया। यह अनुवाद कन्नड़ साप्ताहिक 'सुद्धी सांगाथी' में धारावाहिक प्रकाशित हुआ। बाद में नव कर्नाटक प्रकाशन बंगलोर से यह प्रकाशित हुआ (1992)। सुरेन्द्र अज्ञात ने हिन्दी से इसे पंजाबी में अनुवाद किया। आरंभ में पंजाबी का यह अनुवाद जालंधर से प्रकाशित 'नवाँ जमाना' में क्रमशः प्रकाशित हुआ। बाद में लोकगीत प्रकाशन, जालंधर ने इसे पुस्तक रूप में प्रकाशित किया (1996)। 'अक्करमाशी' का अंग्रेजी अनुवाद, संतोष भूमकर ने किया। अंग्रेजी अनुवाद 'The outcaste' नाम से ऑक्सफोर्ड युनिवर्सिटी प्रेस ने 2003 में प्रकाशित किया। 'अक्करमाशी' का तमिल अनुवाद भास्करन ने किया। इसे पुस्तक रूप में वाडियल पाथीपगम, कोयमतूर ने प्रकाशित किया (2003)। इसी तरह इसका मलयालम अनुवाद दामोदरन कालियत ने किया। यह अनुवाद आरंभ में दैनिक मातृभूमि, कोझीकोड में क्रमशः प्रकाशित हुआ। उसके बाद मातृभूमि ने ही इसे पुस्तक रूप में प्रकाशित किया (2005)। 'अक्करमाशी' का गुजराती अनुवाद मुलजीभाई खुमाण ने किया उसे अहमदाबाद के सा. दिशा ने क्रमशः प्रकाशित किया (2005)।

'अक्करमाशी' की सफलता के कारण मेरे पास प्रकाशक नए-नए लेखन की मांग करने लगे। अनेक दीपावली विशेषांको को मैंने कहानियाँ भेजीं। इन कहानियों के बाद में 'बारामाशी' (1988), 'हरिजन'(1988), 'रथयात्रा' (1993), शीर्षकों से संग्रह प्रकाशित हुए। इन तीनों कहानी संग्रहों की कहानियों का हिन्दी अनुवाद 'दलित ब्राह्मण' (2004) तथा 'छुआछूत' (1994) शीर्षक से वाणी प्रकाशन ने प्रकाशित किया। इन दोनों संग्रहों का अनुवाद निशिकांत ठकार ने किया है।

'अक्करमाशी' के बाद 'बारामाशी' प्रकाशित हुई। कई पाठकों और समीक्षकों को लगा कि यह 'अक्करमाशी' का ही अगला खण्ड है और वैसी चर्चा शुरू हो गई। 'बारामाशी' की नायिका स्वाति 'परपुरुष' में अधिक गहरी हो जाती तो 'राणीमाशी' में उसे एक स्वतंत्र व्यक्तित्व प्राप्त हो जाता है। 'राणीमाशी' में उसे एक स्वतंत्र व्यक्तित्व प्राप्त हो जाता है। 'बारामाशी', 'परपुरुष' और 'राणीमाशी'–ये तीनों किताबें एक ही नायिका की भिन्न-भिन्न छायाएँ हैं। 'अक्करमाशी' की सफलता के बाद मुझ पर 'अक्करमाशी' का ठप्पा लग गया था मैं दलित साहित्य के अलावा कुछ अलग, सबको स्पर्श करने वाले विषय पर लिखूँ इस प्रकार का आग्रह सोलापुर से प्रकाशित होने वाले 'केसरी' के संपादक अरुण रामतीर्थकर का था। उन्हीं के आग्रह के कारण मैंने 'केसरी' में ललित लेखन किया। ललित लेखन किया था जिसे पाठकों ने भरपूर सराहा। दलित इस लेखन पर टूट पड़े। विद्रोही लेखक अब रोमांटिक प्रेम में फँस गया है, काम से गया, ऐसी टीका-टिप्पणी होने लगी। परिवर्तन हेतु लिखने की जरूरत क्या खत्म हो गई है–यह प्रश्न मुझसे पूछा जाने लगा। 'केसरी' में 'मेंदीच्या पानावर' (मेंहदी के पत्ते पर) इस स्तंभ लेखन पर संस्कार कर उसको 'राणीमाशी' के रूप में मैंने प्रकाशित किया था (1992) । इस उपन्यास पर समीक्षक बुरी तरह से टूट पड़े।

'अक्करमाशी' के पूर्व लिखी 'दंगल' और 'बारामाशी' के बाद लिखी 'परपुरुष' को इकट्ठे कर 'भिन्नलिंगी' (1991) यह उपन्यास मैंने प्रकाशित किया। 'दंगल' में एक कार्यकर्ता के मन की उथल-पुथल थी तो 'परपुरुष' में सरकारी कर्मचारी के मन में मौज-मजा करने की वृति। परन्तु इस उपन्यास की चर्चा नहीं हुई। 'उत्पात' के बाद प्रकाशित कविताओं को इकट्ठा कर दूसरा काव्य संग्रह 'श्वेत पत्रिका' (1989) प्रकाशित की। इस संग्रह की भी उतनी चर्चा नहीं हुई, जितनी अपेक्षित थी। 'अक्करमाशी' के प्रभाव के नीचे मेरी अन्य कृतियों की उपेक्षा हुई। 'अक्करमाशी' जैसी गहराई अथवा ऊँचाई यह कृति प्राप्त नहीं कर सकी', ऐसा फतवा मेरी प्रत्येक पुस्तक के सम्बन्ध में दिया गया।

नई पुस्तक प्रकाशित हो जाने के बाद मैं भयानक रिक्तता का अनुभव करता

हूँ। यह गैप पीरियड होता है। मेरे पास जो कहने जैसा था, वह सब कुछ खत्म हो गया है, मैं खाली हो गया हूँ। इस अहसास के कारण मैं भीतर से टूटने लगता हूँ। फिर से नींव खोदना, नींव भरना शुरू हो जाता है। मैं अपना खालीपन भरने हेतु पुस्तकों का संपादन करने लगता हूँ। मैंने अनेक विषयों पर पुस्तकें संपादित की है–दलित प्रेम कविता (1986), दलित पैंथर (1989), दलित आंदोलन (1991), दलित साहित्य (1991), प्रज्ञासूर्य (1991), भारतीय रिपब्लिकन पार्टी (1992), मराठी साहित्य के नए प्रवाह (1993), विवाह बाह्य सम्बन्ध : नवीन दृष्टिकोण (1994), गावकुसा बाहेरील कथा (1997), ज्ञानगंगा घरोघरी (2000), शतकातील दलित विचार (2001) मेरे यह सभी संपादन सन्दर्भ ग्रंथ के रूप में उपयोगी सिद्ध हुए हैं। मुझ जैसे लेखक को संपादन में फंस जाना चाहिए क्या? दर्जनों, सैकड़ों किताबें संपादित करने की अपेक्षा कोई अच्छी पुस्तक लिखनी चाहिए–ऐसी चर्चा अकसर मेरे प्रति आत्मीयता रखने वाले करते हैं। अथवा 'अक्करमाशी' के अलावा ये कुछ लिख नहीं सकते–ऐसी भी टीका-टिप्पणी होती। दलित साहित्य के विकास की इस यात्रा में मेरे द्वारा संपादित पुस्तकें महत्वपूर्ण साबित हुई हैं। दलित साहित्य को समृद्ध करने वाली अनेक संपादित पुस्तकें प्रकाशित भी हुई हैं। नया विषय, नया प्रवाह स्थापित करने हेतु ऐसी संपादित पुस्तकों की जरूरत होती है। संपादित पुस्तकों में एक ही विषय के अनेक आयाम स्पष्ट होते रहे हैं। अनेक विशेषज्ञ और विद्वान लेखक एक ही विषय पर अनेक आयामों से विचार करते रहते हैं। दलित साहित्य को सभी दृष्टियों से समृद्ध करने, उसकी चर्चा बनाए रखने, पाठकों के हाथों दलित साहित्य विषयक नई-नई पुस्तकें देते रहने के विचार को मन में रखकर मैंने ये संपादन किए हैं।

मैंने कुछ दिनों भारत सरकार के आकाशवाणी केंद्र में नौकरी की है। सोलापुर आकाशवाणी केंद्र पर कार्य करते समय अनेक संवादात्मक कार्यक्रम मैंने लिखे। यह लेखन का स्वरूप लोगों का मनोरंजन तथा प्रबोधन करता था। आरंभिक काल में मैं नाट्य लेखन किया करता था, इस कारण आकाशवाणी में संवादात्मक कार्यक्रम लिखते समय मुझे कोई दिक्कत नहीं आई। बाद में मैं यशवंत चव्हाण महाराष्ट्र मुक्त विश्वविद्यालय (नासिक) की नौकरी में चला आया। इस कारण विद्यापीठीय स्तर के लेखन का अनुभव लेता रहा।

दलित साहित्य में उपन्यास लेखन की उपेक्षा-सी की गई थी। 'दलित लेखक उपन्यास लेखन की ओर क्यों नहीं मुड़ता' बार-बार यह प्रश्न उपस्थित किया जाता था। दलित कविता, कहानी, आत्मकथा और नाटक भरपूर लिखे गए। इन विधाओं की तुलना में उपन्यास का क्षेत्र समृद्ध नहीं था। कुछ उपन्यास प्रकाशित जरूर हुए

थे, परन्तु वे चर्चा में नहीं थे। मैं बहुत सोच-समझकर उपन्यास लेखन की ओर मुड़ा। 'उपल्या' नामक मेरा पहला उपन्यास (1988) में प्रकाशित हुआ। मुंबई और मंत्रालय में किए गए काम का अनुभव इसके मूल में था। (बीच में मैं रामदास आठवले जब महाराष्ट्र के समाज कल्याण मंत्री थे, तो उनके व्यक्तिगत सहायक के रूप में कार्यरत था।) इस उपन्यास की भरपूर चर्चा हुई। कहानी, आत्मकथा, डायरी और उपन्यास इन विधाओं का उपयोग कर यह उपन्यास लिखा गया था। उपन्यास में व्यक्त आशय-विषय पर चर्चा हुई, परन्तु उसके शिल्प-पक्ष पर बहस नहीं हुई। इसका मुझे दुःख है कि दलित साहित्य की समीक्षा में आशय-विषय पर ही बहस होती है, शिल्प पर नहीं। इसका बहुत बड़ा सही कारण यह है कि इस साहित्य का अनुभूति विश्व ही इतना भयावह बेचैन करने वाला, यथार्थ होता है कि पाठक और समीक्षक उसमें ही उलझ जाता है, मौन हो जाता है, अंतर्मुख हो जाता है! दलित साहित्य के कलापक्ष की ओर देखने का उसका मन ही नहीं होता। परिणमतः आशय-विषय की ही चर्चा होती रहती है, उसके साहित्यिक मूल्यों की उपेक्षा हो जाती है।

'उपल्या' इस उपन्यास का हिन्दी अनुवाद 'युद्धरत आम आदमी' में क्रमशः छापा। बाद में राधाकृष्ण प्रकाशन ने इस 'नर वानर' शीर्षक से छापा (2003)। इस उपन्यास के बाद मैंने 'हिन्दू' उपन्यास लिखा (2003)। इस उपन्यास में आत्मकथा और उपन्यास दो विधाओं का मिश्रण किया गया है। उपन्यास का हिन्दी अनुवाद डॉ. सूर्यनारायण रणसुभे ने किया और वाणी प्रकाशन ने इसे प्रकाशित किया। 'हिन्दू' का मलयालम अनुवाद कालियत दामोदरन ने किया और यह अनुवाद डी. सी. बुक पब्लिशर्स, कोट्टयाम ने प्रकाशित किया (2005)। 'हिन्दू' का अंग्रेजी अनुवाद प्रकाशित हुआ है (2009)। 'बहुजन' शीर्षक से मराठी में प्रकाशित हुआ उपन्यास है। (2005)। 'उपल्या', 'हिन्दू' और 'बहुजन' में हिन्दू यथार्थ और उसके विरोध में उग्र दलित यथार्थ इनमें स्थित ताने-बाने को पकड़ने का प्रयत्न हुआ है। दलित साहित्य में शृंखलाबद्ध उपन्यास लेखन नहीं हुआ था। इस बहाने उसकी पूर्णता भी हो गई है।

अपने लेखन के शुरुआती दिनों में मैं लेखन-धर्म जानने हेतु मराठी के करीब-करीब सभी समीक्षा ग्रंथों को पढ़ चुका था। दलित साहित्य लिखते समय मैंने यही गति कायम रखी। दलित साहित्य की समीक्षा से सम्बन्धित सभी ग्रंथ मैंने पढ़ लिए थे। इतना ही नहीं, समाचार पत्रों में छपे समाचार, साक्षात्कार, लेख, प्रस्तावना, पुस्तक समीक्षा, भाषण, परिसंवाद, संगोष्ठियाँ, सभा-सम्मेलन आदि माध्यामों द्वारा दलित साहित्य को जान लेने का मैंने प्रयत्न किया है। नए प्रकार के सम्बन्ध में जो पक्ष-विपक्ष में तर्क हैं, विवाद हैं, उन्हें मैं पूरे विवेक के साथ जान लेना चाह रहा

था। 'दलित साहित्य का आलोचनात्मक अध्ययन' यह विषय मैंने पीएच. डी. के लिए चुना। डॉ. ल. रा. नासिराबाद मेरे गाइड थे। बाद में यह प्रबंध 'दलित साहित्य का सौंदर्यशास्त्र' शीर्षक से मराठी में 1996 में प्रकाशित हुआ। इस पुस्तक का हिन्दी अनुवाद रमणिक गुप्ता जी ने किया और इसे वाणी प्रकाशन ने प्रकाशित किया (2000)। इस पुस्तक का अंग्रेजी अनुवाद अलोक मुखर्जी (कनाडा) ने किया और इसे ओरिएंट लाँगमैन्स ने 'टू वर्ड्स ॲन इस्थेटिक्स ऑफ दलित लिट्रेचर' शीर्षक से प्रकाशित किया (2004)। समता, स्वातंत्र्य और बंधुत्व इन मानवी मूल्यों में दलित साहित्य के सौंदर्य को ढूँढने का प्रयत्न प्रस्तुत ग्रंथ में हुआ है।

पिछले कुछ वर्षों से मैं सोचने लगा हूँ कि सृजनात्मक लेखन के बाद जो खालीपन, जो रिक्तता आती हैं, उसे भरने हेतु पुस्तकें संपादित करने के बजाए, श्रेष्ठ ग्रंथों की समीक्षा की जाए। इसके लिए दलित साहित्य के अंतर्गत चर्चित पुस्तकों का चुनाव कर उनकी तटस्थता से समीक्षा करने का प्रयत्न मैंने किया। इन पुस्तकों की समीक्षा करते समय मुझे इस साहित्य के स्वरूप, इसकी विशिष्टता, प्रयोजन आदि से सम्बन्धित ठोस मुद्दे हाथ लगे। इन मुद्दों के आधार पर दलित साहित्य के मूल्यों के लिए अलग निकषों की जरूरत है—इसका प्रतिपादन मैं कर सका। यह लेखन 'साहित्याचे निकष बदलावे लागतील' शीर्षक से प्रकाशित हुआ है (2005)। अभी 'झुण्ड' नामक उपन्यास प्रकाशित हुआ है (2009)।

मेरे साहित्य का अनुवाद विविध भारतीय भाषाओं में हो जाने के कारण मेरी पहचान राष्ट्रीय स्तर पर हो गई है। इस कारण शिमला से तिरुवनंतपुरम तक मैं हो आया हूँ। प्रत्येक प्रदेश के और प्रादेशिक भाषा के दलितों की विशिष्टता मैंने अनुभव की है। मराठी के बाहर के साहित्य विश्व ने मुझे अलग स्वर और अलग चेहरा दिया है। किसी कार्यक्रम के निमित्त मैं जब दिल्ली गया हुआ था, तब राजेंद्र यादव को मैंने 'हिन्दू' की कथावस्तु कही। उन्होंने कहा कि मन्नू ने इस विषय पर 'महाभोज' लिखा है। मैंने 'महाभोज' पढ़ लिया। मन्नू भंडारी से भी मैं कुछ अलग लिख सकता हूँ, इसका अहसास मुझे हुआ। यही वह 'दलित संवेदना' है। इसी संवेदना के कारण दलित और सवर्ण लेखकों में अंतर किया जा सकता हैं। मैंने 'हिन्दू' का लेखन किया। कुछ समय तक मैं 'हिन्दू' और 'महाभोज' की तुलना करता रहा। इसी से मुझे सूझा कि चलो अब सवर्ण लेखकों ने दलितों के सम्बन्ध में जो लेखन किया है, उसकी विवेचना करेंगे। प्रगतिशील विचारों के सवर्ण लेखकों ने दलितों के सम्बन्ध में जो लेखन किया है, वे पुस्तकें मैंने प्राप्त कीं। प्रत्येक को कई बार पढ़ा। उनकी मीमांसा की। सवर्ण लेखकों ने एक तो दलितों का चित्रण विकृत रूप से किया है अथवा दया बुद्धि से। उच्चवर्णियों के लेखन में समाज सुधार का स्वर प्रगट

हुआ है। सवर्ण लेखकों के दलित लेखन की चीर-फाड़ करने वाली यह पुस्तक मराठी में 'ब्राह्मण्य' शीर्षक से छप गई है (2007)।

'मैं लेखक किस प्रकार हुआ' यह इस विषय की यह कहानी नहीं है। एक धार्मिक श्रद्धालु लड़का विद्रोही दलित लेखक बनते समय किन-किन मोड़ों से गुजरा, उसका यह आलेख है। एक दलित लेखक के व्यक्तित्व की बुनावट की तफसील बतलाने वाली यह हकीकत है।

□□□